海峡陆桥史前考古

陈立群 著

海风出版社
HAIFENG PUBLISHING HOUSE

目 录

第一章　绪　　论　　　　　　　　　　　　　　　　　1

第二章　台湾海峡陆桥　　　　　　　　　　　　　　　28

　第一节　台湾海峡成因及其地质结构概况　　　　　29

　第二节　第四纪台湾海峡的演变　　　　　　　　　31

　第三节　东山陆桥　　　　　　　　　　　　　　　34

　第四节　关于"东山陆桥"　　　　　　　　　　　38

第三章　闽台第四纪地层　　　　　　　　　　　　　　48

　第一节　第四纪的几个概念　　　　　　　　　　　48

　第二节　福建第四纪沉积概况　　　　　　　　　　52

　第三节　台湾第四纪地层简况　　　　　　　　　　56

第四章　台湾海峡第四纪动物群及古生态环境　　　　61

　第一节　台湾海峡西岸动物群化石　　　　　　　　61

　第二节　澎湖海沟哺乳动物化石　　　　　　　　　67

　第三节　台湾陆桥动物群及其性质与年代　　　　　77

　第四节　台湾陆桥动物群的来源及古生态环境　　80

　第五节　关于化石的埋藏　　　　　　　　　　　　83

　第六节　台湾陆桥动物群若干化石记述　　　　　　85

第五章　闽台第四纪哺乳动物化石的发现与研究　119

　第一节　福建第四纪哺乳动物研究简史　　　　　119

第二节　福建内陆化石地点与动物群　124

第三节　台湾本岛化石地点与动物群　133

第四节　讨论　136

第六章　闽台人类化石的发现与研究　143

第一节　福建人类化石的首次发现　143

第二节　福建人类化石　147

第三节　台湾"左镇人"与澎湖人类肢骨化石　164

第四节　闽台古人类的源流　169

第七章　闽台旧石器时代文化　175

第一节　闽台旧石器时代考古简况　176

第二节　莲花池山文化　182

第三节　漳州文化　197

第四节　东山岛旧石器时代文化　212

第五节　三明万寿岩旧石器时代遗址　222

第六节　台湾旧石器文化　237

第八章　闽台旧石器文化关系　255

第一节　长滨文化源于华南　255

第二节　长滨文化源于华北　262

第三节　讨论　266

第九章　东山陆桥史前文明　275

第一节　神秘刻痕的发现　275

第二节　痕迹的观察分析　277

第三节　东山陆桥史前社会　292

在2009年纪念中国地理学会成立一百周年之际，中国地理学会和《中国国家地理》杂志社联合举办了"中国地理百年大发现"评选活动。由中国科学院地理科学与资源研究所10名学者推荐的"台湾海峡陆桥发现"项目在评选中入围。这是福建省唯一入围的项目。

中国科学院地理科学与资源研究所提供的一幅卫星照片下面有这样一段文字："从遥感图上看翡翠吊坠般的台湾宝岛的确是赏心悦目之事，但这张图的主体是台湾海峡，尤其是那一抹深深浅浅、富于变化的蓝色——这蓝色的深浅对应着海水的深浅，表现了海底地形的起伏。台湾海峡平均水深仅约60米，南部'东山陆桥'一线（台湾浅滩、澎湖列岛直至台南的海底隆起部）为最突出的浅水带，最浅处不足10米。可以想见，在末次冰期海退100余米时，台湾海峡绝大部分都会出露为陆地，而海侵过程中，'东山陆桥'很可能是海峡两岸最后的陆路通途"。

"东山陆桥"狭义的概念是指至今横贯台湾海峡的一道浅滩，它发端于福建东山岛，横贯台湾海峡南部，是东海与南海在这里的分水岭；而广义的概念是指包括"东山陆桥"在内的大部分出露成为陆地的台湾海峡。广义的"台湾海峡陆桥"或"海峡陆桥"与"东山陆桥"均为同一概念。

"海峡陆桥"能在全国百年地理大发现的评选中脱颖而出，说明它作为我国一项科学成果已得到科学界的充分肯定。这项科学成果不光是地理科学的，也是考古学的。因为，在地理大发现的基础上，考古学证实了它的存在，并赋予它人文社会的深刻含义。海峡陆桥的存在，充分证明台湾自古便是祖国密不可分的一部分。

"台湾海峡陆桥"史前考古，是福建旧石器时代考古最具特色的涉台考古项目。它始于20世纪80年代，可以说是从1987年1月发现人类化石"东山人"开始的。

此前，福建虽然从20世纪60年代开始就在闽西北陆续发现属于更新世晚期的哺乳动物化石，但材料不多，又不见伴出的文化遗存。因此，全省旧石器时代考古一片空白。这可能与福建地形复杂、植被茂密、第四纪地层出露不佳等自然因素有关。

1985年福建省开展文物大普查，有组织有计划地进行旧石器遗址与文化遗存的寻找、普查工作，并取得了突破性的成果。1987年1月发现了更新世晚期的人类化石"东山人"与一批哺乳动物化石，从而填补了福建旧石器时代考古的空白。次年，清流狐狸洞发现了具有地层依据的古人类牙齿化石"清流人"。此后，漳州莲花池山旧石器文化遗址、甘棠古人类胫骨残断化石、"漳州文化"、出自台湾海峡的"海峡人"、三明万寿岩旧石器时代遗址等一系列重要考古发现，促使福建旧石器时代考古事业迅速发展。去年以来，福建又先后发现了漳平市奇和洞遗址和武平县猪仔笼洞遗址。由此可见，福建的旧石器时代考古大有后来者居上的趋势，福建境内旧石器时代文化谱系的建立已经指日可待。

在整个华南地区，大致在北回归线到北纬25度之间的地理范围里，从云南至台湾一线，分布着一条时代由远到近的旧石器时代地点及遗址的密集带。在这个密集带中，集结了200多处旧石器时代地点。其中属早更新世的直立人化石或旧石器时代早期文化遗物的地点，仅有云南元谋、湖北郧县等几个地点；属中更世的含早期智人化石或旧石器时代中期文化遗物的地点，也只有贵州黔西观音洞、广东马坝人洞等十余处；属晚更新世含晚期智人化石的则有柳江人和左镇人等200余处。这种分布状况，显示出华南地区远古人类自西而东直接向台湾迁徙及文化传播的链条。现在，这一链条进入闽台地区时，已由清流人、三明万寿岩遗址主人、猪仔笼洞化石人类、奇和洞化石人类、漳州莲花池山主人、漳州文化主人、甘棠人、海峡陆桥上的海峡人与东山人，补上了一环又一环，环环相扣，使这一链条向东延伸，经由"东山陆桥"链接着台湾海峡两岸。然而，这一链条到了"东山陆桥"这一环，却沉没于海底。因此，海峡陆桥史前考古的任务便是到沧海中去钩沉。哪怕只有一撮泥沙，或是半截骨殖，也不敢掉以轻心，总是严加考证，使沉没于海底的那一环逐渐浮出水面。

陆桥史前考古是一个长期的浩繁而又宽泛的课题，它不是任何个人能够做成的，也非任何学科单独能够完成的，它需要多学科的集体智慧与力量。实际上在这一课题背后，已有众多的考古学家和其他学科的专家学者，正在直接或间接地从事相关的卓有成效的探索研究。

二十多年来，为了陆桥史前考古，原中国科学院古脊椎动物与古人类研究所的研究员尤玉柱、祈国琴，中国科学院考古研究所的研究员韩康信，厦门大学教授蔡保全、吴春明，福建博物馆研究员林公务、范雪春、陈子文、郑辉，原福建省博物馆的严晓辉，福州市考古工作队队长、研究员林果，台湾自然科学博物馆的何传坤博士，台湾"中央研究院"的研究员余光弘、臧振华、陈仲玉、李匡悌，美国夏威夷毕士普博物馆的焦天龙博士等等，曾多次到东山考察、研究与学术指导，为"东山陆桥"史前考古研究，做出可贵的贡献。

本书拟在"东山陆桥"研究的基础上，组合所有相关的研究成果，构建陆桥史前社会的初步印象，揭示闽台史前文化的渊源关系。不妥之处，敬请指正。

著者　陈立群
2011年7月16日

第一章 绪 论

东山陆桥史前考古（以下简称：陆桥史前考古），是一个长期的浩繁而又宽泛的课题，是闽台地区旧石器时代考古学必须研究的内容之一。它的研究范围广泛，内容庞杂，涉及海洋地质、远古人类与动物、闽台旧石器时代文化等。同时，由于陆桥位于台湾海峡海底，这就给考古研究带来许多难题。这些难题都必须在陆桥史前考古当中加以解决。本章拟就陆桥史前考古的意义、方法、过程及其效果等作综合性的论述。

一、东山陆桥及其史前考古意义

在台湾海峡万顷碧波底下，自古存在着一道横亘海峡的浅滩。这道浅滩发端于东山岛，向东延伸到海峡中部的台湾浅滩，再向东北，经澎湖列岛而后至台湾西部。浅滩由台湾浅滩、南澎湖浅滩、北澎湖浅滩和台西浅滩四部分组成，一般深度不超过40米，最浅处仅深10米。浅滩的形成属于由更新世不同时期的陆相堆积物组成，成为略高于海峡底部的台地。浅滩南北宽约25千米，其西北部以颈状台地与东山岛附近的-36米深的海底阶地相连；浅滩南侧从-40米迅速降至-150米深的大陆架边缘，而后又突降至-250～-400米的大陆坡，与南中国海相接。浅滩北则较平坦，水深约70～90米，只要海平面下降40米时，这道浅滩便露出海面成为连接大陆与台湾的陆桥。1981年4月在美国召开的全新世海平面变化的国际学术研讨会上，福建师范大学地理系林观得教授将这道浅滩称为"东山陆桥"[1]。台湾学者多称之为"台湾陆桥"[2]。

"东山陆桥"的沉浮，直接取决于海平面的升降。约在300万年前地球进入冰期，地球表面冰川作用强烈而又广泛，尤其是北半球冰盖堆积和融化，引起了全球性的气候波动，导致海平面时升时降，即所谓海进和海退。中国科学院地理研究

所研究员赵希涛指出[3]："在16000～15000年前的晚雨木极盛时期，海面下降至最低深度150～160米。代表水深150～160米最低海面的古海岸线与大陆架外缘坡折线重合。在现代海底地形上，由济州岛东侧呈弧形凸地绕过我国钓鱼岛外侧，最后弯向台湾东北角"。此时，不只是"东山陆桥"出露为陆地，而是整个台湾海峡全是陆地。从15000年前冰进高潮开始退却后，气候逐渐变暖，海平面便逐渐上升，到了10000年以前即全新世开始，东海海平面上升到现在海平面以下100米左右，所以自全新世开始以后，台湾海峡便很快形成。此时，唯独"东山陆桥"露于海面。它一直到距今约7000～6000年前，全新世第一次大海进时，才最后被海水淹没。

厦门大学蔡保全教授认为[4]：在第四纪时期，全球性海平面下降超过40米的大致有7次。因此，"东山陆桥"至少有7次露出海面。分别是多瑙冰期（早更新世，180～140万年前）、贡兹冰期（早更新世，120～93万年前）、明德冰期（早更新世，80～73万年前）、里斯冰期（中更新世，37～25万年前）、11.7万年前、4.8万年前、2.3～1.2万年前。晚雨木冰期（2.3～1.2万年前）为第四纪的最低海平面时期。

每当海水从陆桥之上退却，陆桥很快就形成一片沃土。依据孢粉分析，这里当时的气候温湿，栲、栎、松等木本植物广布，植被茂盛，河流发育。为了逃避寒冷的动物便纷纷迁到这里栖息，靠采猎为生的人类，也追随着动物来到这片土地上。于是，人与动物在这里留下了足迹，也留下自己的遗骸。因此，在今天台湾海峡底下的陆桥之上，埋藏着蕴含远古文化信息的哺乳动物化石。

尽管个别学者曾经从海洋地质学的角度对"东山陆桥"提出质疑，然而，同样以海洋地质学的研究成果，即足以证实陆桥的存在。而考古学却以大量出自台湾海峡的哺乳动物化石与人类化石的研究成果，为陆桥的存在提供了力证。

长期以来，闽台两岸的考古学家就闽台旧石器时代文化的渊源关系，做了深入的探索与研究。首先是旧石器时代台湾"左镇人"的来源问题，其次是台湾旧石器时代的"长滨文化"的来源问题。

台湾"中央研究院"历史语言研究所研究员臧振华在研究"左镇人"与"长滨文化"的来源时指出[5]，由于"长滨文化"的石器与华南地区的若干旧石器时代遗址所出土的石器，有相当程度的相似性，考古学家据此推测"左镇人"有可能是来自华南地区。

台湾"中央研究院"历史语言研究所研究员刘益昌在研究台湾最早人类来源时指出[6]：目前在台湾尚未发现比本阶段更早的文化或人类，也无法说明是在台湾本岛独立发生，可能需从邻近地区追索这个阶段文化的来源。从遗物的形态而言，网形伯公垅遗址出土的尖器、刮器、砍砸器等和大陆广西新州地区的石器群相似，几乎是同类型的石器；而长滨文化是以石片器为主的砾石工业传统，无疑也和广西百色、上宋遗址及贵州南部兴义县的猫猫洞文化有密切的关系。说明了这些文化可能来源的方向是亚洲大陆南部地区。

旧石器时代晚期正是第四纪冰期晚期，由于海平面下降，今日的台湾海峡是陆地，人类可以轻而易举地随狩猎的动物由亚洲大陆来到台湾海峡及台湾其他地区，进而在台湾定居。

台湾大学考古人类学系教授宋文薰则直截了当地指出[7]："以狩猎与采集为生的旧石器时代人类，跟随动物群移居台湾。"

中国科学院古脊椎动物与古人类研究所研究员尤玉柱、张振标在《论史前闽台关系及文化遗址的埋藏规律》一文中，论述了华南古人类的迁徙模式及闽、台古代地理气候变迁情况之后，对台湾古人类迁入的时间和路线，进行了具体分析。他们认为台湾的"左镇人"，可能是约在距今36000至32000年前，即末次冰期的一次亚冰期，从福建迁至台湾的。他自福建的东山岛启程，沿着东山陆桥，经澎湖列岛，再沿浅滩抵达台湾，其登陆地点是在台南一带的海滨，之后可能从南端绕过大坂鹅銮鼻，再经台东抵达花莲一带。

"左镇人"进入台湾，意味着一次重要的文化传播。台湾学术界认为，台湾旧石器时代的"左镇人"，就是台湾旧石器

时代"长滨文化"的创始人。那么，这就决定了"长滨文化"一开始便与大陆文化有着必然的传承关系。关于这一点，哈佛大学张光直教授早就指出：我们已经初步的知道台湾自数万年以前旧石器时代以来，历有人居，而且它的原始社会史的每一个阶段，在文化的包涵内容上，都与华南大陆的原始文化息息相关。

关于"长滨文化"从大陆传入台湾的问题，大陆学者持有两种观点，即由华南传入说和华北传入说。在"长滨文化"中有一种打制石器时的剥片技术叫"锐棱打击法"。所谓锐棱砸击法，即以较薄、扁平的砾石进行打片时，将砾石斜置石砧，斜角约45°左右（通常一般均垂直置放），再以石锤朝砾石棱边斜向砸击出石片来。用此法剥下的石片通常有原砾石的一半大小，打击点在其棱角顶端，石片背面保留自然面。这种技术首先发现于贵州水城县的硝灰洞，还见于广西隆林德峨老磨槽洞穴遗址，近年来福建三明万寿岩遗址、漳州郊区旧石器地点也发现这种"锐棱打击法"所产生的石片或石核。据此，学者认为这种技术从我国华南地区东向传播，经福建传入台湾，是为"长滨文化"的源头。

另外，我国河北阳原县桑干河左岸虎头梁村一带的虎头梁遗址典型的楔状石核、山西朔县峙峪村附近的桑干河上游河旁阶地的峙峪遗址的扇形石核（亦属楔状石核），为华北细石器文化的标志性器物。这种石核广布于东亚、东北亚乃至北美等地，故有"洲际石核"之称，它的起源就在华北。中国科学院资深院士贾兰坡先生论证[8]：亚太地区的细石器传统可能源于我国华北。"长滨文化"的石制品中就存在这种"楔形石器"。据此，学者认为"长滨文化"应从我国华北传入，一般认为其传播路线即从华北地区来到"东山陆桥"，再传入台湾。

笔者认为，上述由华南传入和由华北传入的两种意见，各有依据，均有可能。但值得注意的是，两者均把文化传播的路线，不约而同地指向同一个地点——"东山陆桥"。

然而，倘若"东山陆桥"不曾出露成为闽台通途，这些传

海峡陆桥史前考古

播路线便成为不可能。因此可以说闽台文化关系的许多学说是以"东山陆桥"为基础，一旦抽掉这个基础，学说所建立的大厦立即倾覆。也因此，陆桥史前考古进一步证实"东山陆桥"存在是极为重要的。

当然，陆桥史前考古的意义，不仅是证明东山陆桥的存在，而是从人文科学的角度，揭示"东山陆桥"是闽台两岸史前文化渊源关系不可或缺的地理条件。同时，它将通过考古学的还原和构建办法，去揭示台湾海峡曾经的史前人类社会，让我们能够领略淹没的史前文明。它将深层揭开闽台地缘关系及其所引发的文化渊源。从当今台湾海峡两岸史前文化关系研究的情况看，这个意义尤为重要。诚如厦门大学吴绵吉教授所言[8]："考古学文化是福建史前考古近期的基本任务，其具体目标是建立境内的文化谱系，这是应该首先明确的。但与此同时，与周邻地区的文化关系的探讨应予重视，特别是闽、台关系应放在最突出的位置。"

二、考古方法与研究设计

关于我国近代考古学的方法，著名考古学家俞伟超教授指出[9]，任何学科都会有自己本身的方法论。对于考古学来说，除了需要有人文科学的一般研究方法和若干自然科学的研究方法外，还应该有自己特殊的、其他学科没有的方法论，否则这个学科就不会独立出来。考古学最基本的方法论应该是地层学、类型学以及透过实物资料来了解历史原貌这三种方法论。最后一种方法论，应该就是通过对实物资料的观察和分析去了解与之相关的古代人类的行为和意识，进而把全部单个的研究结果组合起来，再去还原、再现或构建古代人类社会的一种方法。一般认为，地层学和类型学是考古学方法的两大支柱。

这里先说类型学，它的英语名typology，意思是一种研究物品所具共有显著特征的学问。在近代科学中，生物学最早使用这一方法论对生物进行分类，后来考古学才开始运用这种方法论。由于这种方法论主要是研究包括遗址和遗物外部形态演化顺序，故过去考古界也称之为形态学或标型学。

陆桥史前考古研究的陆桥遗址遗物主要是哺乳动物化石，

因此它所运用的类型学又回到动物类型学上面来。动物分类学家已根据动物的各种特征（形态、细胞、遗传、生理、生化、生态和地球分布）进行分类，将动物依次分为七个主要等级：界、门、纲、目、科、属、种。其中种是分类所用的基本单位。每一种动物，都可以给它们在这个等级序列中冠以适当的名称和位置。在上述分类等级中，科学工作者使用时为了更精确地表达种的分类地位，还将原有的阶元进一步细分，在上述的分类阶元之间加入另外一些阶元，以满足科学工作的需要。因此，在实际工作中，一般采用的分类阶元是：

界Kingdom

门Phylum

亚门Subphylum

总纲Superclass

纲Class

亚纲Subclass

总目Superoder

目Order

亚目Suborder

总科Superfamily

科Family

亚科Subfamily

属Genus

亚属Subgenus

种Species

亚种Subspecies

这就是说我国动物科学家早已将所有动物分门别类，我们很方便地将鉴定过的某一动物归入相应的等级中，并配以国际通用的拉丁文学名即可。由于不同国家与民族，对同一种动物常有不同的俗称。国际上为了统一使用共同的标准名称来称呼同一种动物，拟定了正式的学名。统一用拉丁文记录属名与种名，即所谓"双名法"。在正式的考古报告中，一种动物的名称除本国称呼之外，应加上统一的拉丁学名，以免引起混乱或

海峡陆桥史前考古

误译。正式学名包括：属名、种名和定名者的姓氏。属名的第一个字母需大写，种名与属名均应为斜体字，定名者的姓氏不用斜体。除此，正式学名常在后面加一些代号，如sp.未定种、sp.indet不定种、cf.相似种、gen.nov.新属、sp.nov新种等，这些代号均为直体字。

对动物化石种属的鉴定，除了凭长期实践经验外，理论上主要依据：中国科学院古脊椎动物与古人类研究所1979年编、科学出版社出版的《中国古脊椎动物化石手册》（增订版），前苏联B·格罗莫娃著、刘后贻等译的《哺乳动物大型管状骨检索表》（科学出版社，1960年3月）和[英]佛劳尔（W·H·Flower）著、李玉清译编的《哺乳动物骨骼》（甘肃文化出版社，2004年8月）等科学专著。

再说地层学，它原来也不是考古学特有的方法论。它原是地质学一个研究地壳表层成岩层石的基础学科，是一切地质工作的基础。地层学的研究范围主要是地层层序的建立及其相互间时间关系的确定，即地层系统的建立和地层的划分与对比。后来，这种地层学被应用到考古学中来。在考古史上，第一个在发掘中注意地层关系的是后来担任美国第三任总统的托马斯·杰弗逊（Tomas Jefferson，1743～1826）。但真正将地层学应用到考古发掘实践中的却是德国原本是商人的海因里希·施里曼（Heinrich Schliemann，1822～1890）。他出于一个童年的梦想，竟在46岁时放弃商业生涯，投身于考古事业，终于发现了荷马史诗中被认为虚构的特洛伊古城，并于1871～1883年间按地层堆积来进行了三次考古发掘。考古地层学又称层位学，是一种通过判定遗址中诸堆积形成的先后过程或次序来研究遗存之间相对年代早晚关系的方法。根据"土质土色"区分不同堆积，根据叠压、打破或平行关系来确定不同堆积形成的先后次序。它最关键的方法就是对考古发掘的遗址划分层次，确定层位关系。它的重要性就是为遗存的收集提供了最基本的方法论。但它也有其局限性，即没有发生叠压或打破关系的堆积，地层学便无法判断年代关系，无法像地质学那样，把地层在较大范围内作统一的对比，也就不可能判定两个遗址之间诸堆积

层的相对年代关系。

　　显然，陆桥史前考古因遗址处于海底，自然无法依照考古地层学的方法来进行。但是，这不仅仅是陆桥史前考古面临的问题。我国许多旧石器时代遗址的考古发掘也面临着同样的问题。这主要是因为诸如山崩或山体滑坡等自然力导致的次生堆积形成早、晚颠倒的倒装地层。对此，俞伟超教授曾指出，遗址经历的时间越悠久，遗址内的物品挪动到它处去的可能性就越大。许多旧石器时代的遗物便是在次生地层中找到的。这些脱离了原生地层的古人类化石和旧石器，失去了与其他人类遗物及其动物骨骼化石本来的共存关系，只能从其本身特点来进行研究。可见，在无法按照地层学的方法开展发掘的特殊情况下，仍然是可以开展考古研究的。

　　陆桥史前考古研究的大量来自海底的哺乳动物化石虽然脱离地层，但从这些哺乳动物化石本身的特点来展开研究是卓有成效的。在我国史前文化研究中，动物骨骼历来是断代和复原气候环境的重要内容。因为，它在整个第四纪时期的演化非常明显。由于动物群对气候环境有超乎想象的敏感天性，它们的演化和冰期及地球纬度的变化密切相关。甚至有些学者把动物群比喻成大自然的温度计。为此动物骨骼的研究对于考古学的年代学和环境分析来说具有重要的意义。甚至在某种特殊情况下，动物化石还能够与脱离的地层在年代上起到互为印证的重要作用。例如，虽然出自台湾海峡的哺乳动物化石均属脱层，看起来它是缺乏地层依据的，但这些脱层的哺乳动物化石本身经科学测年之后，反过来却能够帮助我们确定它所处的地层年代。我们所研究的这些哺乳动物化石均属于晚更新世时期的动物群，由于它们身上不见因海潮搬运所造成的磨损痕迹，甚至有些化石标本还粘着埋藏地层的泥土，充分显示它们均属于原地埋藏。通过化石标本的年代及其属于原地埋藏的这一特点，就不难判断它所属的水下地层的年代。这种方法道理很简单，就像地层中某些钙板上留有动物皮毛或爪印时，即知道遗址在某一时期有过某种动物。当然，如果再与相关地质钻孔资料进行比对的话就更具说服力。因此，陆桥史前考古对哺乳动物化石的研究是科学的，是可靠的。

陆桥史前考古一开始便把出自海底的哺乳动物化石作为最重要的研究对象。陆桥史前考古还原陆桥地理气候环境的演变、动物群的演化与迁徙，甚至陆桥史前人类的生存方式和经济形态，乃至陆桥史前社会的构建，依靠的就是这些经科学研究的可靠实物证据。

尽管如此，陆桥史前考古仍然没有放弃对水下陆桥地质地层的探索，从而取得第一手资料。主要采取如下几种办法。

1.利用海洋地质钻孔资料

除大量参考引用台湾海峡海洋地质的研究成果外，还尽可能收集该海区勘探的钻孔资料。通过这些资料得知"东山陆桥"的地质结构除部分是中生代火成岩外，大多是火山喷发的玄武岩。它们都经历过较长时期的海蚀作用，多次的海进海退又在其上覆盖了沉积物。

2.利用渔船开展台湾海峡作业区的地质调查

渔船在台湾海峡作业中，每次起锚时都会带上来些许海底泥土，有时会带上来红土或其它陆相沉积物质，此时他们便会根据要求记录卫星定位数据。为了便于海底取土样，以铁管制作成海底"洛阳铲"，系于船锚或网具上获取大量有价值的土样。与此同时，利用渔船的探鱼器，对海底地貌进行勘探。探明东山海域广泛分布着一种水下的"海垅"，当地渔民叫"线"。这种"线"其实是海峡成陆时期所发育的古河道的两侧阶地，由于末次冰期结束，海水面上升，淹没了较低的山地，使这些山地在海水面以下构成长条形隆起。"线"多数在海平面以下数米，个别仅2米，在低潮时隐约可见，有的地段甚至露出海面。从海图上看不到这种"线"，也不见有相关的记载，因此对这种海底"线"的研究，只能靠大量的调查和实地的勘探。经调查勘察，东山海域较大的海底"线"有：脚筒骨线、北爪线、运顶线、狗尾线、浸咀线、线南线、浮公线、古雷头线群等等。"线"的两侧通常存在陡坎，其实是古河道两岸的痕迹。伴随海底水流的作用，"线"的陡坎受到强烈冲击，埋藏在地层中的化石在水流的冲击下，会脱落至"线"脚下，渔民在捕鱼时，常在"线"脚捞出化石、泥土和石块来。据观察，砾石多经磨圆，泥土主要是红土、砂质黏土、高岭土和花岗岩风化物等陆相堆积物。例如：发自东山岛苏峰山东面海底并一直延伸到兄弟岛的"脚筒骨线"，呈西东走向，长期以来渔民作业时每每网出许多肢骨（当地百姓把人、动物的肢骨称为脚筒骨）而名"脚筒骨线"。由此逐渐找出海底化石埋藏的规律。

3.利用水下考古作局部探摸

2000年东山发现冬古沉船后，中国国家博物馆全国水下考古研究中心便多次到东山开展冬古沉船的水下考古发掘，同时按"十一五"规划开展海岛水下文化遗产的调查活动。利用这些机会，对近海海域或岛屿附近进行水下探摸，虽然未能直接从地层中获取化石，但用自制的水下摄影探视器，记录了一些有价值的海底资料。

以上办法确有一定的效果，它多少弥补了陆桥史前考古的不足之处。

根据现在的学科规范，任何考古发掘必须是为了解决特定问题的科学探索，因此在操作之前必须进行仔细的研究设计。陆桥史前考古要解决的主要问题就是陆桥这一水下的旧石器时代遗址的文化性质及其他与闽台同期文化的关系问题。它的研究设计初步拟定如下。

（1）选择东山和澎湖为代表，通过比较解决动物群种属问题。

（2）探明陆桥动物群的演化与迁移过程以及与闽台两岸内陆地区的动物群的关系。

（3）依靠陆桥动物群的研究，还原海峡成陆时的生态环境。

（4）通过闽台地区古人类的研究，寻找他们的关系。

（5）应用闽台地区旧石器时代文化的研究成果，揭示闽台文化渊源关系。

（6）观察分析动物骨角上的人工刻划痕迹，还原陆桥史前人类的生存方式与经济形态。

（7）组合结论，构建陆桥史前社会。

三、主要的研究对象及材料

如上所述，陆桥史前考古的研究范围广泛，内容庞杂，涉及海洋地质、远古人类与动物、闽台旧石器时代文化等。但它直接面对的也是最重要的研究对象便是出自陆桥之上的哺乳动物化石与古人类化石。在旧石器时代文化遗址中，考古研究的材料多为人类遗留下来的物品、遗迹或其他生物遗留物，诸如石器、居住遗迹、动物骨骼等。陆桥之上必然存在或多或少的旧石器时代遗址，同样拥有古人类的遗物和遗迹。但它在水下，一些遗物即使被渔民打捞上来，也会被他们作为废物（历史时期的陶瓷器等文物除外）连同网底的沙石一起被遗弃。但是，渔民们绝对不会把捞上来的任何骨骼遗弃。这种时候，他们不但不能把它们遗弃，还得带回来安葬。他们称它们为"海兄弟"，认为每一根骨殖都是一个灵魂的附体。

"海兄弟"，没有任何一部史志或辞典记载，也没有一纸合约或布告，但东山渔民世代传承着收埋"海兄弟"的古老习俗。

东山岛位于福建省最南端、台湾海峡西岸，距台湾高雄143海里，距澎湖列岛85海里，自古便是闽南重要通商港口和台湾的祖籍地之一。它终年置身于台湾海峡的万顷碧波中，海风吹拂，万年沧桑，形成了奇特迷人的自然景观，沉淀了丰厚的历史文化。

自古以来，东山讨海人以海为田，出海、下网、拉网、收获，就像一首古老的渔歌。他们向大海讨生活，无数次风浪中的生死搏斗，铸就了大海一样的品格，也与大海结下深深的情缘。大海哺育他们，也吞噬他们，但他们断然离不开大海。或许，这是因为他们忘不了那些埋葬在滚滚波涛之下的祖先和兄弟。多少次在与风浪的搏斗中，他们不是凯旋而归，便是葬身海底。风暴平息之后，静静的海面常常有漂流尸体，大海就这样容纳了人类的灵魂后把躯体捧还人间。此刻，讨海人没有怨恨，反而有一种感激之情。他们不管是人是兽、是男是女、是贫是富，也不问从哪儿来、欲往何方，统统都是"海兄弟"，即便是随鱼网捞起的一根半截骨殖也不例外。任何情况下，只要他们看见"海兄弟"就一定要把它们捞上船来，毕恭毕敬地裹以红布，燃香烧纸，奉回陆上安葬。这是讨海人世代相传的义务。他们怀着对勇者的崇敬、死者的怜悯履行这种神圣的义务，像是天职，亘古不变。东山人专门为"海兄弟"建造一座座大大小小的庙宇，以经年不绝的香火，供奉着一只只厚重的盛满"海兄弟"的陶瓮。庙楣都挂着红布横披，上书"瓮公"二字，有的则书"瓮妈"、"万福公"、"万福宫"等等。庙宇多建于海滨城镇与渔村，分布于四面八方，且多与民居相比邻。讨海人从海上捧着"海兄弟"来到这些庙宇，置于陶瓮之中。他们点燃三柱清香，斟满三杯米酒，然后，虔诚地跪下来磕头，对着陶瓮说：好兄弟，别再漂泊了，这里就是你的家。逢年过节，家家户户的主妇必备酒菜来祭祀，她们以人类温馨的怀抱去慰抚一个个孤魂，在冥冥之中，虔诚之情换得庇佑。这是一种古老的习俗，蕴含着人类的一种宽容与大爱。然而，这种略含敬畏的宽容与大爱，却无法感悟到"海兄弟"发散出的远古信息。更没想到"海兄弟"竟然就是一把打开"东山陆桥"大门的钥匙。在储满"海兄弟"的地窖里，拥有数十种史前哺乳动物化石，而且福建最早发现的古人类化石，便是从"海兄弟"当中走出来的。

1987年初，东山发现了一件古人类肱骨残断化石，经中国科学院古脊椎动物与古人类研究所研究员尤玉柱等人鉴定为距今1万年前左右的晚期智人，并命名为"东山人"。这一发现填补了福建旧石器时代考古的空白。此前，福建以金门富国墩遗址（距今约7000年前）的年代作为本省已知的人类活动史上限。"东山人"的发现，打破了这一上限，把福建人类活动史往前推至距今1万年前左右。不久，清流县也发现了具有地层依据的古人类牙齿化石，命名为"清流人"。从此，福建古人类的发现接二连三。

迄今为止，闽台地区发现的化石人类，依发现的时间顺序有台湾的"左镇人"、福建的"东山人"、"清流人"、"甘棠人"、澎湖的人类肢骨化石、晋江的"海峡人"、武平猪仔笼洞的古人类牙齿化石与漳平奇和洞人类头骨化石。其中，发现于陆桥之上的有"海峡人"、"东山人"与澎湖人类化石。经比较研究，确定这些古人类同属于我国的晚期智人。

关于闽台古人类来源问题，迭有学者探索研究。形态学的研究表明，我国所发现的晚期智人，从体质特征上看，基本上可分为两个地区类型，即以山顶洞为代表的北部类型和以柳江人为代表的南部类型。北部地区从金牛山人（早期智人）演化到山顶洞人（晚期）；而南部地区则从马坝人（早期智人）演化到柳江人、左镇人、清流人和东山人等。据此，学者普遍认为福建古人类来源于华南。福建古人类的一支，追随移动的动物群经"东山陆桥"进入台湾地区，成为当地最早的居民——"左镇人"。

现在，让我们回头再看一眼"海兄弟"。除个别人类化石，绝大部分是动物化石，包括陆生和海生的哺乳动物化石、甲壳纲和双壳纲海生动物（包括泥蚶与河蚌）等化石。陆桥史前考古的对象暂时限于陆生哺乳动物化石。截至目前为止，福建东南沿海海域共发现35种哺乳动物化石，尚有大量较为破碎的化石材料难以鉴定。这35种陆生哺乳动物名单如下。

虎*Panthera tigris*

狼*Canis* sp.

斑鬣狗*Crocuta* sp.

熊*Ursus* sp.

诺氏古菱齿象 *Palaeoloxodon naumanni*

真象亚科 Elephantinae

普氏野马*Equus przewalskyi*

额鼻角犀 *Dicerorhinus* sp.

腔齿犀 *Ceolodonta* sp.

犀*Rhinocerotidae*

水鹿*Cervus unicolor*

梅花鹿*Cervus nippon*

台湾斑鹿 *Cervus taevanus*

达维四不像鹿 *Elaphurus davidianus*

轴鹿*Axis* sp.

马鹿 *Elephurus* sp.

鹿亚科Cervinae

羊*Capra* sp.

普通水牛*Bubalus bubalis*

王氏水牛*Bubalus wansjocki*

野牛*Bison* sp.

牛亚科Bovinae

亚洲象*Elephas maximus*

小麂*Muntiacus reevesi*

野马*Equus* sp.

狍*Capreolus* sp.

德氏水牛*Bubalus teilhardi*

野猪*Sus scrofa*

野猫*Felis* sp.

野驴 *Equus hemionus*

猛犸象*Mammuthus* sp.

帝汶黑鹿 *Rusa timoriensis*

麂 *Muntiacus* sp.

短角水牛 *Bubalus brevicornis*

大额牛*Bibos* sp.

这些哺乳动物化石均未通过测年，但根据何传坤报道，澎湖海沟化石的碳14测年在2.5～1万年前。浙江舟山群岛西侧海域发现的哺乳动物化石，经北京大学第四纪年代室碳14测定为距今2.19万年前。这两个数据可以作为"台湾陆桥动物群"年代的重要参值。

以上动物成员组合显示，这是以诺氏古菱齿象、四不像鹿和水牛为主要成员的华北动物群，有人称为"北方动物群"。这个原来居住在华北、江淮地区的动物群，之所以会出现在台湾海峡地区，是因为受到冰河时期气候环境变化的影响，为了躲避寒冷，寻找更加适应的生态环境而迁移到陆桥之上。舟山海域也从海底发现同一动物群的哺乳动物化石，故有学者推论这一动物群是经由舟山这一关口南迁至陆桥的，其迁移路线不经过华南地区。因此，这个动物群仅生息繁衍于陆桥之上，与福建和台湾内陆地区的动物群井水不犯河水。分布于福建与台湾内陆地区的动物群却是华南动物群。华南动物群以大熊猫与剑齿象为代表成员，称："大熊猫—剑齿象动物群"。从第四纪以来的整个更新世时期，这一动物群广布于秦岭以南的南中国大陆，甚至达到东南亚马来半岛地区，并久盛不衰。

这两个不同的动物群，一个适应陆桥生态环境，而另一个更适应内陆地区。它们虽然曾经交汇于陆桥之上，却各自选择了不同的栖息地。这一奇特现象，反映了台湾海峡成陆时期的生态环境与内陆地区的差异。因此，如上所述，从动物本身的研究可以了解地理气候环境的演变。

例如，关于四不像鹿的研究。福建的四不像鹿化石仅见于东南地区海域，而中部和北部地区至今尚未发现四不像鹿的化石。达维四不像鹿是我国的特产，在第四纪地层中发现甚多，主要分布在北亚热带长江至淮河一带。据地质历史资料，化石曾分布到北纬40°或更北。四不像鹿的栖息环境是潮湿低地的灌丛、草地，因此这类动物在台湾海峡的出现，说明在末次冰期时的台湾海峡成陆区也曾是草丛密布的潮湿低地。相反，华南动物群之所以不选择陆桥，是因为它们更适应山地与森林环境。

又如台湾斑鹿，这是台湾本岛特有的物种之一，个体很小，在斑鹿属中是最小的一个种。台湾斑鹿角的角节部呈圆形，眉枝相对于主枝来说显得较粗，但不长，两者之间夹角大约90°。角面一般有沟槽和小的瘤状突起。第二枝距离眉枝远，少有再分叉。在台湾岛上，台湾斑鹿从更新世早期一直生存到现在，可能是从新竹斑鹿进化而来的。在福建东南海域发现台湾斑鹿的角和下颌骨，说明该种在地质历史时期已经扩大它的分布范围，在论证更新世晚期闽台之间关系时，不失是主要资料。

值得注意的是，福建各地海域已发现的35种哺乳动物成员中，有15种是广适性动物，8种江淮地区的动物，2种是华北地区草原动物，3种属寒温带动物，其余的则是南方热带亚热带成员。这种混合现象的存在是末次冰期气候变化的结果。

末次冰期成陆的台湾海峡地区，与大陆的地貌形态和生态景观有着明显差别。此时，北纬30°以北的地段，受到强劲西北风的侵袭，干旱日益加剧。渤海、东海许多地段，由于严重干旱出现沙漠化现象。而台湾海峡因东面台湾中央山脉和西面不断隆起的闽浙山地的阻隔，受寒流影响较小，故成为人类和动物理想的活动空间。

通过对全部材料进行个体数量统计，发现各种动物的最少个体数分别如下：梅花鹿40、四不像鹿18、台湾斑鹿4、水鹿5、轴鹿2、马鹿2、鹿（属种未定）至少12、羊2、水牛至少20、野牛4、象类7、犀类6，狼、熊、鬣狗各1。其中以鹿类最多（至少83个个体）。统计表明，鹿类是"东山陆桥"动物群落中最主要成员，而且个体数量又以长江—淮河地区的鹿类占优势。因此，在化石标本中，鹿角居多。据不完全统计，所有鹿角中约有48%几近一半在其角环或角柄部位带有极其醒目的砍砸痕。经分析研究，这种现象可能是在宰杀鹿时为了取角而以钝石器猛力砍砸的结果。由此推论，"东山陆桥"的原始人类狩猎的主要对象很可能是数量众多的鹿类，鹿可能是当时原始人类肉类食物的主要来源。

值得一提的是，在研究出自台湾海峡的哺乳动物化石的过程中，通常会首先在大量标本中挑选相对完整的标本来鉴定研究，而那些支离破碎的标本会被暂时冷落一边。当我们回过头来仔细观察它们时，才发现它们大有文章可做。它们的破碎有的是在海潮作用下磕碰造成的，有的是在上岸后人力搬运过程中磕碰或摔断。但并非全然如此，有许多碎片上带有明显的人工砍砸痕迹，有的碎片历经火烤的痕迹还依稀可辨。这是否意味着这是古人肢解猎物、烧烤兽肉或敲骨吸髓所留下的现象。仔细观察时，还可发现这些本来就已经破碎的骨片或角片，酷似古人故意砸碎后作为锋利的刃缘来使用。在一些碎片的刃缘上，甚至可以观察到使用的痕迹。这些碎片可能默默传递着许多有关古代人类狩猎、畜牲和屠宰的生存活动信息。也许，它们就是一大堆史前文明的碎片，通过组合可以还原"东山陆桥"曾经的史前文明。因此，这些碎片应是以后深入研究的重要材料。

福建发现于台湾海峡的大量哺乳动物化石中，具有相当部分的动物骨角上带有古人的刻划痕迹。但对刻划痕迹进行研究并已发表成果的只有东山和浙江的舟山。

刻划痕中有一种流星状痕迹被认为是射箭留下的痕迹，由此推断陆桥的原始猎人已经懂得使用弓箭。从流星状刻划痕，到肢解动物的切割痕和砍砸痕，正反映一种狩猎的过程，而透过这个过程，又能看到他们的生存方式和经济形态。

除此，在东山精选的16件带有人工刻划痕迹的标本中，分别带有切割痕、砍砸痕、刻划痕、刮磨痕这四种人工痕迹。这些加工痕迹具有不同的加工目的，它们有的被加工成生产工具，有的被加工成武器，甚至原始艺术品。生产工具有以鹿角制成的角砸器、水牛桡骨制成的骨槌、鹿角制成的骨锥，而且器身均留有或多或少的使用痕迹。

我国旧石器遗址中发现的骨角器很少，研究工作也做得不多。有学者统计我国北方含有骨角器材料的约20多处，其中华北包括周口店第一地点和山顶洞等12处60多件，东北地区约9处60多件，而且这些均为1978～1994年的发掘成果，而华南地区的发现就更少了。因此，"东山陆桥"上发现的旧石器时代的骨角器，确实为重要的考古发现，尤其它发现于海底更有其特殊的意义。舟山也在出自海底的哺乳动物化石标本中，发现一批骨角器，主要有骨砍砸器、骨尖状器、角刮削器三种骨角工具。除此还发现一件与哺乳动物伴出的木棒化石。

东山以鹿角创造的武器有两种，角矛与角戈。角矛利用鹿角尖端，略加修理即可。角戈的制作实在不简单，可以说是一种发明。这种角戈作为生产工具可刨地下的植物根茎，勾取树上果实，捕杀飞禽走兽，甚至可勾杀水中游鱼等等。但它同时也是搏斗的绝好武器。角戈的发明与广泛使用，大大提高了搏斗能力和狩猎效率。

在这些骨角制品中，竟有他们的原始艺术品。在中国文

化宝库里，原始艺术是一块最古老最珍贵的瑰宝。她让我们找到许多传统艺术形式的源头与脉络，从而了解到传统文化产生和发展的轨迹。在中国30年代初发现的旧石器时代晚期的周口店山顶洞的遗物中，有一件珍贵的原始艺术品"磨光的鹿角"[12]。鹿角上还留下了清楚的刻划图案。东山发现的原始艺术品也是被磨光的鹿角，其上也有刻划痕迹。这是一件梅花鹿左角，眉支已被截断，保存着主支与连带少部分头骨的角柄，角杆含角柄总长为33厘米，主枝自然微弯，造型酷似山顶洞的磨光的鹿角。角杆被刮磨得很光滑，显然是为了便于在上面刻画。山顶洞磨光鹿角上有刻划图案，一些专家推测它可能是一根用来指挥狩猎的魔棒。东山这件磨光的鹿角会不会也是指挥狩猎的魔棒，或者仅仅是某种生产工具或武器的柄。但是尤玉柱教授在鉴定该件标本时，发现磨光的鹿角上刻有很细微的3组长短一致、间距均匀的痕迹，刻痕数分别为15、18、9。古人在这磨光的鹿角上刻下三组不同数量的痕迹，是在记录某些事物，抑或是在表达某种意识，总之令人深思。但古人类能把粗糙的鹿角刮磨得如此光亮，则表明他们已经有了某种行为意识甚至是原始的审美意识，不管他们出于实用或装饰的目的，这件刮磨光亮的鹿角制品无疑是一件珍贵的原始艺术品。

刻划痕迹，是旧石器时代人类的一种有意识和有目的的行为。英国著名考古学家K·P·奥克莱[13]曾经指出："早期人类在骨骼上、鹿角上或在象牙上进行的刻划，实际上是一种装饰。"他还说："装饰是艺术的根源。"诚然，在人类最早艺术出现之前，他们先会刻划和装饰。但是，刻划并不完全为了装饰，正如近代没有文字的民族，在竹、木或岩石表面上刻划，其目的是表示数或某种记号。东山的磨光和刻划标本，初看起来似乎是一种装饰，但在我们看来还有它更深层次的含义。我们把东山这件磨光的鹿角看作是一件数字化的装饰品，首先，刻划痕迹主要代表数字，其次是装饰。三组刻划痕迹分别代表不同的数字，或者表示狩猎所获得的数量，或者记录某类动物的数。这种理解，主要基于旧石器时代晚期即晚期智人已经有了非常明确的关于数字的概念。

人类最早表达自我意识，就是从刻划开始并显示出来的，而且，最早的刻划仅仅是线条。这种线条尽管简单，但非常明了。正是由于线条刻划的出现，才逐渐发展到真正的艺术。从欧洲所知的情况分析，刻划，尤其是线条刻痕出现很早，可以追溯到距今10万年前，而能够实实在在地辨认出来的，或者说能够赋予某种解释的刻划和彩画含义的，则出现在距今4万年前。直至距今2万年前以后，才有了三维空间的雕刻。许多研究者认为，早期人类在骨骼上、鹿角和骨骼上，或在岩壁上所作的记号，是人类表达某种思想意识的最初形式。

然而，无论早期人类是有意识的，或者是无意识的刻划，都最终导致艺术的产生。

四、闽台旧石器遗址与考古学文化

福建省旧石器时代考古始于20世纪80年代。迄今为止，发现古人类地点和旧石器遗址与地点已有二十多处。但经正式考古发掘且较有影响的遗址有：漳州莲花池山遗址（含竹林山遗址）和三明万寿岩遗址。最近发现的漳平市奇和洞遗址和武平县猪仔笼洞遗址正在发掘之中。据三明万寿岩遗址考古发掘报告称，该遗址地质时代应为中更新世晚期，年代约在距今25～18万年前之间。这是目前福建最早的旧石器时代遗址。漳州莲花池山经两次正式考古发掘，尚未测年，但据专家学者对遗址下层的网纹红土进行观察分析，认为最早可达到40万年前。三明万寿岩遗址和漳州莲花池山遗址尚未建立其考古学文化。

福建省第一个旧石器时代考古学文化即"漳州文化"，是在莲花池山遗址的上文化层建立起来的。漳州莲花池山遗址的上、下两个文化层，分别代表两个不同时代的文化。下层为红土堆积层中的砾石条带，含有用石英晶体和脉石英制作的石器，其年代较早，而上层覆盖在红土层之上的，是一层红黄色砂质土，其中产有由燧石质原料制成的精美石器，年代稍晚，约为地质时代的晚更新世晚期至全新世早期（距今13000～9000年前）。上文化层以燧石为主要原料制作的石制品，不仅在莲花池山遗址第一次发掘时大量发现，而且同时或稍后在漳州市所属的东山、龙海、漳浦、平和、诏安，甚至在龙岩地区的适中、厦门等地，也发现超过100处类似的石器地点及其大量的相同石制品。尤玉柱等据此建立了福建第一个史前文化"漳州文化"。

"漳州文化"以石制品为代表，原料以黑色、灰黑色和灰色的燧石为主，其次为玄武岩、石英和石英岩等。石制品普遍细小，生产石片的方法主要采用砸击法和锤击法，但不排除用间接法生产石片的可能。石片类型较多，普遍细小，具有第二步、第三步加工的石器。石器类型复杂，加工精细，绝大多数的石器具双向加工。石器普遍较小，长度多在10～25毫米之间，重量多在15克以下。类型繁多的刮削器是文化遗物的主体，凹缺刮器是富有代表性的、独具风格的器物。凹缺刮器、镞形器、石钻和小石杵构成具地方色彩的石器组合，反映其文化性质是以猎获海生动物和陆生动物为主的经济生活。

1971年，台湾大学宋文薰教授与台湾省立博物馆的研究人员前往台南县左镇乡调查，于菜寮溪发现犀牛化石，并在化石收藏家郭德铃的藏品中发现一片人类顶骨残片化石。1974年，日本古生物学家鹿间时夫教授也在台南另一位化石收藏家潘式武的藏品中，发现一片采自同一地区的人类左顶骨化石。连同宋教授发现的两片化石标本由鹿间时夫带回日本研究后，认定属于现代人种（Homo sapiens sapiens）。标本经氟和锰计量的测定约距今3～2万年前。这说明至迟在距今3～2万年前，台湾岛上已有人类活动。学者们把这些头骨所代表的古人类称为"左镇人"。此后，在台南左镇附近又陆续发现少数人类头骨化石残片和牙齿化石，多属于"左镇人"。

从1968年开始，由宋文薰和林朝启两位教授所领导的台湾大学考古队，在台东县长滨乡八仙洞的海蚀洞穴进行了五次考古发掘。他们从几个洞穴的底层发现了数以千计用海滨圆砾打制而成的石器和制造石器的废料。此外，还发现了骨针、骨凿、骨鱼钩、骨质两头尖器与长条形尖器等。著名的考古学家李济博士将这批器物所代表的文化命名为"长滨文化"。经C_{14}测年，该文化年代最早可达到距今5万年前，一直延续到距今5000年前才消失。这是迄今台湾最古老的人类文化遗存，从而，建立了我国东南地区旧石器时代晚期文化"长滨文化"。

此后，在垦丁公园内的鹅銮鼻Ⅱ、龙坑以及台东县成功镇的小马等遗址，也发现类似"长滨文化"的遗物。

宋文薰在归纳"长滨文化"的性质时指出[14]，"长滨文化"属于砾石工业，为石片器的传统；而以砾石原面作为打击台面者为多，其中以砾石石片器最具特色；间有砾石砍器，都是偏锋砍器而不见有中锋者，缺乏两面打的技术，而完全循守一面打技术；到了晚期，逐渐出现石英等较细石料制的小型石器。

"长滨文化"在经济和技术发展史上，仍停留在以打制石器为特征的旧石器文化阶段，尚未有制陶、农耕等新石器文化特征性要素，以渔捞和采集为主要经济行为。聚落规模不大且分散，居住选择面对大洋的天然海岸洞穴为聚落，这可能与渔猎经济活动密切相关。石器工具以单面打击的砾石石片砍刮工具为特征，同东亚大陆砾石砍器传统完全一致。石器多利用海滨砾石打制而成。在石器技术上，通常采用锤击法、砸击法等，石片生产相当部分采用锐棱砸击法。石器分大型石器与小型石器两类。小型石器主要以石英石片制作的刮削器和尖状器等。此外，还发现少量骨角器，包括长条尖器、一端带关节的尖器、穿眼的骨尖和两头尖的骨尖，还出土了不少的兽骨和木炭。骨尖器、骨针、骨锥与长形骨铲等，为我国南方旧石器时代遗址中数量最多、类型最丰富的骨角器，反映当时人类已经懂得磨刮骨针了。

关于"长滨文化"的来源问题，海峡两岸绝大部分考古学者认为源于大陆，但在文化传播地以及传播途径的问题上存在不同看法。如上所述，大陆的学者则主要有华南传入说和华北传入说两种意见：一是"长滨文化"的"锐棱砸击法"是由华南地区传入；一是"楔形石器"由华北地区传入。无论从华南传入还是从华北传入，它们应该先进入福建地区，再经"东山陆桥"进入台湾。这种观点的依据之一，便是福建境内三明万寿岩遗址和漳州市郊旧石器地点也发现了"锐棱砸击法"，而

"漳州文化"也发现了"酷似楔形石器的舟形器"。

然而，也有学者通过闽台旧石器形态的比较，认为包括"漳州文化"在内的福建旧石器材料，还达不到可与"长滨文化"比较的程度。在闽台旧石器时代遗址的比较研究中，过于注重器物形状相似与否的现象屡见不鲜。

有鉴于此，笔者提出考察文化之间传承关系时，似应考虑到"文化漂变"这一概念。

"文化漂变"（cultural drift）是西方考古学中的一个概念。它指的是文化形式上带有随机性的微小的非本质变化。在文化传播过程中，这种文化漂变现象尤为突出。通俗地讲，文化传承者在传承某一文化时，都不可能像当今的复印机一样丝毫不差，被传承的文化会因传承者的主观因素而产生漂变，还会因文化传播过程与生态环境的变化而发生文化漂变。

美国的温迪·安西莫·罗伯特·夏尔指出[15]："文化漂变是一种描述文化选择的补充机制。和文化选择机制一样，这个过程也是要通过日积月累才能形成变化，但不同的是，文化漂变是一个随机的过程。文化特征通过学习代代相传。文化的传承通常是不完全的，没有一个人能接收别人拥有的所有信息，因此就出现了文化漂变的现象。随着时间的流逝而发生的文化变迁就有一定的随机性。萨拉·宾福德和其他一些考古学家提出：文化漂变可能是引起旧石器时代早期工业工具集群变异的原因。也就是说，微小差异的累积到一起就会带来人为风格革新的印象，但是只有在工具的传统风格经过一百万年左右的发展之后，我们才能辨认出一贯的风格。"

长滨文化的创始人可能是"左镇人"，当"左镇人"承接某一文化或者说他本来就是某一文化传统里面的成员，当他迁移至一个新的地方面临一个新的环境时便不可能不发生一些适应性的变化。尤其在生产工具技术层面上，他不可能不受到材料条件和谋生方式等因素的影响而发生文化漂变。这种漂变反映在工具器形上便可能出现与原来所属的传统的器形的明显差异，甚至有可能完全不同。但是，万变不离其宗，不管如何漂变，它绝不可能改变它原来所属的文化传统。因为，只有在这种文化漂变经漫长时间、并逐渐累积成足够形成另一种传统时，才会发生根本的质的变化。这有如哲学原理中的量变到质变的原理，量变只有积累到具有否定力量时，才会发生质变。

实际上张光直早就指出[16]：从八仙洞的石器工业史看来，石器的形制显然不是断代最好的根据。用砾石做的砍砸器，在东南亚和华南都有很长的历史，从旧石器时代早期一直到中石器时代（甚至新石器时代）就单个石器来看，都缺少根本上的变化。这也许是南方古代人类多用竹木做细工工具，而使用粗糙的砍砸器做一般粗工之用的缘故。所以如果没有绝对年代断代的方法来断代或可靠的地质证据与古生物的证据，而专靠打制石器的形制来断定遗址的年代，或称之为旧石器时代的"初""中""晚"期，是不尽可靠的。

香港中文大学邓聪教授也曾指出[17]：仅按石制品的外形相似比较的论断，说服力是不足的。

复旦大学陈淳教授在论及目前的石器研究时指出[18]：我们还不足于系统观察伴随早期智人向晚期智人过渡所发生的可能变化，人类文化具有一定的延续性和继承性，两种不同人类群体的取代应当会从他们文化传统上反映出来。但是我们也应认识到，人类的文化适应也可能使他们的技术和工具发生巨大的变化，特别当他们迁移到一个完全不同的环境里。像打制石器这样原始的工具，其形态特征可能在更大程度上取决于可用的原料、适应的方式和环境里所能开拓的资源，而不是文化传统。

由此可见，在考察闽台间旧石器文化关系时，不必拘泥于个别石器器形的相似与否，应从宏观上进行全面的比较。尽管长滨文化与福建三明万寿岩旧石器文化、漳州莲花池山文化与漳州文化存在年代差异，但它们都具有文化的延续性。基于这一点，似可对它们的石器的原料、打片技术、石器类型作如下比较。

（1）相似的石器原料

长滨文化：石器多采用海边砾石；

三明万寿岩旧石器文化：石器材料多采自河边砾石；

莲花池山文化：部分石器原料来自江边砾石；

漳州文化：石器原料利用海河水边砾石。

（2）相似的打片技术

长滨文化：以砾石原面作为打击台面者为多，采用锐棱砸击法；

莲花池山文化：打片均在岩块或砾石原面，不作台面修理，采用锐棱砸击法；

漳州文化：打片时以修理或不经修理的平面作为台面；

三明万寿岩旧石器文化：打片不预先处理台面，采用锐棱砸击法。

（3）相似的石器类型

长滨文化：以石片为主的石器工业，晚期出现细小石器；

莲花池山旧石器文化：有部分石片器，晚期出现"漳州文化"的细小石器。

三明万寿岩旧石器文化：以石片石器为主的工业；

漳州文化：以石片器为主的石器工业。

通过比较，长滨文化与福建旧石器文化的极大相似性显而易见。它们无疑属于同一个文化传统且有着密切的传承关系。

其实，我们已经从上面的阐述中得知，长滨文化的创造者"左镇人"来自台湾海峡对岸的大陆，那么，无论在文化上还是在血缘上他属于我国南方更新世晚期智人，他继承大陆文化传统并在台湾长滨发展就勿庸置疑了。我们可以理解长滨文化与其周边的诸如菲律宾、日本的一些岛屿有过交流接触，但不见有另一种完全不同传统文化入侵的迹象。"左镇人"所创造的长滨文化完全延续着"左镇人"迁出地的文化，它一直是典型的亚洲型旧石器类型，属于砾石工业。

在此，笔者还强调人的要素，认为从广义上讲，文化就是人类社会历史实践过程中所创造的物质财富和精神财富的总和。人类创造了文化，是文化的第一要素，没有人类便不可能有文化。因此，在讨论闽台旧石器时代文化关系时，首先考虑的应是人的这一要素。具体说旧石器时代福建与台湾是否已有人类、从何而来、之间有何关系等，是必先解决的问题。当然，要解决这些问题，考古学家们只能凭借所能发现的古人类留下的零星遗迹或文化遗存，去努力还原某一阶段的人类活动。关于"左镇人"的来源问题，上面已经阐明，不必重复。

值得注意的是，人类迁徙的动因在很大程度上是环境的变迁。虽然，迁徙动因也含有人类本身的创造因素，但这种创造性行为的根源仍然是环境的变化。另一方面，人类的迁徙应具备条件，就闽台之间而言，"东山陆桥"为当时人类的迁徙提供了良好的条件。

其实，在考察与研讨闽台旧石器时代文化关系时，我们做了考古发掘与研究等大量工作，其目的便是要证明人的要素。这个人的要素一经被证实，一切问题便可迎刃而解。

综上所述，人的要素被确定、同一文化传统、文化形式相似、重要的地理证据——"东山陆桥"，这一系列证据已经形成一条证据链，它们共同指证一个科学的结论。这就是台湾"左镇人"及其所创造的长滨文化源自大陆，其迁移从福建出发，经"东山陆桥"抵达台湾。

五、构建陆桥史前社会

现在，我们已经拥有了人类化石、哺乳动物化石、带神秘刻痕的动物骨角、用动物骨角制成的各种工具、武器与早期原始艺术品等实物资料。尽管这些实物资料是破碎的，但无不闪耀着"东山陆桥"史前文明之光。它们足以让我们来重构"东山陆桥"的史前社会。

在第四纪末次冰河时期，气候寒冷，海平面下降，"东山陆桥"最先出露成为连接大陆与台湾的通道。这条通道渐渐地向北扩展，直至整个台湾海峡几乎都成为陆地。这是一片山川发育、水草茂盛、气候适宜的肥沃之地。"东山陆桥"地处台湾海峡最南端，台湾海峡成陆时期，它属于沿海地区。它面临一望无际的南海，拥有丰富的海产资源。

为了躲避严寒的华南动物群，慢慢地迁移到陆桥之上。与此同时，原来居住在华北、淮河流域的另一个动物群也是为了躲避寒冷，从舟山一带沿着成为陆地的东海岸往南迁徙到台湾海峡地区。也许，华南与华北的两个动物群就这样汇合于台湾海峡地区。然而，生性喜居森林山地的华南动物群最终离开陆桥进入台湾，消失在莽莽的森林之中。

以狩猎兼采集为生的"左镇人"、"海峡人"、"澎湖人"（尚未命名，权称之）和"东山人"的祖先等原始人，便追逐着动物不知不觉也来到陆桥之上。"左镇人"跟随继续东迁的动物群进入台湾，而其他人却留在了陆桥。他们互为比邻，在各自的领地上建立了自己的家园，创造属于他们的史前文明。

他们可能和"左镇人"差不多，以小聚落的形式聚居，拥有小的社会组织，共同形成他们的原始社会。以狩猎、渔猎为主，兼营采集是他们的生存方式与经济形态。在经济生产实践中，他们除了使用惯用的大小石器外，还大量利用动物的骨角制作诸如长矛、标枪、骨角砍砸器、骨角刮削器、角尖状器、骨锥等各种生产工具。他们可能和舟山人一样制作和使用木棒来进行打猎。他们已经懂得制作和使用弓箭来提高狩猎效率，甚至还发明创造了既是工具又是武器的角戈。角戈具有近距离攻击性与杀伤力，又不容易脱手，用它近距离攻击的优势，配合弓箭和标枪远距离的攻击优势，大大提高了他们的生产能力和格斗能力，从而促进了经济生产的发展。他们狩猎的主要对象是鹿类动物，尤其是四不像鹿，肉食类的食物富足，而居住在"东山陆桥"沿海地区的人们，还可能在潮间带采集贝类、捕捞鱼虾。

在长期劳动实践中，他们不断发现大自然、人体、动物的美，从而锻炼与发展起自己的审美意识。他们为了表达强烈的思想感情，或是因为某种强烈的欲望，甚至仅仅因为一次美感的冲动，便动手开始了他们原始的艺术创作。

这便是陆桥史前考古追求的那一个陆桥史前社会。

注释：

[1]林观得：《台湾海峡海底地貌的探讨》，见于《台湾海峡》

第1卷，第2期，1982年12月。

[2]何传坤：《台湾陆桥史前动物及人类化石的新发现》，见于台湾《历史》，2000年5月刊。

[3]赵希涛：《台湾海峡两岸全新世地质的对比》，见于《中国海岸变迁研究》，福建科学技术出版社，1984年。

[4]蔡保全等：《东山在闽台旧石器时代文化交流中的地位》，见于《文物》1995年2期。

[5]臧振华：《台湾考古》，艺术家出版社，台北，1999年6月。

[6]刘益昌：《台湾原住民·史前篇》，台湾，"国史馆台湾文献馆"编印，2002年12月。

[7]宋文薰：《由考古学看台湾史前史》，台湾，见于《汉声》第34期，1991年10月。

[8]贾兰坡：《中国细石器的特征和它的传统、起源与分布》，见于《古脊椎动物与古人类》1978年第2期。

[9]吴绵吉：《福建史前文化研究的若干思考》，见于《中国东南民族考古文选》2007年。

[10]蔡保全：《晚玉木冰期台湾海峡成陆的证据》，见于《海洋科学》，2002年，第26卷，第6期。

[11] 俞伟超：《考古学是什么》，中国社会科学出版社，1996年3月。

[12]裴文中：《旧石器时代之艺术》，85页，商务印书馆，2000年。

[13]K·P·奥克莱：《高级思想的出现》，纽约出版社，1981年。

[14] 宋文薰：《长滨文化·简报》，中国民族学会，1969年。

[15]美国，温迪·安西莫·罗伯特·夏尔：《发现我们的过去——简明考古学导论》，沈梦蝶译，上海社会科学院出版社，2007年4月。

[16]张光直：《台湾省原始社会考古概述》，见于《考古》1979年第3期。

[17]邓聪：《日本冲绳及中国闽台旧石器研究新进展》，见于《福建文博》1999年第1期。

[18]陈淳：《"夏娃理论"与中国旧石器时代考古》，见于《中国文物报》，2001年11月2日。

第二章　台湾海峡陆桥

台湾海峡陆桥是指台湾海峡在海水退却的成陆时期，连接海峡两岸的陆路。

在漫长的地质历史时期，海平面的变化不仅导致海陆的巨大变化，甚至对沿海地区的侵蚀与堆积也产生深刻的影响。引起海平面变化的原因，则主要是全球气候的变化。

当地球进入距今约300万年前的第四纪时期，全球曾发生多次冰期与间冰期的交替变化。冰期到来之际，全球气温下降，地球两极冰盖与陆地上的高山冰川发育，海水被大量蒸发，并变成冰雪聚积在陆地上，回流海洋的水量逐渐减少，直接导致世界洋面的逐渐下降，某些大陆架出露。当间冰期到来之际，全球气候逐渐变暖，两极冰盖与聚积在陆地上的冰雪融化，回流海洋的水量日渐增大，世界洋面日渐回升，大陆架又逐渐被淹没于海水之下。台湾海峡也不例外，随着冰期的到来，海水消退，较浅的地区便首先出露为陆地，形成连接两岸的陆桥。古人类与古动物即通过海峡陆桥往返于两岸之间。

在冰期的最盛时期，海平面下降幅度超过百米时，台湾海峡基本上成陆，可能存在多条沟通两岸的通道。然而，目前被考古学证实的台湾海峡陆桥即为"东山陆桥"。两岸多数学者提及台湾海峡陆桥或海峡陆桥，一般指的即为"东山陆桥"（见图1所示）。

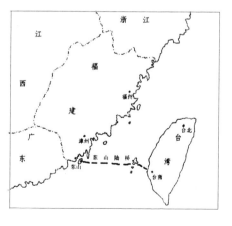

图1　东山陆桥示意图

这是一道发端于东山岛，经澎湖列岛再连接台湾南部的一道浅滩。在这道浅滩上及其附近海域，发现的大量哺乳动物化石、带明显人工刻痕的动物化石与人类化石等实物资料，证实了它的存在，但一些学者对"东山陆桥"提出质疑。对此，本章将加以讨论。

第一节　台湾海峡成因及其地质结构概况

台湾海峡位于福建省与台湾省之间，是大陆沿岸与台湾西海岸之间的一个宽阔水道。其西以闽江口到石碑山角的大陆为界，东以台湾西海岸为界。海峡中间较窄，最窄处在福建的平潭岛与台湾的白沙岬之间，宽约70海里；北口稍宽，约115海里；南口最宽，约200余海里。

关于台湾海峡的成因，大多数学者运用了板块构造学说加以研究。所谓板块构造学说，是大地构造学的一种新学说。它的理论是在大陆漂移学说、海底扩张学说的基础上发展起来的。1967年，美国普林斯顿大学的摩根（J.Morgan）、英国剑桥大学的麦肯齐（D.P.Mekenzie）、法国的勒皮顺（X.LePichon）等人，把海底扩张说的基本原理扩大到整个岩石圈，并总结提高为对岩石圈的运动和演化的总体规律的认识，这种学说被命名为板块构造学说，或新的全球构造理论。到1973年，这个学说基本成型，直到现在仍在继续发展。板块构造学说认为：地球表层的硬壳——岩石圈（或称构造圈），相对于软流圈来说是刚性的，其下面是粘滞性很低的软流圈。岩石圈并非是整体一块，它具有侧向的不均一性，被许多活动带如大洋中脊、海沟、转换断层、地缝合线、大陆裂谷等分割成大大小小的块体，这些块体就是所谓的板块。整个岩石圈可以理解为由若干刚性板块拼合起来的圈层，板块内部是稳定的，而板块的边缘和接缝地带则是地球表面的活动带，有强烈的构造运动、沉积作用、深成作用、岩浆活动、火山活动、变质作用、地震活动，又是极有利的成矿地带。岩石圈板块是活动的，是围绕着一个旋转扩张轴活动的，并且以水平运动占

主导地位，可以发生几千公里的大规模的水平位移；在漂移过程中，板块或拉张裂开，或碰撞压缩焊结，或平移相错。这些不同的相互运动方式和相应产生的各种活动带，控制着全球岩石圈运动和演化的基本格局。板块构造学说把全球划分六大板块：欧亚板块、太平洋板块、美洲板块、非洲板块、印度洋板块和南极板块。

台湾海峡属于欧亚大陆板块的东南部，台湾岛中西部、台湾海峡和福建大陆等均为大陆型板块，属于大陆边缘地壳，易受挤压作用而产生凹陷与隆起，从而形成了台湾中央山地、台湾西部平原盆地、台湾海峡海底断裂和裂谷、台湾海峡海底盆地和福建东部的隆起带。

海洋地质的探测与研究表明：台湾海峡的基底为大陆性地壳，明显地受到大洋板块的俯冲及碰撞作用的影响，具有挤压活动的特征，断块性质的隆起与凹陷较为发育[1]。从大地构造位置上看，台湾海峡是西太平洋海沟～岛弧～边缘海体系的一部分。它的发生与发展，均受到欧亚板块、印度板块、太平洋板块与菲律宾次板块四大板块相互作用的影响[2]。

厦门大学教授蔡爱智等（2009）在揭示台湾海峡成因时指出：从白垩纪以来，太平洋板块中的菲律宾次板块向西北方向运动，而欧亚板块向东南作相向运动，终于在第三纪时期，两大板块在现台湾岛东侧发生剧烈的碰撞聚合。其中，欧亚板块内的南中国海次板块在台湾岛西南侧水下峡谷俯冲隐没于菲律宾板块之下，菲律宾板块在台湾岛东北部的琉球海沟俯冲潜没于欧亚板块之下。在现台湾岛东部，欧亚板块和菲律宾板块的大碰撞，直接导致欧亚大陆边缘地壳的隆起，形成了台湾岛的雏形。一般认为，台湾岛东部存在的一对变质带，即其西面的高温变质带和东面的低温高压的兰片岩带，可能代表了欧亚大陆板块与菲律宾海洋板块碰撞聚合的潜没带。此后，经历燕山运动和新构造运动，断裂发生差异升降而产生了隆起和盆地。在台湾岛抬升的同时在其西侧便形成了前陆洼地——台湾海峡盆地，并认为："没有台湾岛的隆起，就不会有前陆洼地即海峡的存在。这一地块抬升几千米成为台湾中央山脊，其前陆洼地即海峡。海峡洼地的东侧沉积了超过5000多米新生代地层。台湾岛与台湾海峡是一对伴生的正负地体，互为依存条件。"[3]

台湾海峡盆地的形成是一个漫长的构造演化过程。据刘振湖等人研究，台湾海峡盆地是一个断陷盆地和前陆盆地的叠合盆地。它是古新世期间在继承白垩纪系裂陷的基础上进一步张裂而形成的陆缘裂陷，后来又深受前陆作用影响形成新生代叠合盆地。它经历了古新世～渐新世断陷、晚渐新世～早中新世的雪山前陆作用、早～晚中新世拗陷和晚中新世末～第四纪的前陆盆地四个构造演化阶段，直到晚更新世以来，台湾海峡及围区的构造与地理面貌才基本定型[4]。

台湾海峡地质构造以断裂为主，其主构造线与台湾海峡走向一致。主要存在四大断裂系：海峡西岸断裂系、海峡裂谷断裂系、弧陆碰撞断裂系和陆缘平移断裂系。断裂系明显控制着台湾海峡的海底地貌特征，使台湾海峡海底呈现出一系列断陷盆地与隆起高地的地貌特征。这些断裂系还控制着台湾海峡的海底沉积。台湾海峡盆地存在白垩纪～早第三纪早期、早第三纪、晚第三纪～第四纪三套构造层，各自发育不同的沉积体系。其中，第三纪沉积较厚，使台湾海峡变浅。第四系沉积覆盖了前期的构造地形，台湾海峡变得更浅，在新构造运动与冰川型海面升降的背景下，经受了多次的海侵和海退。

第二节 第四纪台湾海峡的演变

据福建师范大学地理系赵昭昞教授研究（1982）[5]，第四纪前的燕山运动对福建影响极大，它使地台活化，发生剧烈的断裂活动，沿断裂带有大规模的火山喷发和花岗岩浆的侵入，隆升的花岗岩体及上覆岩层构成了武夷山脉和戴云山脉。在长乐～南澳断裂带以东则发生沉降，台湾海峡成为地槽浅海。台湾从古生代后期到中生代初期被海水浸没，沉积了厚达6000米的大南澳群，中生代中期至后期，发生南澳运动和太平运动，地壳抬升，但仍部分出水，产生遍及全区的沉积。

在发生于第三纪末的喜马拉雅运动中，台湾褶皱隆起，带动台湾海峡和闽海岸迅速上升，使台湾与福建连在一起。到了中新世末，台湾海峡发生断陷，海水侵入，闽台分离，沉积上新统。第三纪末、第四纪初，台湾海峡南部和闽东南沿海漳浦佛昙、龙海港尾一带，有玄武岩喷发，形成澎湖群岛和玄武岩台地。上新世台湾海峡沉降的幅度不一致，其幅度自南向北逐渐增大，从而可能影响到第四纪以来福建海岸的升降变动，并导致现今海岸形态的差异。台湾海峡作为原始东海盆地的一部分，海峡南部就是东海盆地的南缘，台湾浅滩就是东海盆与南海盆的海底分水岭。

第四纪以来，由于出现全球性的冰期和间冰期，导致台湾海峡的海侵与海退交替发生，出现台湾与福建大陆四次相连、四次分离的现象。因此，台湾海峡的演变可分为四个阶段：

一、早更新世

全球进入冰川时期，我国称为鄱阳冰期，我国海域海面下降约60米，而继续抬升的台湾基本结束了海侵的历史。台湾海峡大部分露出海面，台湾与福建连成一片，海岸最外界推至台湾以东。此时台湾岛沉积的地层中，自下而上有海生贝类过渡到半咸水、淡水贝类的趋势，而在台湾左镇菜寮溪等地沉积层中发现大量迁自大陆的剑齿象、犀牛等哺乳动物化石。现闽江在福州盆地60米深处和九龙江在漳州盆地80米深处，存在着埋藏古河道，这一深度大致与海面下降的幅度相当。早更新世后期，进入鄱阳~大姑间冰期，气候转暖，冰雪消融，海面回升，台湾海峡发生海侵，台湾与大陆分离。

二、中更新世

中更新世初期，气候再度转冷，大姑冰期来临。海面又下降，而陆地相对抬升，台湾海峡全部露出海面，使台湾岛再次与福建陆地相连，动物又向岛上迁移，至今在阿里山西麓的"桃园砾石层"中发现的与大陆同时代的中国犀牛即为明证。在福建永安、宁化的石灰岩堆积中也有中国犀牛化石，与之伴存的还有大熊猫、东方剑齿象、中国貘、水鹿、熊等。中更新世后期进入了大姑~庐山间冰期时，气候转暖，海面复升，台

海峡陆桥史前考古

湾海峡又遭受海侵，台湾与福建又一次分离。

三、晚更新世

初期气候又转冷，庐山冰期来临，海面下降，台湾海峡及我国大陆架又脱水而出，成为陆相沉积环境，台湾与福建大陆又复相连。在阿里山西麓，在前期堆积的冲、洪积扇前缘又发育了新的堆积。福建一侧的河流又延伸到台湾海峡，并有河流相堆积。台湾海峡成为大陆动物东移的陆桥，大陆动物在台湾的数量愈显增加。进入晚更新世中期的庐山～大理间冰期，气温回升，台湾海峡再一次被上升的海水淹没，台湾与福建再一次分离。

到了晚更新世后期，全球气候又复变冷，进入了大理冰期（也称：最后一次冰期、末次冰期、玉木冰期）。这是规模最大的一次冰期，我国边海下降达120～130米，台湾海峡全部出露，我国大陆架的绝大部分都成为陆地，台湾与福建最后一次相连。福建沿海岛屿和台湾岛均成为大小山丘。台湾岛形成西部平原和数以百计的沙丘，台湾海峡又一次成为陆桥，大陆上哺乳动物又一次向台湾迁移，至今还保留在岛上的黄鼬、梅花鹿、小鹿和豹猫等，都是当时从大陆移去的动物的后裔。台湾"左镇人"与"长滨文化"也是该时期从大陆迁出。

四、全新世

大致在距今1.1万年前开始，第四纪最后一次冰期结束，全球进入冰后期，气候逐渐转暖，海平面开始回升。大约在距今7000～6000年前左右，海侵达到了最高峰，原来冰期低海面出露的大陆架和沿海地区几乎全被海水所淹没，台湾与福建大陆分离，直到现在。从距今6000年前开始，海面趋于稳定状态。由于河流挟带大量泥沙输入边海，海岸线逐渐向海推移，福建海岸又上升，平原与滩涂面积扩大。近6000年来，气候也略有变化，距今3000年前的气温比现在高出2～3℃，植被带向北推移约2～4个纬度。距今3000～1400年前的气温低于现在1～2℃。此后，气温又转暖，但波动不大，不足以引起海面大幅度的升降变化。

厦门地质工程勘察院蔡丽珠（1995）以台湾海峡两岸大量

古生物、古文化遗址及测年资料，分析了台湾海峡两岸受新构造运动和更新世以来的古地理演变。认为台湾海峡地区自更新世以来由于受新构造运动和气候变化的影响，引起海水频繁进退，大大小小有十次以上，但规模较大的有四次，台湾与福建多次出现分分合合的古地理演变[6]。

福建师范大学地理研究所王绍鸿等（1994）选择了六类79个具有C_{14}年龄准确高程的古海面标志，按北、中、南三个岸段分别建立了三条相对海平面变化曲线，并据此认为晚更新世（约4.5万年前）以来，福建沿海海平面至少发生过三次波动[7]。

随着第四纪以来冰期与间冰期的交替出现，台湾海峡也发生了多次的海侵与海退的现象。尽管诸多学者对每一次海侵与海退的准确时间及其规模的说法不尽相同，但台湾海峡多次在海退时成为闽台相连的海峡陆桥的说法，却是比较一致的。

第三节　东山陆桥

"东山陆桥"这一概念，由福建师范大学地理系林观得教授在其《台湾海峡海底地貌的探讨》[8]一文中首先提出，并于1981年4月6～12日在美国召开的全新世海平面变化国际学术讨论会上发表，同年8月在台湾海峡海洋科学讨论会上宣读，1982年12月《台湾海峡》刊载了他的文章。现在很有必要摘录如下：

台湾海峡两岸都是断裂发育的地区，它们受到NNE向的华夏构造体系控制。福建东部的长乐～诏安断裂带是由五条断裂带组成的。其西界是面向沿海狭窄平原的陡峻山地，东界约在50米等深线处。二者之间存在着许多受断裂控制的断崖、孤山、半岛、岛屿、盆地和海湾。台湾岛的中央山脉由一组褶皱和压性断裂组成，山脉西侧是宽阔的平原。滨海盆地由第四纪断陷所形成，第四纪沉积物覆盖在第三纪地层上，沿岸的珊瑚礁及其它海积层在全新世被抬升，其西界为NNE向的大湖～冈山断裂，大致位于澎湖列岛一带海域中。台湾平原以西海域中有三条断裂带控制了两个断块。澎湖列岛位于澎湖地堑北部，其玄武岩和漳浦的玄武岩相当，同为第三纪的深断裂喷发。两

海峡陆桥史前考古

个喷发带中间的"东山陆桥"可能是喷发时抬升的地带，后来成了陆桥的基底。

台湾海峡的地质演变直接影响了海底沉积和海底地貌的分布。首先是巨厚的第三纪地层，特别是新第三系沉积，在海峡中部厚达100～5000米，有的地方甚至达10000米，从而使海峡变浅。而第四系又覆盖了前期的构造地形，而且，又发生了多次的海侵和海退。Chang（1970）提出，台湾海峡至少经过四次抬升，亦即新第三纪喜马拉雅山运动抬升、早更新世鄱阳冰期、晚更新世大理冰期和全新世（或历史）时期海平面下降，陆地上升；Murphy（1972）认为，台湾海峡第三纪以后有三次海进和三次海退；赵昭昞（1982）认为四进四退，这些过程的沉积相都被保留下来了。据分析，现在的"东山陆桥"位于今日海面之下40米处，而古海平面的位置在70000、42000、30000、27000、26000、23000、15000和11000年前则分别位于-70、-110、-70、-80、-90、-100、-120、-130和-70米处，也即，"东山陆桥"至少有三次露出海面之上。

台湾海峡北窄（闽江口至淡水间约200公里）南宽（东山至高雄间约300公里），中南部有一条浅滩带横亘着海峡，其深度一般在40米上下。这条浅滩带西起东山岛东南，向东延伸至海峡中部的台湾浅滩，再向东北经澎湖列岛而后至台西附近，作者曾经把它命名为"东山陆桥"。浅滩带由四个部分组成，即台湾浅滩、南澎湖浅滩、北澎湖浅滩和台西浅滩。其中，以台湾浅滩最大，它东起119°15′E，西止117°20′E，长约190公里，23°N切该滩中部，南北宽约25公里，其西北部以颈状台地与东山岛附近的、-36米海底阶地相连。

这条浅滩带的物质组成，除部分是中生代的火成岩外，大多是火山喷发的玄武岩。它们都经历过较长期的海蚀作用。多次的海进海退又在其上覆盖了沉积物，特别是台湾浅滩分布着许多大致呈NE—SW走向的水下沙丘，这在浅滩中部尤其集中，使它成为海峡的最浅地方，浅滩地势也从中央向四周倾斜。

就整条浅滩带来看，两侧地形有所差异。南侧从-40米很快下降到-150米的大陆架边缘，而后突然下降到-250米～-400米的大陆坡，与南中国海相连接；北侧虽有一些起伏，但在25°～28°N间的海底，却呈现出较平坦的面貌，深

度约在 - 70～ - 90米之间。

这四个浅滩可能曾经相连，以后被两个海底峡谷切割分开。当其连成一片时，在地形上成为台湾海峡地带的南北"分水岭"。当海面下降40多米时，它便成为联系大陆与台湾岛之间的"陆桥"了。由于这条"陆桥"的存在，使得第四纪初期许多大陆动物如野鹿、犀牛、剑齿象等能够迁徙台南；台北所发现的新石器时代文物，也证明了新石器时代的大陆人类曾由此而达台湾。Niino和Emery（1961）指出，澎湖列岛西面发现了中新世软体动物化石，说明喜马拉雅运动后，这个陆桥已经形成。小林贞一（1960）也指出，第一间冰期琉球石灰岩堆积后曾发生海退，台湾海峡再度出现陆桥。现在的浅滩带可能就是当时的陆桥与分水岭。根据华南大陆动物分布在台湾、琉球诸岛的事实看来，说明了陆桥或其它途径不但通到台湾，而且可达琉球群岛和日本以南诸岛。这条浅滩带在第四纪期间，随着海进和海退，陆桥时隐时现，直到最后一次间冰期，海面上升而淹没了，仅露出零星的几个小岛，点缀于海峡之中。

林观得在掌握大量科研资料与前人研究成果的基础上提出了"东山陆桥"，并在后来众多相关科研中不断加以证实。例如，1990~1991年，福建海洋研究所对东山岛海域进行海底地形、底质调查、水文泥沙测验时发现了这道上覆众多沙丘群的陆桥。

据福建海洋研究所杨顺良等人（1996）报告[9]：东山岛是我国沿海较为典型的岛连岛地貌体，即由一系列沿NE方向分布的岛屿通过连岛沙坝相互连接组成，其地形上则表现为高陡峭的基岩丘陵、低平缓连岛沙坝，整体上是西南和东南较高。其岩性由下古生界变质岩、燕山期花岗岩和上侏罗统火山岩组成丘陵和台地，连岛坝则为风沙所覆盖。

水下沙丘的平均高度2.9米，最高8米，平均宽度100米。沉积粒度在平面上有如下趋势：由潮间带的粗中砂、中粗砂至10~15米左右的水下岸坡之间的中细砂，再往深水方向则主要是细中砂与中细砂。颗粒表面撞击痕迹十分明显，分布密集，说明沙丘是在高能环境下反复磨蚀的结果，反映其沉积环境属于远古时代的潮间带海滩。沙丘沉积的悬移组分较少或缺失，现代有孔虫沉积也较少，沉积水动力较强，是一处既有旧的沉积物又有少量现代泥沙加入的残留沉积并经现代水动力改造的准残留沉积。在该海域东南方台湾浅滩多处采集到海滩岩，水深约25米处的海滩碳14年代测定为8420±270年，参考南海、黄海及东海大陆架古海岸线的位置，说明该海域在距今约8500年前，海平面在现在水深20～25米处较长时期的停滞和振荡过，形成过古海岸沙丘、海岸线、水下沙丘、成为一级水下阶地。

东山岛以东近海水下沙丘群的分布范围甚广，宏伟壮观，主要分布在20米等深线附近，即北自古雷头，南至澳角附近的龙屿、虎屿、狮屿、象屿一带，西从离岸线仅1公里左右的10米等深线开始，往东南方向与台湾海峡南部的台湾浅滩水下沙丘群相连，再往东北方向与澎湖水下沙丘群、台中浅滩水下沙丘群连成一片，水下沙丘群的分布面积在24050平方千米以上，成为一条水深浅于40米，向南呈弧形的巨大沙埂，横亘于台湾海峡南口。这就是林观得所指的"东山陆桥"（见图2所示）。

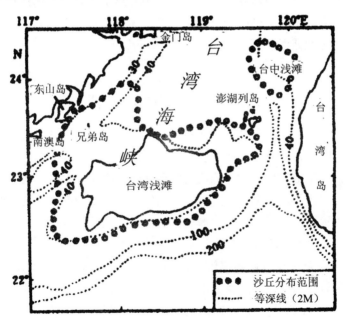

图2台湾海峡南部水下沙丘分布（据杨顺良等1996）

在考古界，东山岛、澎湖列岛等海域人类化石与大量陆生哺乳动物化石的发现与研究，也证实了"东山陆桥"的存在。

早在1975年，日本学者鹿间时夫等即最早报道了澎湖海沟发现哺乳动物化石。2000年5月何传坤报道了澎湖海沟除了发现大量哺乳动物化石外，还发现了人类肢骨化石和具有人工砍痕的四不像鹿鹿角，暗示当时的台湾陆桥可能有人类活动[10]。1987年初，福建省文物考古队和东山县博物馆在进行考古调查时，从当地渔民手中收集到一批史前时期的遗骨。经中国科学院古脊椎动物与古人类研究所尤玉柱、张振标研究员鉴定，我国旧石器上端考古大师贾兰坡院士审核，其中的一件标本被确认为大约距今1万年前的人类肱骨化石，其余为熊、剑齿象、中国犀、水鹿、斑鹿、山羊和水牛7种陆生哺乳动物化石。此后二十多年来，除了上述海域发现哺乳动物化石，还先后在漳浦、晋江、舟山等海域发现哺乳动物化石，其种类与数量均不断增加（这一点将在后面的章节详细介绍）。来自台湾海峡海底的人类化石与陆生哺乳动物化石，无疑都是"东山陆桥"存在的实物证据。

第四节　关于"东山陆桥"

讨论"东山陆桥"的关键性问题，就是台湾海峡成陆的问题。因为，只有台湾海峡曾经成为陆地，无论其成陆的范围多大，"东山陆桥"才可能成为闽台间的通途。有关台湾海峡成陆的问题，许多学者曾进行过热烈的讨论，归纳起来主要有两大截然相反的观点，即台湾海峡始终没有成陆和曾多次成陆的观点。现就这两大观点及其相关的问题讨论如下。

认为台湾海峡始终没有成陆的学者，主要依据台湾海峡西部陆域和海域存在晚玉木冰期的海相沉积而提出该时期台湾海峡为浅海环境。国家海洋局第三海洋研究所蓝兆东、陈承惠（1998）对台湾海峡西部海域及河口平原14个钻孔剖面进行孢粉、C_{14}年龄和古地磁测定，对其中确定为晚玉木冰期的沉积层样品进行了硅藻、有孔虫分析，结果表明，该时期海域的沉积层均属海相沉积，而河口平原区的沉积层则由海相和陆相地层交互组成。据此，提出了台湾海峡在晚玉木冰期属于水深在30~50米的浅海环境的观点。[11]这种观点实际上已经否定了"东山陆桥"的存在。

然而，这一观点的问题，就在于它忽略了这个特殊区域的地层中存在新老沉积物混合、沉积物年代无法代表沉积层年代的现象。

国家海洋局第三海洋研究所许志峰、王明亮（1992）指出[12]：由于冰后期气候、构造条件发生大变异，使老地层裸露、风化、剥蚀，其沉积物搬运后，在水动力条件适宜的海区与年轻沉积物发生混合沉积。由于它们本来就是不同时间形成的，所以年代可以相差甚远。蓝兆东、陈承惠所采用的14个地层钻孔样品中，台湾海峡825站柱状样和868站柱状样就存在这种情况。825孔中0.75~1.05米处的中粗砂测得无机碳年代为距今14107±349年前，而它的有机碳年代却达到距今24852±385年前，两者相差甚远。868孔下部3.05~3.30米处的粉砂C_{14}年代为12090±165年前，在3.70~3.82米处C_{14}年代为距今12705±304年前，而在相应层位的3.18~3.53米处有6块连续反向磁化标本，代表的是反向磁化层Ⅱ（蒙戈游移），其年代为距今31000~19000年前，该处的热释光年代却是距今28980±147年前，与古地磁年代基本一致。显然，C_{14}年代比其他两种方法所测结果年轻得多，其原因是年轻的碳化物混入到年老的粉砂层中。因此，碳化木年代自然比所在地层真实年代偏年轻，于是C_{14}测年结果与古地磁、热释光测年结果大相径庭，故沉积物年代不能代表沉积层年代。

据中国科学院南海海洋研究所邱传珠等人研究（1986）[13]，台湾浅滩表层沉积中生物遗骸保存状况可分为两类：一类是现生种，其壳体完整，壳质无变化，表面新颖；另一类是主要生活于潮间带附近的生物属种，其壳体已遭磨损和污染，显示与现在环境矛盾，因此认为只能是出露水面受氧化或者在接

近海面的高能环境下形成。除此，还通过对台湾浅滩沉溺海滩岩的研究证实了该海域在第四纪时期海平面的变化。指出现今于台湾浅滩 - 25米采到海滩岩，表明在8500年前，海平面低于 - 25米。台湾浅滩大致由40米等深线围成，因而可以推测在距今8500年左右，此地海平面回升还没有超过 - 40米，并在 - 40米曾有一停顿——处于滨岸地带。而海滩岩形成之后，海平面又开始下降，使海滩岩出露水面，成为陆地的一部分，而后又曾上升，从而在海滩岩中可以看到有二个世代的胶结现象。参考黄海和渤海的研究资料，距今14449年前，海面回升到 - 115米，12400年前回升到 - 110米，11340年前到 - 60米，9165年前海面尚未回升到 - 30米，8000年前海面尚在 - 11 ~ - 15米以下。本海区海平面变化与之基本一致。由此可见，该海域海平面在距今14449年前尚在 - 115米以下。可以说在距今1万多年前，包括台湾浅滩在内的台湾海峡大部分海区都成为陆地。

蔡保全（2002）指出[14]：东海大陆架的工作表明在大陆架这个特殊区域由于晚更新世海面的升降作用，往往容易导致以下情况的发生：冰期海平面下降会使大陆架出露成为剥蚀区，剥蚀区一般不堆积陆相地层，只会将较早的海相沉积物及其所含的化石风化磨损并且冲刷使之粗化；即使存在陆相沉积物且不含或含极少量有孔虫的话，也往往会遭受全新世海进的改造而使陆相地层中微体化石的含量剧增并出现不同测定对象年代数据不一的混合现象。故该时期大陆架地层中含有孔虫和海相硅藻不是判定海相沉积的依据。因此，认为晚玉木冰期台湾海峡仍为浅海的观点与现有的证据不符，而台湾海峡发现的哺乳动物化石和人类化石则证明了该时期曾是陆地，至少在产哺乳动物化石的台湾海峡南部由40米水深围成的"台湾浅滩 ~ 澎湖台地 ~ 台中浅滩"是这样，它们把台湾岛和大陆连成一片，这是不争的事实。

但是，福建省闽东南地质大队程乾盛（1998）却直接对台湾海峡晚更新世存在陆桥之说提出质疑[15]。他质疑的主要依据是在福建沿海和浙江宁波先后发现晚更新世海相、海 ~ 陆过渡相地层。他的结论是：福建沿海和毗邻的浙江宁波发现了晚更新世海相、海～陆过渡相地层，通过对这些地层或上覆、下伏地层所做的C_{14}同位素年龄测定以及对新构造运动的进一步研究，为陆桥的不存在提供了佐证。首先，在沿海的云霄、厦门和福清等地发现的海相、海陆过渡相地层中均含有微体古生物化石，经C_{14}同位素年龄测定，这些地层距今25230±1000年前、16000±650年前、17470±410年前，浙江宁波22600年前。厦门篔筜港ZK3702孔具有代表性，其地层完整，晚更新世与全新世地层连续沉积，C_{14}同位素年龄测定距今16000±650年前之下伏地层仍含有孔虫化石，与下伏花岗岩呈不整合接触。其次，发现这套海相、海陆过渡相地层，主在分布在福建沿海的长乐—诏安深断裂带的红土台地上。北东向滨海断裂带和北西向晋江—永安大断裂带都是第四纪以来仍在活动的断裂带。滨海断裂带分布在台湾海峡30～40米水深的水域中，大致与海岸线平行；西北向断裂带横穿台湾海峡水域，在地表切穿残坡积层，它可作为陆桥不存在的另一佐证。

对此，笔者认为海相层和海侵层是两个不同的概念，应加以区别，同时将不同地区的海侵层进行简单的对比是不妥的。另外，在观察研究海相层或海侵层时，应充分考虑到由新构造所造成的地貌的演变。

南京大学地理系教授杨怀仁、陈西庆（1985）认为[16]，海相层中微体古生物反映的海水温度不一定是温暖型的，所以这类海相层的形成主要原因是构造作用产生的通道，并不一定是高海面或间冰期形成的。但有一种观点，即在陆上钻孔中发现一个海相层，就认为是"海侵层"，实际上应该对海侵层下一个比较严格的定义，海侵层的发育可能有多种原因，凡是下述一种海相地层，它是海面上升（EustaticRise）时海水侵入到原来陆地上形成的，地层中海相层和陆相层的转变主要受制于海面升降运动，这样才能把海侵层与气候回旋和海面变化进行对比，才能体现气候地层学的原则。但是研究海侵层必须进一步研究海相层、海面、新构造运动和岸线变迁之间的关系。即使

在海面有所下降的情况下，岸线也能冲刷后退，使海相层的范围扩大。同样在海面基本稳定甚至略有上升的情况下，某些泥沙来源丰富的岸线仍在增长，使海相层沉积范围缩小，由这些因素造成的岸线进退与由海面升降运动造成的海侵与海退，在机制上是完全不同的。不同地区海相层出现的时间有着明显的差异性，我国漫长的海岸横切了几个不同的大地构造单元，构造发展的时代性质和幅度相差很大，不能勉强地把各地区的海相层——对应，而更应该注意对其差异性的研究。显然，福建沿海几个地点的海相、海陆过渡相地层及其测年，很难作为该时期台湾海峡不存在陆桥的依据。

据福建省地质矿产局白鹏翔等人（1989）研究[17]，晚更新世中、晚阶段，沿海普遍遭受海侵，海相层顶面高程约 - 17米，海水顺河入侵，福州盆地、惠安场站、诏安西潭等地均波及，沉积晚更新世中、晚阶段海相层，在半岛和岛屿上的Ⅰ、Ⅱ级阶地上发育滨海相泥碳层和老红砂，由于差异升降运动，使同期沉积物有的成20米阶地，有的为 - 30米以下埋藏阶地。据C_{14}与古地磁测试相互印证及微古资料显示，玉木亚间冰期存在海面波动过程，而不是一次性海面上升。在晚更新世晚期的玉木盛冰期，是一次世界性最低海面时期，我国海面下降110 ~ 130米，对福建影响其大，台湾海峡海水全部退出，台湾岛、平潭岛等与大陆相连，福建海岸线已扩展到台湾岛东岸以东。

国家海洋局第一海洋研究所耿秀山研究员（1981）在研究我国东部陆架海底古河系时指出[18]，末次冰期的发育实际只限定在距今7 ~ 3.6万年前和2.5 ~ 1万年前的早、晚大理冰期。在早、晚大理冰期的最盛时期（3.8万年前和1.5万年前），大陆积冰，使海陆之间的水循环受阻，大部分水不能回到大洋中，导致世界洋面大幅度下降。早大理冰期的海面下降幅度不低于100米，晚大理冰期海面下降至150 ~ 160米等深线处。

中国科学院地质研究所赵希涛研究员（1984）也指出[19]，在1.6万 ~ 1.5万年前的晚玉木极盛时期，海面下降至最低深度

150～160米。代表水深150～160米最低海面的古海岸线与大陆架外缘坡折线重合。在现代海底地形上，由济州岛东侧呈弧形凸地绕过我国钓鱼岛外侧，最后弯向台湾东北角。

中国地质大学杨子庚教授（1991）在论述我国东部大陆架晚更新世末次冰期最低海面时也指出[20]，在距今1.8万～1.5万年之间，海水面下降幅度可达155米，包括对马海峡、朝鲜海峡、渤海、黄海、东海大部分以及台湾海峡基本上都成为陆地。

显然，晚更新世末次冰期的极盛时期，台湾海峡成陆的证据是大量而又充分的。

在持台湾海峡曾经成陆观点的学者当中，有人虽然认为在末次冰期的盛冰期台湾海峡成陆，并存在多条连接台湾岛的古通道，但对"东山陆桥"却提出质疑[3]。他们提出从晋江经昌元（台湾海峡中部的砂脊）、鹿港到达台中平原的主要古通道。他们认为，在早期的高海面条件下位于台湾海峡中部海中的一片玄武岩岛礁——昌元高地处于当时海面之上，并与台岛西部平原之间发育一条高出海平面的"连岛沙坝"。早先发现昌元高地沙体的是闽中一带出海捕鱼的古人。因为此岛是与大陆间距离最短的可连接对岸的海中岛陆。此后海平面逐渐下降的过程中，昌元高地更加凸显它的地理优势，古人甚至可以上岛休整、避风和补充淡水与食物等。古人从闽中出发到昌元不过90余公里，只需渡过一条河便可到达台湾岛。他们同时质疑"东山陆桥"，认为"东山陆桥"与所谓的昌元古通道相比，距台湾更远，古人必然选择近便的昌元古通道。另外，作为"东山陆桥"组成部分的台湾浅滩既不长草木，也就无动物活动，那里是一片荒漠，谁会取道这片"不毛之地"前往台湾和澎湖？

对此，笔者认为不难释疑，因为毕竟一致承认晚更新世时期的台湾海峡曾经由于海平面大幅度下降而成为一片陆地。既然昌元高地的"连岛沙坝"与"东山陆桥"均为陆地，相距不远，地理气候条件相当，为何"作为'东山陆桥'组成部分的台湾浅滩不长草木，也就无动物活动"了呢？既是如此，东山渔民为何经常在台湾浅滩捞获哺乳动物化石呢？倘若那里真的不长草木，没有动物，古人与动物就不会绕道而行吗？再说，早期动物与人类的迁徙最初并无明确的目的地，更无法预先选择迁徙路线。因此，所谓"'东山陆桥'与所谓昌元古通道相比，距台湾更远"之说，很难作为否定"东山陆桥"作为闽台主要通途的依据。孰是孰非？"东山陆桥"的考古发现与研究才能做出科学的解答。

尤玉柱（1991）指出[21]，许多海洋地质资料证明这条浅滩（东山陆桥）现今水深不及40米，有的地方仅有10米，浅滩的形成是更新世时期的陆相沉积物，现在属海水淹没的阶地。1987年，东山县的渔民曾从浅滩的堆积物中捞到人类化石和大量脊椎动物化石，如东方剑齿象、水鹿、斑鹿、水牛、中国犀和山羊等化石；最近在东山县南山头也发现了相当于"漳州文化"的石制品，都是陆桥存在的有力证据。从台湾海峡海底地貌看，这个"东山陆桥"正是南海水域和东海海盆的分水岭，由此向东北，海底越来越低，水深增大，故闽江至淡水一线即使在冰期阶段海水面下降，也难成为干地，而是一片广阔的沼泽低地。由此看来，"东山陆桥"这个隆起带，只要更新世时期气候稍有变冷，就会露出为陆。

笔者认为，当末次冰期的盛冰期来临，海面大幅度下降到最低点，台湾海峡的大部分成为陆地，此时，台湾海峡除了"东山陆桥"，还有可能在海峡北部、中部存在其它古通道，但它们相对"东山陆桥"，地低水深，出露得慢，淹没得快，成陆的时间要短得多，甚至可能因沼泽与河流密布而难行。作为南海与东海海盆分水岭的"东山陆桥"，只要海面下降超过40米便会大部分出露成陆，此时，便成为台湾海峡两岸主要的通道，只有等海面继续下降到一定程度时，其它的通道才能出露成陆。

出自台湾海峡（主要集中在"东山陆桥"及其附近海域）的大量哺乳动物化石，根据对化石保存程度观察表明[22]，打捞出的化石基本上是较大头骨、肢骨和牙床，保存状态较好，有的依然连带关节。倘若这些化石来自台湾海峡东西两岸陆地，那么化石骨骼表面必然会有受到流水搬运作用的冲磨和撞击痕迹，但是并没有这种痕迹，而且多数化石的骨腔中还填充了砂质黏土或红土。由此可以判断，出自台湾海峡海底的哺乳动物化石实属原地埋藏[23]。这就充分说明"东山陆桥"确实曾经是庞大哺乳动物群生息、繁衍与迁徙的所在，必然拥有与动物生存相适应的生态环境，并非不毛之地。相反，昌元及其它古通道因出露慢、淹没快而缺乏应有的生态环境，否则不可能缺乏类似"东山陆桥"所有的种种实物证据。至于"东山陆桥"距离台湾岛较远的问题，并不是问题。因为，它是最早出露为陆地的，为躲避寒冷、寻找适合的生存空间的古动物，别无选择地来到这里。

综上所述，经地质学与考古学众多学者的长期探索与研究，第四纪末次冰期台湾海峡成陆的观点被普遍接受。既然台湾海峡曾经成为陆地，那么"海峡陆桥"或"东山陆桥"的存在是勿庸置疑的。

注释：

[1]周定成：《台湾海峡地质及矿产》，见于《台湾海峡》第1卷，第1期，1982年7月。

[2]杨肖琪、宋文隆、陈承惠：《台湾海峡地质构造特征》，见于《台湾海峡》第15卷，第2期，1996年6月。

[3]蔡爱智、石谦：《台湾海峡成因初探》，厦门大学出版社，2009年6月。

[4]刘振湖、王英民、王海荣：《台湾海峡盆地的地质构造特征及演化》，见于《海洋地质与第四纪地质》第26卷，第5期，2006年10月。

[5]赵昭昞：《台湾海峡演变的初步研究》，见于《台湾海峡》第1卷，第1期，1982年7月。

[6]蔡丽珠：《台湾海峡两岸第四纪生物群特征及古地理演变》，见于《海洋地质与第四纪地质》第15卷，第4期，1995年12月。

[7]王绍鸿、杨建明、曾从盛、吴学忠、俞鸣同：《福建沿海晚更新世以来的海平面变化》，见于《台湾海峡》第13卷，第2期，1994年6月。

[8]林观得：《台湾海峡海底地貌的探讨》，《台湾海峡》第1卷，第2期，1982年12月。

[9]杨顺良、骆惠仲、梁红星：《东山岛以东近岸水下沙丘及其环境》，见于《台湾海峡》第15卷，第4期，1996年12月。

[10]何传坤：《台湾陆桥史前动物及人类化石的新发现》，见于台湾《历史》月刊，2000年5月号。

[11]蓝东兆、陈承惠：《晚玉木冰期台湾海峡的沉积环境》，见于《海洋学报》，1998，20（4）83～90。

[12]许志峰、王明亮：《福建沿岸晚第四纪地层的混合现象》，见于《台湾海峡》第11卷，第3期，1992年9月，208～209。

[13]邱传珠、陈俊仁：《台湾浅滩沉积物和沉溺海滩岩的研究》，见于《热带海洋》，第5卷，第1期，1986年2月，47～51。

[14]蔡保全：《晚玉木冰期台湾海峡成陆的证据》，见于《海洋科学》，2002年，第26卷，第6期，51～53。

[15]程乾盛：《关于福建和台湾晚更新世存在陆桥之说质疑》，见于《福建地质》，1998年第4期，214～219。

[16]杨怀仁、陈西庆：《中国东部第四纪海面升降、海侵海退与岸线变迁》，见于《海洋地质与第四纪地质》1985年12月，第5卷，第4期，59～78。

[17]白鹏翔、潘国轩、曾金炉：《福建省海岸线变迁及对城市建设的影响》，见于《福建地质》1989年第1期，1～13。

[18]耿秀山：《中国东部陆架的海底古河系》，见于《海洋科学》1981年第2期，21～26。

[19]赵希涛：《台湾海峡两岸全新世地质的对比》，《中国海岸

变迁研究》，福建科学出版社，1984年。

[20]杨子庚：《中国东部陆架第四纪时期的演变及其效应》，见于梁名胜主编《中国海陆第四纪对比研究》，北京，科学出版社，1991年。

[21]尤玉柱：《漳州史前文化的基本特征及在史前时期闽台关系中的特殊地位》，见于尤主柱主编《漳州史前文化》，福建人民出版社，1991年6月，155~160。

[22]陈立群、杨丽华、范雪春：《福建东山旧石器时代文化研究》，海潮摄影艺术出版社，2006年10月。

[23]尤玉柱：《史前考古埋藏学概论》，北京，文物出版社，1989年。

第二章

台湾海峡陆桥

第三章　闽台第四纪地层

第四纪是地质史上最新的一个时间单位，又包括更新世和全新世两个阶段，至今尚未终止。第四纪的开始时间有人认为距今200万～180万年前，也有人认为早于300万年前。第四纪的重要特点是人类的出现，故有人将第四纪称作"人生纪"或"灵生纪"。另一特点是全球范围内气候的周期性冷暖变化，出现了冰期与间冰期的交替现象。第四纪地质学与考古学关系密切。旧石器时代考古的发掘工作只有在充分认识第四纪地层的基础上才能进行。要复原旧石器时代人类生存的自然环境离不开该学科的知识；对古人类及其文化遗物的断代，也必须以第四纪地层划分和哺乳动物分析为依据。因此，史前时期海峡陆桥考古研究，脱离不了闽台第四纪地层。

第一节　第四纪的几个概念

1.第四纪

第四纪[Quaternary]，是新生代的第二个纪。第四纪一名，由法国学者J.Desnoyers于1829年创建。他把法国巴黎盆地第三纪地层之上的一套松散沉积物划分开来，定名为第四纪。

最早欧洲的地层划分采用三分法：原始纪、第二纪和第三纪。随着地质学的发展，原始纪逐渐改为前寒武纪，或称太古代和元古代；第二纪改为古生代和中生代；第三纪保留原有名称。但是它仅是新生代中的一个纪。新生代下属两个纪：第三纪和第四纪。

第三纪包括古新世、始新世、渐新世、中新世和上新世；第四纪只有两个世，即更新世和全新世。第四纪是地质历史发展的最新一个纪，它标志着人类的出现和文化的发展、动植物的高度分化和发展与冰期、间冰期的交替。

第四纪的主要研究对象是：研究第四纪期间的地质事件、研究和划分地层、地质事件在时空上的分布、沉积物的成因及其分布、地貌与新构造运动、人类及其文化的发展、古生物的进化、气候变化、古地理和矿产。

2.第四纪地层[Quaternarystratigraphy]

第四纪地层，是指在第四纪期间形成的一套沉积物。该沉积物尚未胶结或稍微胶结的"岩石"，但这种沉积物还称不上"岩"。第四纪以前的沉积物均已成为岩石。深埋于第四纪地层之下的，便是基岩。研究第四纪地层的重要任务是搞清沉积物的形成原因，物质组成，时间和空间的分布，解决地层时代等。

第四纪地层的物质组成是命名地层的根据。通常第四纪的沉积物都是由各种矿物所组成。最主要的矿物成分有：无色矿物石英、长石、云母、方解石；有色矿物角闪石、辉石、锆石等。任何沉积物都由一种或多种矿物组成。

3.第四纪沉积物有着自己的系列名称

第四纪沉积物有着自己的系列名称：黏土层、砂质黏土层、黏土质砂层、粉砂层、细砂层、中砂层、粗砂层、含砾砂层、含砂砾石层、砾石层。假如成分相同，而时代不同即早于第四纪的地层，上述的名称中的层字，改为岩字便可。

第四纪地层也会因地质构造产生倾斜、褶皱、断裂等现象。

4.第四纪地层规范

国际地科联地层委员会对第四纪的划分规定的原则与其他时代的地层相同，采用二分法：全新统和更新统。一般说时代即用"世"，如果说地层即用"统"。地质学上的称谓和考古学的不同，如：全新统可再分为上、中、下三个部分，下统指靠下的地层，即时代要早一些，而上统是上部的意思，时代要晚。更新世分为早、中、晚三个阶段。如果说地层，可称下更新统、中更新统、上更新统。如果说时代即称早更新世、中更新世、晚更新世。

5.第四纪的年代

全新世[Holocene]：1万年前至今。

更新世[Peistocene]：分晚、中、早三期，晚期距今13～1万年前，中期73～13万年前，早期250～73万年前。

6.第四纪地层

第四纪地层有岩石地层划分、生物地层和年代地层划分。

岩石地层划分：指一套物质组成基本相同的地层称之为"组"，与其他物质成分不同的地层分开。"组"，要有一定的分布范围和代表性，可作为和其他地区相区别的一套岩石，并有时代上的所指，即上、下的界限。

生物地层划分：通常以具有时代意义的化石组合来确定一套地层区别于另一套地层，这就是说，不同地层，含有不同的生物或化石组合。一般用"带"来表示。在欧洲常用1、2、3等数字代表某一个带。在我国，常用化石确定某一地层，直接和时代相结合。如：更新世中期，再细分中更新世早期、中更新世中期、中更新世晚期。

年代地层划分：我国第四纪地层很少用这种方法。在欧洲，全新世的划分如下：现代——湿凉、亚北方期——干凉、大西洋期——湿暖、北方期——干温、前北方期——干凉。不少国家采用冰期、间冰期方法。我国冰期划分与外国冰期划分的对比：大理冰期——玉木冰期、庐山冰期——里斯冰期、大姑冰期——明德冰期、鄱阳冰期——群智冰期。两次冰期之间为间冰期。

7.标准剖面[Standardsection]

凡是根据模式剖面所选定的典型剖面，作为一个地区用以和另一个地区相对比的标准。通常标准剖面要具备一些条件：地层发育完好，层序清楚、化石丰富，时代明确、研究程度较高、标准地层的上、下界限明显，并有特殊标志。

8.层型[stratitype]

层型是指一个地层单位或地层界限具有典型性。

层型可以用来确定这一地层的单位、界限含义和识别的标准。根据其含义，有单位层型、界限层型和复合层型之分。

9.层位[horizon]

层位是指在地层层序中某一特定的位置或时代的地层、特殊的岩性、化石、测年层。

10.标志层[keybed]

指一层或一组有特殊或明显特征的地层，可作为标志的岩层。这种岩层具有容易识别、层位稳定、分布广泛的性质。

11.地层的连续与间断（整合、不整合与假整合）

整合[conformity]：所谓整合，是指地层间产状一致，中间没有间断的关系。

不整合[unconformity]：与整合相反，地层间存在间断。这个间断可能时间长或短，上、下地层的产状不一致。

假整合[dis-conformity]：从地层之间的关系看，似乎一致，但其间存在间断者。第四纪地层中，尤其是砂层，常见有交错现象，不能视为不整合或间断。如果，地层中出现间断或层间有缺失者，均为不连续。

12.第四纪沉积物[Sediments]

第四纪沉积物具有多样性的特点，它分布在地表的最上层。从高山到海洋，有残积、坡积、洪积、冲积、风积、湖积、洞穴积、裂隙积、海积等。在各种沉积中，与旧石器时代考古关系密切的有三大类，即土状堆积、冲积（主要为河流相的沉积，如阶地）和洞穴沉积。

第四纪沉积物是在各种不同地质条件、气候、地貌等因素影响下形成的，因此它具有一定的区域性和规律性。

13.第四纪主要沉积物的识别

（1）残积residualsediments（代号el），岩石风化后原地堆积，常具有原来岩石成分和结构的特点。

（2）坡积deluvium（代号dl），岩石风化后在山坡上的堆积，由于没有经过冲磨，故沉积物缺少分选。

（3）风化壳crustofweathering（代号cl），为母质岩石经风化，改造成的一种土壤。

（4）洪积proluvium（代号pl），因洪水作用和搬运而形成的堆积，大小不一，块砾与泥相混杂。

（5）冲积alluvium（代号al），主要以阶地的形式出现，通常沿着河流分布，经分选。

（6）湖积lacustrine（代号l），在湖中的沉积，从湖岸到湖心沉积物的颗粒由大变小。

（7）湖沼积swampdeposits（代号sl），是一种在静态下的含有泥炭的细粒沉积。

（8）风积winddeposits（代号eol），经风作用在一定范围内沉积，物质不是砂，不是土，而是粉土。

（9）冰积glacialdeposits（代号gl），在冰川作用下的堆积，常具有表面的擦痕。

第四纪沉积物系列有：黏土、砂质黏土、黏土质砂、砂、粉砂、细砂、中砂、粗砂、含砾砂、含砂砾、砾石、细砾、中砾、粗砾、巨砾。

第二节　福建第四纪沉积概况

福建省地处祖国东南隅、台湾海峡西岸。全省面积123000平方千米，地势西北高而东南低。其北、西、中部属中山——低山地貌，沿海属低山丘陵地貌。全省山地约占40%，丘陵约占50%，平原约占10%。据福建省地质资料看，除平原之外，第四纪沉积物覆盖的面积约有3000平方千米，其中绝大部分出露在沿海地区，而且因地势平坦，分割零星，出露不理想。闽西北高山峻岭，植被繁茂，第四纪地层难以暴露。据不同区域的地质调查、钻孔数据以及以往研究的资料，福建省境内第四纪沉积物的层次、岩性、结构、厚度以及接触关系是比较清楚的。大致可划分为：

全新统

塘内组（Q^t_4）

……假整合……

长乐组

……假整合……

东山组

……假整合……

上更新统

龙海组

……假整合……

中更新统

同安组

……假整合……

下更新统

天宝组

……不整合……

上新统

佛昙组

据童永福调查成果[1]，根据地貌形态、沉积相特征和沉积物分布，可将福建全省第四纪划分成山区、河口堆积区、海湾堆积区和岛屿半岛滨海区四个沉积区和若干个亚区。

山区分小盆地堆积区和岩溶盆地堆积区两个亚区。

山区小盆地堆积亚区。该区主要是以中生代火成岩为基础的小型盆地，河流切过盆地，常存在3至4级阶地。第一级阶地由全新统的冲积层组成。第二级阶地由上更新统的龙海组构成。第三、四级阶地由中更新统的同安组构成。龙海组多为冲积层，同安组多为洪积——冲积层。各级阶地厚度约在10～20米之间。

山区岩溶堆积亚区。该区主要是以古生代和中生代碳酸盐类岩石为基础的盆地。由于石灰岩分布较广，故岩溶发育，其中不乏洞穴堆积物，盆地中以龙海组为最厚，有些地方可超过40米，同安组多在20～30米之间。堆积区内地表溶洞最低的一级常与龙海组组成的阶面等高。较高一级的溶洞则与同安组组成的阶面高度相当。地表以下埋藏的溶洞堆积物通常深度不超过200米。该堆积含有丰富的晚更新世的洞穴哺乳动物化石，属于华南的"大熊猫——剑齿象动物群"。该动物群反映了当时福建属热带、亚热带温暖潮湿的气候环境。

河口堆积区。包括本省各较大入海河流河口，从沉积的剖面看，以具有海相层为特征而区别于山区的第四纪沉积。据统计其分布大约1000平方千米。河口堆积区存在三种类型，即具有内、外两种河口平原的河口堆积区、只具外平原的河口堆积区和只具内平原的河口堆积区。

具有内、外两种河口平原的河口堆积区。如龙海平原（外平原）和漳州平原（内平原）为九龙江河口堆积区。沉积特点：更新世时期全为陆相沉积，多以阶地或台地出露，但在外平原处有时则为埋藏阶地，更新世晚期的沉积物以泥质少、碎屑颗粒明显较粗为特征而别于海湾区的沉积。全新世时期，外平原的沉积物均属于海相沉积，而内平原或是陆相或是海相，表明这一堆积区在末次冰期之后有一次明显的海侵过程。

只具外平原的河口堆积区。如莆田平原、泉州平原等，其沉积特点是地层中含有大量的贝壳，明显的海湾相。

只有内平原的河口堆积区。例如连江平原及其以北地区，第四纪地层最大厚度可达到70米。

海湾堆积区。包括沿海各大小海湾，因无较大河流注入，故堆积的范围均较小，其沉积物的特点：更新世以细砂为主，粗碎屑层较薄。全新世时期以海相为主，间夹部分陆相碎屑沉积层。更新世晚期虽属陆相，但在闽东北一带却是呈埋藏阶地，中部地区一般呈出露阶地。海湾堆积区的丘陵地带残积红土相当发育，但厚度不大，通常在6～10米之间，其形成时代始于更新世中期。

岛屿半岛滨海区。包括东山岛、平潭岛、金门岛、漳浦六鳌、古雷半岛、诏安霞河半岛、晋江石狮半岛、惠安崇武半岛和长乐等地，其沉积物的特点：全新世时期有厚度较大的海相层，时夹滨海粗碎屑层或粘土层，更新世晚期广泛分布有海滩岩和少量海相层。更新世中期的沉积物少见。

随着福建省旧石器时代考古的进步、第四纪哺乳动物化石不断被发现，尤其是近几年来多处洞穴遗址的考古发掘，对福建第四纪地层有了新的认识。

福建省文物局郑国珍局长、福建博物院范雪春研究员指出[2]：近几年来，福建省的旧石器时代考古有了长足的发展，特别是万寿岩孤丘上发现两层洞穴和三个不同时代的文化层，给福建第四纪哺乳动物的时代划分和总结提供了更多有价值的资料。万寿岩孤山的灵峰洞内，出土的文化遗物、哺乳动物群和年代测定，已证明其为中更新世晚期，铀系法年代测定为距今20～18万年前；船帆洞出土的两层文化层，年代分别为3.7万年前和2.9万年前，分属于晚更新世中、晚期。由此，对于福建分布广泛的土状堆积物和洞穴堆积物，有鉴于出自宁化湖村老虎洞的"湖村组"一名，地层缺少年代测定依据，且哺乳动物化石不够典型，应采用"船帆洞组"一名取而代之。依据所做的分组和最近的年代测定，可以认为：灵峰洞组时代属于中更新世晚期，剪刀墘组（或龙井洞组）时代为晚更新世早期，船帆洞组（即原称为湖村组）时代为晚更新世中期，双连洞组时代为晚更新世晚期。这里所划分的双连洞组和船帆洞组，曾被作为船帆洞组的上、下两个部分，即船帆洞上段和船帆洞下段。由于以上的划分已有具体的年代测定，而且为了今后的工作特别是为哺乳动物化石的划分与对比提供便利，拟将原来的船帆洞组再细分为两个组，即船帆洞组和双连洞组，分别代表晚更新世中期和晚期。

从中更新世晚期到晚更新世晚期地层的划分与年代的确立，为进一步建立福建第四纪地层年代谱系打下基础。

他们还认为，福建山区和沿海地区，河流两侧通常发育两级阶地，个别地区存在三级阶地。就目前所知，仅有三明市岩前鱼塘溪第二级阶地上部有年代数据，北京大学环境学院夏正楷教授所做的热释光年龄为1.9万年。在福建，一般河流第二级阶地时代属于晚更新世晚期，而第一阶地属全新世。在三明岩前渔塘溪，第一级阶地由下部砂砾石层、中部砂质黏土和上部耕土组成。对于从海底打捞的哺乳动物化石

地点的地层和与之有关的地层，目前还暂时难以确定，但就化石的石化程度和动物群组成情况看，应属晚更新世末次冰期，年代在3～1万年前之间。

第三节　台湾第四纪地层简况

台湾地质学者已经对台湾第四纪海相地层和陆相地层的分布状态、海阶、海蚀地、隆起海崖、河口地形等分布状态、新旧文化层分布情况有了较详细的调查研究，并配以可靠的地层和文化层的C_{14}年龄数据，为研究台湾第四纪地史变迁、考察第四纪人类文化活动的空间背景提供了依据。对此，台湾大学地质系林朝启教授有较深的研究，并做了科学的综合，从而使台湾第四纪地层已有较清晰的划分[3]。厦门大学陈国强、吴春明教授将这一地层剖面修订为从古到新的更新统七期和全新统七期[4]：

更新统七期（早更新统分早、中、晚三期）：

1.早更新统早期的头蜊山期（划分前亚期通霄亚期和后亚期火炎山亚期）

2.早更新世中期的大南湾期

3.早更新世晚期的店子湖期

4.中更新统前期

5.中更新统后期

6.晚更新统前期的鹅銮鼻期

7.晚更新统后期的水底寮期

全新统分为七期：

1.北势期

2.龙港期

3.台南期

4.大湖期

5.国姓埔期

6.彰化期

7.北滨期

更新统七期：

早更新统早期的头蝌山期，含前后两个亚期，相当于多瑙冰期，约距今200~100万年前。通霄层包括由砂岩和泥岩构成的浅海香山相和濒海大坑相，丰原、宝山、大溪、新化、关庙等地通霄层中含有中国犀牛、东方剑齿象、野牛属、普通象、古鹿等哺乳动物化石，花粉报告显示出气候寒冷的植物群落。当时海退引起台湾西北部和古台西南海湾的尖灭处同大陆相连，形成第四纪台湾最古老的大陆时代。后亚期火炎山亚期，相当于贡兹冰期，约距今100~55万年前，以火炎山淡水性砾石层为代表，是大海退的大雨期堆积物。其间，东宁造山循环达到最剧烈，阿里山脉、台东山脉的褶皱、冲上和逆掩由此造山时阶形成。

早更新统中期的大南湾期，相当于贡兹——明德间冰期，约距今55~45万年前。气候温暖，海水上扬，形成高海拔的海相堆积，主要有大南湾层中含海生化石泥砂层的宝斗厝相和无海生化石砾石层的泰山相、南部的鼻子头珊瑚礁等。

早更新统晚期的店子湖期，相当于明德冰期，约距今45~38万年前。气候寒冷干燥，形成林口台地、店子湖台地、湖口台地、大肚台地、八卦山台地等最高位红土台地面，这些台地面经长期风化侵蚀，构成红土和砾石层出露，海水完全退出台湾海峡。

中更统前期，相当于明德——里斯间冰期，距今约38~24万年前。大规模海侵形成垦丁公园一带之龟子角、高雄凤山、小琉球等地的珊瑚礁，此等珊瑚礁海拔160~250米。此次海进之后，发生间歇性的隆起运动，形成河口高位阶地层，由30米以下砾石和1至3米厚的红、红褐、黄褐粘土层构成。

中更新统后期，相当于里斯冰期，距今约24~15万年前。以丰原地方新社阶地群的上分阶地、公墓坪台地为代表，此期台地已没入今台湾海峡海面下。当此期海退时，台湾又是一个大陆时代。

晚更新统前期的鹅銮鼻期，相当于里斯——玉木间冰期，距今约15～5万年前。以鹅銮鼻隆起珊瑚礁及高雄鼓山的珊瑚石灰岩为代表，礁面海拔50～100米，说明本期在温暖气候下发生大规模海平面上扬，台湾同大陆分离。本期发生东宁造山循环之"台中时阶"造山运动。

晚更新统后期的水底寮期，相当于玉木冰期，距今约5～1万年前。以丰原新社阶地群的仙糖坪台地、大南台地、水底寮台地的红土层为代表。这是一次全球性冰期，日月潭底花粉显示，水底寮初期以台湾铁杉、台湾云杉、台湾冷杉等极寒冷气候的北极要素为主及松树和极少数温带种，气温比现在低8.3至10.8度，海平面降低100米以上，台湾成为大陆时代。在内陆地区因地壳上升，中央脊梁山脉隆起，

全新统七期：

北势期，年代在距今10000～8500年前，含前后亚期。前亚期由砂及泥构成，堆积物埋藏于苗栗丘陵和竹南丘陵溪谷中，是海进期遗迹，这是全新世第一次大海进，形成了30米的海阶。后亚期是龙港层之下的砾石层，是海退所致。北势层受断层、褶皱等地壳运动影响，称"北势时阶"。耶鲁大学对日月潭底湖水沉泥花粉分析显示出进入全新世以后，属于亚热带和温带种的白匏、远东菱角类、枫树、锥粟类、杪椤等逐渐代替了冰期寒冷种。

龙港期含前后亚期。前亚期代表地层有龙港层一、二段，含有海贝、有孔虫、海蟹、淤泥和砂的沿积物。阿公店层以珊瑚石灰岩为特征，均是本亚期海进的结果，年代在距今8500～7000年前。后亚期以龙港层第三段的夹砂砾石层为代表，台南层同其下的龙港前亚期之阿公店层间的非整合面就是本亚期海退所成的侵蚀面，时代在距今7000～6500年前。

台南期含前后亚期。前亚期代表地层高雄台南层是海进期堆积物，含有丰富的牡蛎、有孔层化石。恒春半岛的狮子头、枫港、尖山、海口等地隆起珊瑚也为本亚期海进所成。本亚期的海进是全新世最大的一次全球性海进，气温高出现在

2～3度以上，呈热带气候，台西平原大部分没入海中。本亚期距今6500～5000年前。后亚期代表地层为台北盆地的台北泥炭层、高雄县台南层上部的砂丘砂层、花莲米仑层之下的巨砾岩层，在台东地区，米仑层与下层之间的非整合面亦为海退期的侵蚀面。本亚期海退造成台湾西部平原、大陆海岸平原形成，海平面较现在降低数米，在闽南与台南之间出现由半岛、群岛构成的陆桥，台湾海峡再次可以轻易渡过。本亚期年代在距今5000～4000年前。

大湖期含前后亚期。前亚期代表性地层为米仑珊瑚礁，是距今4000～3500年前海进淹没米仑所造成。后亚期的证据是米仑珊瑚礁与其上的国姓埔前亚期的米仑有孔虫砂层之间的非整合面，该面即是本亚期的海退侵蚀面，年代距今3500～2700年前。

国姓埔期含前后亚期。前亚期以台北国姓埔的珊瑚礁和含贝化石泥砂层为代表，台东花莲米仑层有孔虫砂段和小砾段亦属本期，为距今2700～2000年前的海进沉积。后亚期海岸地层有花莲市米仑台地炮台山砾丘层、台湾东部米仑层上部大砾段、含砾泥段和台北国姓埔层中段之浮石。花莲市米仑层与其上的花莲层间不整合面代表了本期的海退侵蚀面，距今2000～1700年前。期间台东海岸山脉和米仑台地发生断层等构造运动，称为"台东时阶"。

彰化期海岸地方代表地层为花莲市的花莲层，由珊瑚礁和盖于其上的海化石砂层堆积而成。彰化的八卦山、清水之大甲等地均有海退所成之侵袭遗迹，时代为距今1700～1200年前。内陆地方开始形成最新的泥砂砾层堆积。该期之末发生构造变化，花莲层褶皱，称为"花莲时阶"。

北滨期海岸地方代表地层为台湾东部北滨层中的车轴藻川蜷泥砂段和民本里砂丘等，代表了全新世最后一次小海退。从1200年前至今，内陆地方是最新堆积的泥砾层，期间有海平面小波动，因而在澎湖白沙的北滨层堆积物中夹有含孔虫的海积夹层。

综上所述，第四纪的台湾地区发生了若干规模不等的地史

变迁，气候的变化，海水的时进时退，直接导致生态环境的巨大变化，影响了远古人类的生存形态。这包括海退期大陆史前人类与文化的传播与交流，海侵期台西平原史前人类向台中和台东山地的迁移、迁移后生计形态的适应性变化，甚至影响了史前遗址的埋藏规律等，这些问题都应在台湾史前考古中予以考虑。

注释：

[1]童永福：《福建第四纪沉积概况》，见于《中国第四纪研究》，1985，6（1）：99～106。

[2]范雪春、郑国珍：《福建第四纪哺乳动物化石考古发现与研究》，科学出版社，2006年11月。

[3]林朝启：《概说台湾第四纪的地史并讨论其自然史和文化史的关系》，见于《考古人类学刊》第28期。

[4]陈国强、叶文程、吴绵吉主编：《闽台考古》（第一章），厦门大学出版社，1993年8月。

第四章 台湾海峡第四纪动物群 及古生态环境

台湾海峡海底蕴藏着丰富的属于第四纪的动物化石，两岸沿海渔民在海峡作业时经常从海底捞获它们。迄今为止，福建的东山、漳浦、石狮和台湾的澎湖及其附近海域均有捞获。除此，浙江的舟山海域也捞获同样的动物化石。这些重要发现备受学者关注，中国科学院古脊椎动物与古人类研究所尤玉柱、祁国琴研究员，中国台湾台中自然博物馆何传坤博士，台湾大学陶锡珍、胡忠恒、高建为教授，厦门大学蔡保全教授，福建博物院范雪春研究员，东山县博物馆陈立群研究员等都分别对不同海域出土的化石进行了观察和研究[1][2][3][4][5][6]。

台湾海峡动物群是一个庞大的陆生哺乳动物群，它于史前时期繁衍生息在"东山陆桥"之上。它对于了解台湾海峡古地理气候的变化与史前社会经济形态，具有重要的研究价值。因此，本章根据目前所掌握的代表台湾海峡动物群的化石材料，作一番介绍与分析。

第一节 台湾海峡西岸动物群化石

1.东山哺乳动物化石

东山县海洋捕捞历来多在闽南渔场至台湾浅滩渔场。渔民在捕捞作业时，经常捞获动物骨骼化石。据了解，东山岛所属的"兄弟岛"附近海底的动物化石特别丰富，故被渔民称为"脚筒骨礁"，因为在那里经常捞获有如人类脚筒骨（指股骨或胫骨）的动物肢骨化石。渔民历来认为这些来自海底的骨骼化石是有灵性的，并称之为"海兄弟"。他们恪守一条不成文的规矩，即不能把捞获的"海兄弟"扔回大海，而是要毕恭

毕敬地带回岸上，放进专门安葬"海兄弟"的"万福宫"(俗称：瓮公)（图3），供民众祭祀。这已经成为亘古不变的"海兄弟"葬俗。

图3安葬"海兄弟"的瓮公

二十多年来，东山县博物馆从"万福宫"或者直接从渔民手里征集大量的动物化石。

东山博物馆馆藏的动物化石材料经鉴定后选取了200件化石标本，确认为属于东山海域的哺乳动物化石总共21种：包括食肉类3种，长鼻类2种，奇蹄类4种和偶蹄类12种。名单如下：

狼*Canis* sp.

斑鬣狗*Crocuta* sp.

熊*Ursus* sp.

诺氏古菱齿象*Palaeoloxodon naumanni*

真象亚科Elephantinae

普氏野马*Equus przewalskyi*

额鼻角犀*Dicerorhinus* sp.

腔齿犀*Ceolodonta* sp.

犀*Rhinocerotidae*

水鹿*Cervus unicolor*

梅花鹿*Cervus nippon*

台湾斑鹿*Cervus taevanus*

达维四不像鹿*Elaphurus davidianus*

轴鹿*Axis* sp.

马鹿*Elephurus* sp.

鹿亚科Cervinae

羊*Capra* sp.

普通水牛*Bubalus bubalis*

王氏水牛*Bubalus wansjocki*

野牛*Bison* sp.

牛亚科Bovinae

除上述21种陆生哺乳动物外，还从大量破碎骨骼中挑选和鉴定出2种海生哺乳动物(包括鳍脚类1种，鲸类1种)、5种甲壳纲的海生动物（包括鲟、蟛蜞、关公蟹、梭子蟹、青蟹）、2种双壳纲海生动物（包括泥蚶与河蚌）。东山县现存的海底化石骨骼标本，都属于体型较大的哺乳动物，而没有收集到体形较小哺乳动物骨骼，这可能是网具难以捞到的缘故。在这批化石材料中，以偶蹄类骨骼最多，它们有四不像鹿、梅花鹿、水牛等种类的角与肢骨等。

对动物化石的研究，除了鉴定出它的种属外，主要的还要通过比较与分析，统计出一大堆的动物骨骼化石分别属于多少头动物的个体。因为，每一件动物骨骼化石有可能代表一头动物个体，也有可能是几件动物骨骼化石代表一头动物个体。一般统计出最少的个体数是比较可靠的。东山挑选出来的一批相对完整的哺乳动物化石材料，经统计得知它们最少的个体数为194（表1）。

表1　东山海域海底哺乳动物化石最少个体数量统计表

种类	化石件数	百分比%
狼（未定种）	1	0.51
斑鬣狗（未定种）	1	0.51

种类	化石件数	百分比%
熊（未定种）	1	0.51
诺氏古菱齿象	4	2.06
象（未定属种）	12	6.18
普氏野马	1	0.51
额鼻角犀（未定种）	4	2.06
腔齿犀（未定种）	3	1.54
犀（未定属种）	2	1.03
轴鹿（未定种）	2	1.03
水鹿	8	4.12
梅花鹿	9(另有未编号66件)	4.64
达维四不像鹿	18（另有未编号33件）	9.28
台湾斑鹿	4	2.06
鹿（未定种）	49	25.3
马鹿（未定种）	2	1.03
羊（未定种）	4	2.06
普通水牛	7	3.60
王氏水牛	1	0.51
野牛	4	2.06
牛（未定属种）	57	29.4
21种	194	100

东山海域海底哺乳动物群落中，鹿类数量最大，其次是牛类、长鼻类和犀类。食肉类中的狼、熊和奇蹄类中的普氏野马、偶蹄类中的马鹿和王氏水牛等在动物群落中仅仅处在配角的地位。另外，2种海生哺乳动物(包括鳍脚类1种，鲸类1种)的石化程度较高，可能是台湾海峡高水面时期的海生动物。5种甲壳纲的海生动物（包括鲟、蟛蜞、关公蟹、梭子蟹、青蟹）和2种双壳纲海生动物（包括泥蚶与河蚌），有的属于浅海或滩涂动物。它们的出现反映了海平面的变化，在今天的深海之处，可能在某个低海面时期是浅海或滩涂环境。

2.漳浦哺乳动物化石

漳浦县博物馆于2004年在该县的古雷镇（与东山岛隔海相望，原为东山县所辖）杏仔村收集到一批哺乳动物化石。据该村渔民介绍，这一批哺乳动物化石是从东山岛所属的兄弟岛附近海域捞获。因此，这批化石材料与东山的一样。

这一批化石材料大多是动物的骨骼与角，偶见头骨和下牙床，经鉴定共有13个种属，包括食肉类1种、长鼻类1种、奇蹄类1种，偶蹄类10种。名单如下：

熊*Ursus* sp.

亚洲象*Elephas maximus*

小鹿*Muntiacus reevesi*

野马*Equus* sp.

狍*Capreolus* sp.

轴鹿*Axis* sp.

梅花鹿*Cervus nippon*

台湾斑鹿*Cervus(Pseudaxis)taevanus*

水鹿*Cervus unicolor*

达维四不像鹿*Elaphurus davidianus*

羊*Capra* sp.

水牛*Bubalus bubalis*

德氏水牛*Bubalus teilhardi*

除了这些哺乳动物化石外，尚有1件食人鲛下颌骨以及大量的介壳类。据范雪春、郑国珍统计[7]，漳浦哺乳动物化石的个体数量为，轴鹿角9件：左角5件，右角4件；达维四不像鹿角18件：左角7件，右角11件；台湾斑鹿角8件：左右角各4件；水鹿角12件：左角7件，右角5件；梅花鹿角17件：左角6件，右角11件；水牛胫骨14件：左胫骨6件，右胫骨8件。由此表明：64件鹿角中最少个体数是轴鹿5头、达维四不像鹿11头、台湾斑鹿4头、水鹿7头、梅花鹿11头，合计38头，而水牛最少个体数为8头，鹿类数量约占80%。

3.石狮哺乳动物化石

上世纪90年代，石狮市博物馆在祥芝渔村收集到来自台湾海峡海底的哺乳动物化石。这些化石材料原先存放于与东山"万福宫"功能相同的"万阴祠"。厦门大学的蔡保全教授最早对这批化石材料进行了初步鉴定，计有以下10种[8][9]。

熊 *Ursus* sp.

鬣狗 *Crocuta* sp.

狼 *Canis* sp.

虎 *Panthera tigris*

亚洲象 *Elephas maximus*

普氏野马 *Equus przewalskyi*

野猪 *Sus scrofa*

达维四不像鹿 *Elaphurus davidianus*

梅花鹿 *Cervus nippon*

水牛 *Bubalus bubalis*

2004年范雪春对石狮市博物馆新增的化石材料进行详细鉴定，又补充了如下11种[10]。

野猫 *Felis* sp.

野驴 *Equus hemionus*

猛犸象 *Mammuthus* sp.

犀 *Rhinoceros* sp.

马鹿 *Elephurus* sp.

轴鹿 *Axis* sp.

帝汶黑鹿 *Rusa timoriensis*

麂 *Muntiacus* sp.

羊 *Capra* sp.

短角水牛 *Bubalus brevicornis*

大额牛 *Bibos* sp.

石狮沿海渔民捕捞的作业区，与东山、漳浦等闽南沿海地区的渔民同在闽南渔场、台湾浅滩渔场等海域作业，甚至其渔船经常停泊于东山港。因此，石狮化石材料与东山的一样以大型骨骼为主，无论在化石形态、石化程度、动物成员组合等方面，均与东山（包括漳浦）的化石材料十分接近。[11]

第二节　澎湖海沟哺乳动物化石

澎湖列岛位于台湾西南海上，距台湾本岛约24海里，距福建东山岛85海里。在澎湖列岛与台湾之间有一道北狭南宽的海槽，通常称澎湖海沟，水深一般为70—80米，最深可达200米，澎湖当地和台湾西南部沿海渔民在该海域捕鱼时捞获丰富的哺乳动物化石。虽然捞获这些化石的具体位置不详，但总的范围在东经119° 40' ~ 120° 50'和北纬22° 40' ~ 23° 50'。据报道[12][13]这些哺乳动物化石可鉴定的主要种类有：

似浣熊貉Nyctereutes porcyonoides

棕熊Ursus arctos

最后鬣狗Crocuta ulfima

虎Panthera tigris

诺氏古菱齿象澎湖亚种Palaeoloxodon naumanm penghunensis

大连马 Equus dalianensis

普氏野马中国亚种Equus przewqalskyi sinesis

野猪Sus

北京斑鹿Cervus hortulorum

达氏四不像鹿Elaphurus davidianus

德氏水牛Bubalus tuilhaldi

云南马Equus yunnanensis Colbert

水牛Bubalus sp.

台湾斑鹿Cervus (Pseudaxis) taevanus

新竹斑鹿Cervus (Pseudaxis) sintikuensis

梅氏四不像鹿Elaphurus menziesianus

驯鹿 Rangifer tarandus

水鹿Cervus unicolor swinhoei

麂 Muntiacus reevesi micrurus

纳玛象Palaeoloxodon namadicus

诺曼象Palaeoloxodon naumanni

真象亚科Elephantinae

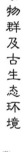

真猛犸象 *Mammuthus primigenius*

鹿 *Cervus* sp.

澎湖动物群的种类及其数量比较可观，只是尚未见有全面详细的记述。胡忠恒、陶锡珍合著的《澎湖群岛动物化石专集》，收入澎湖陆地和海域丰富的动物化石图片。现从这一专集中选录哺乳动物化石图版，以供参考研究（图4～图23）。

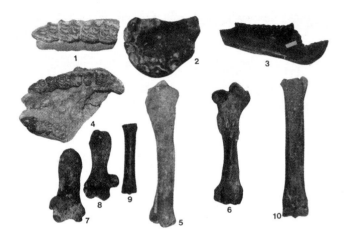

图4　云南马　1.右上颌齿　2.上颌前部　3.左下颌　4.头骨　5.右胫骨
6.左股骨　7、8.右跟骨　9.左掌骨　10.左蹠骨

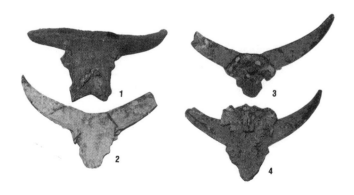

图5　德氏水牛　1.头骨有背后面观　2.头骨的前面观
3.头骨的后腹观　4.头骨的腹面观

图6 德氏水牛 1.右下颌嚼面观 2.右下颌唇面观
3.左下颌嚼面观 4.左下颌唇面观

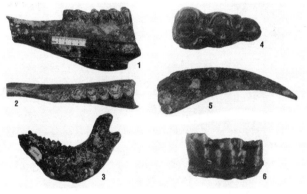

图7 德氏水牛 1、2.右下颌嚼、唇面观
3、4.左下颌嚼、唇面观

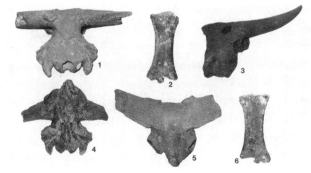

图8 德氏水牛 1.头骨后面观 2.左掌骨背面观 3.头骨左半前面观
4.头骨腹面观 5.头骨前背面观 6.左掌骨掌面观

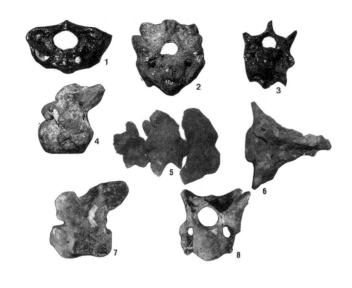

图9　德氏水牛　1.第一颈椎（环椎）前面观　2、3、4、7、8.颈椎
　　　　　5.前三个颈椎　6.薦椎

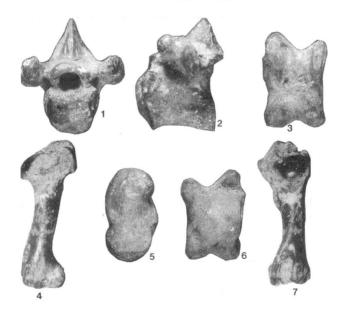

图10　德氏水牛　1.胸椎前面观　2.胸椎左侧面观　3.右距骨背面观
4.左肱骨前面观　5.右距骨外面观　6.右距骨掌面观　7.左肱骨后面观

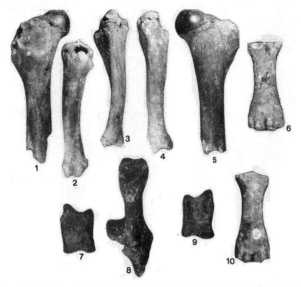

图11 德氏水牛 1.左股骨上段 2.左胫骨前面观 3.左胫骨外面观
4.左胫骨内面观 5.左股骨前面观 6.左掌骨掌面观 7.左距骨掌面观
8.右踵骨 9.左距骨背面观 10.左掌骨背面观

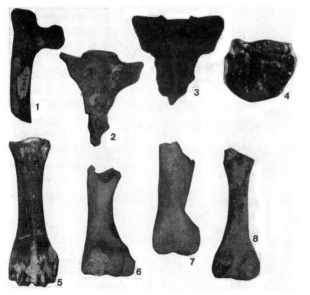

图12 牛 1.水牛第一右肋骨前面观 2.水牛荐椎腹面观
3.水牛荐椎背面观 4.左蹠骨近端关节面 5.左蹠骨前面观
6.左肱骨后面观 7.左肱骨外侧面观 8.右股骨后面观

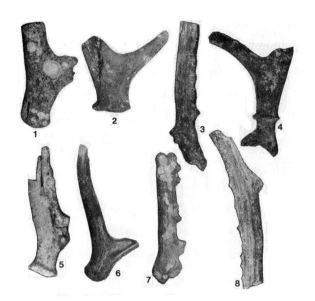

图13　鹿　1.台湾斑鹿右角　2.新竹斑鹿左角　3、4.梅氏四不像鹿角
5.鹿左角　6.驯鹿右角　7、8.梅氏四不像鹿右角

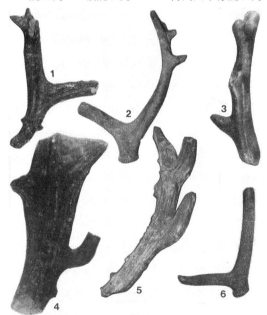

图14　鹿　1.台湾斑鹿右角外面观　2.驯鹿脱落左角外面观
3.驯鹿右角内面观　4.梅氏四不像鹿右角主枝
5.梅氏四不像鹿脱落左角　6.水鹿脱落右角内面观

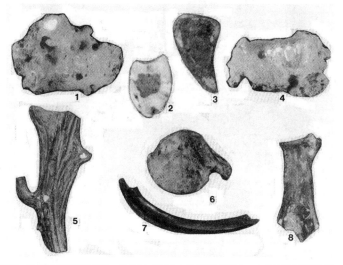

图15　1.麋牙齿嚼面观　2.麋右蹠骨　3.麋右胫骨　4.麋牙齿侧面观
　　5.梅氏四不像鹿第三枝角　6、8.鹿的右肩胛骨　7.诺曼象右肋骨

图16　象　1.真象亚科门齿侧面观　2.纳玛象左上颌第三臼齿嚼面观
　　3.纳玛象右上颌第三臼齿嚼面观　4.纳玛象头骨腹面观

第四章　台湾海峡第四纪动物群及古生态环境

图17　象　1、5.真象亚科象门齿外侧面观　2、6.真象亚科象门齿内侧
面观　3.真象亚科象门齿前面观　4.真象亚科象门齿后面观
7、8、9.纳玛象左下颌第三臼齿唇面、舌面观、嚼面观

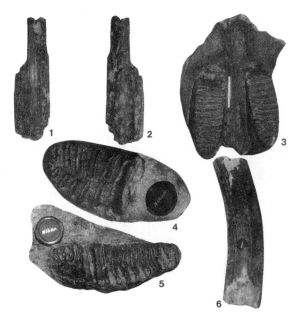

图18　象　1、2.真象亚科象门齿内外面观　3.纳玛象头骨、第三臼齿
4.真猛犸象右　下颌第一臼齿嚼面观　5.纳玛象左下颌第三臼齿嚼面观
6.真象亚科象门齿残段

图19 象 1.诺曼象左下颌第4臼齿 2、3、4、5、7.真象亚科门齿残段
6.诺曼象左下颌嚼面观

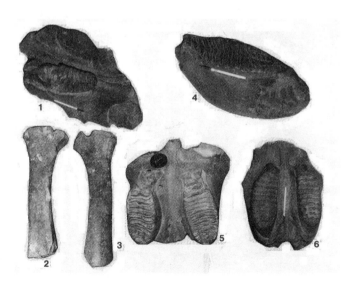

图20 象和水牛 1.诺曼象头骨、上颌臼齿 2、3.德氏水牛右尺骨后面
观、前面观 4.诺曼象右下颌外侧观，似第五臼齿 5.台湾猛犸象头骨嚼
面观，似左、右第二前臼齿 6.诺曼象头骨嚼面观，似上颌第一臼齿

图21　象　1.台湾猛犸象左上颌第二臼齿　2.台湾猛犸象头骨，示左上颌第二臼齿嚼面观　3.台湾猛犸象右下颌唇面观　4.台湾猛犸象右下颌第二臼齿嚼面观

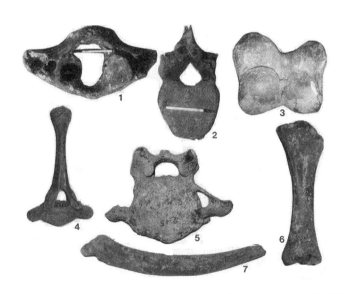

图22　象与鲸　1.诺曼象环椎后面观　2.诺曼象第7胸椎　3.古菱齿象的一种，左距骨背面观　4.亚洲象的一种，第四胸椎　5.诺曼象第三颈椎　6.诺曼象左胫骨　7.鲸鱼右下颌骨外面观

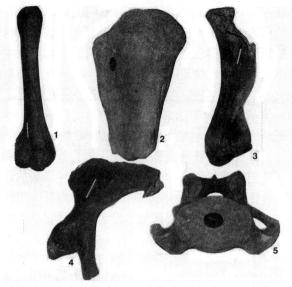

图23 诺曼象 1.左股骨后面观 2.左胫骨前面观 3.左肱骨前面观
4.右腰带骨右侧面观 5.第四腰椎

第三节 台湾陆桥动物群及其性质与年代

　　日本古生物学家鹿间时夫曾经根据出自澎湖海沟的动物化石，提出"澎湖——台南更新世晚期动物群"来区分台南地区更新世中晚期的"左镇动物群"[14]。高健为则认为该动物群呈现中国北方动物群特色，与具有华南动物群特点的"左镇动物群"存在明显差异，故改称为"澎湖动物群"[15]。据祁国琴、何传坤研究[16]，在澎湖动物群中，除德氏水牛曾在河北周口店第一地点中更新世堆积出土外，其余大都是晚更新世时我国华北和淮河流域常见的类型。澎湖动物化石标本据铀系法测定的3个数据分别是26000aB.P、18000aB.P和11000aB.P，其时代大致在距今3—1万年前。

　　澎湖动物群可与东山海域的哺乳动物化石作比较。澎湖海域哺乳动物化石现在包含的种类有：诺氏古菱齿象、达氏四不像鹿、普氏野马、水牛、熊、猪、斑鹿、犀等等。其中以诺氏古菱齿象、达氏四不像鹿和水牛为多，而东山、漳浦、石狮海域的动物群落，同样以诺氏古菱齿象、达氏四不像鹿和水牛为主要成员。

东山、漳浦、石狮和澎湖4个海域的哺乳动物化石，无论从化石的形态、性状特征、石化程度及其动物成员的组合等方面均十分相似。这种现象并非偶然的巧合，其原因主要是台湾海峡两岸发现哺乳动物化石的地点，基本上均在台湾海峡特定的范围之内，几乎均在"东山陆桥"之上及其附近。我们说"东山、漳浦、石狮和澎湖4个海域的动物化石"，本身就是一种不严谨的说法，它仅仅只能代表收藏那些动物化石的地点。因为，化石的捞获者全部为渔民，他们基本上同在一个传统作业区捕捞（澎湖海沟除外）。从福建海区渔场的划分及其范围看[17]（图24、表2），结合东山、漳浦和石狮哺乳动物化石与人类化石"海峡人"出水地点的卫星定位记录（因渔船作业时的特殊情况，所提供的定位数据往往有较大误差），可以断定三地的海域同属于闽南渔场。该渔场和相邻的台湾浅滩渔场便是三地渔民传统的作业区。据调查，自古以来泉州石狮的渔民少有往北进入闽中渔场作业的，大多在闽南渔场作业，甚至每年秋冬两季多数渔船就近泊于东山。三地共同的作业区恰恰属于"东山陆桥"的范围，因此，东山、漳浦、石狮的哺乳动物化石同出于一个海区，故不存在异同的问题。历史上澎湖渔船在澎湖海沟至台湾浅滩渔场作业，甚至也进入闽南渔场作业，除远洋捕捞外，基本上均在"东山陆桥"及其附近的海域作业。因此，上述四地所获哺乳动物化石同属于一个动物群是毫无疑问的。

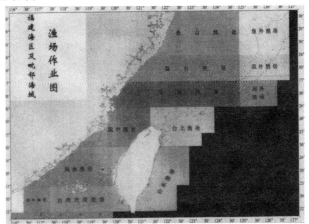

图24　福建省海区渔场图（绘图：洪明进、颜尤明）

表2　福建海区各渔场范围与面积

| 渔场名称 | 范　围 | | 渔场面积 |
	纬度	经度	/km2
闽东渔场	27°10′～26°00′N	119°50′～125°00′E	64825.2
闽中渔场	26°00′～24°30′N	118°30′～121°30′E	32138.2
闽南渔场	24°30′～23°00′N	117°10′～120°30′E	47332.7
台湾浅滩渔场	23°00′～22°00′N	117°30′～120°40′E	32584.1
台北渔场	24°30′～26°10′N	121°30′～124°00′E	36357.2
合计	22°00′～27°10′N	117°10′～125°00′E	13237.2

据戴天元等（2004）

　　福建省境内已经发现数十处更新世哺乳动物化石地点，从动物地理的角度看，均属于东亚动物地理区，其动物群是我国南方典型的大熊猫——剑齿象动物群落，代表着热带、亚热带温暖湿润气候环境。但台湾海峡至今发现的动物群落却与之不同。包括澎湖海沟、石狮海域、漳浦海域和东山海域的哺乳动物群在内，是一种南北方动物共存的群落。在浙江舟山群岛发现的哺乳动物化石中，只见诺氏古菱齿象、野马、额鼻角犀、四不像鹿和水牛等种类。这些种类可以断定都属于华北和华东的成员。

　　祁国琴和何传坤在对澎湖和东山两地出自海底的化石进行研究后认为，两地的哺乳动物群中，多数成员属于江淮一带更新世晚期动物群。

　　据此，台湾陆桥动物群应属于华北、江淮地区以古菱齿象、四不像鹿与水牛为主要成员的动物群，也称"古菱齿象、四不像鹿与水牛动物群"。尽管东山、漳浦和石狮海域的化石尚未进行年龄测定，但根据何传坤报道，澎湖海沟化石的碳十四测年在2.5～1万年前。浙江舟山群岛西侧海域发现的哺乳动物化石，经北京大学第四纪年代室碳十四测定为距今2.19万年前。这两个数据应该可以作为东山、漳浦与石狮哺乳动物化石年代的重要参值。

　　为此，笔者同意一些学者的建议，整合上述4个海域的哺乳动物化石，统一命名为"台湾陆桥动物群"[18]。

第四节　台湾陆桥动物群的来源及古生态环境

台湾陆桥动物群既然属于华北、江淮地区更新世晚期的动物群，那么它们为何不惜千里迢迢从华北江淮地区迁到台湾海峡陆桥之上？这主要与该动物群所栖息的生态环境发生变化有密切的关系。动物群是随着生态环境的变化而变化的，各种不同的生态环境条件下栖息着不同类型的动物群，而每种动物群的存在，又反映了不同的生态环境。由于冰期的到来，气温大幅度下降，导致生态环境的恶化，迫使动物群离开原先栖息的场所，迁徙到遥远的更适合栖息的地方。

2001年9月，舟山市定海区册子乡的渔民贺伟元在金塘海域进行溜网作业时，捞获一批哺乳动物化石，次年又在同一海域再次捞获哺乳动物化石。舟山群岛海域哺乳动物化石的发现具有十分重要的学术意义，曾引起台湾海峡两岸学者的密切关注。据研究[19]：舟山群岛海域捞获的哺乳动物化石主要有：淮河古菱齿象、达维氏四不像鹿、葛氏斑鹿、斑鹿（未定种）、河套大角鹿、德氏水牛、牛属黄牛种、额鼻角犀、真马等化石。在出自海底哺乳动物化石材料中，还发现了一件被称为"木棒"的木头化石。古菱齿象门齿经C_{14}年代测定为2.19万年±260年，而木化石测出的结果大于4万年。大约在距今1.8万年前，正值地球末次冰河时期的盛冰期，东海海平面下降约130米，东海陆架大多暴露出来，成为广阔的滨海平原，而古长江、古钱塘江等的出海口均东移至目前的大陆架外缘。大面积出露的黄海——东海大陆架平原与台湾海峡均十分平坦，成为干燥而寒冷的冬季风的通道，寒风从华北、黄淮平原南下时受到江南丘陵的复杂地形的阻隔，而从黄海沿着裸露的陆架平原南下则畅通无阻。寒风所到之处气温明显下降，再加上海流、水温的共同作用，使沿海一带气温变得十分敏感，降温幅度大于邻近地区，最终导致东海陆架包括台湾海峡地区的气候环境与淮河流域一致，而华南（长江以南）降温幅度较小。在这种情况下，舟山便成了淮河过渡动物群向南迁徙的大门之一。

台湾海峡地区与福建、广东处于同一个纬度带，均属于南亚热带，按理这些地区同时期的哺乳动物群组合应该属于广布华南地区的"大熊猫—剑齿象"动物群。但是，台湾海峡却不见这一动物群中常见的大熊猫、东方剑齿象等分子，相反出现了温带的动物（大连马、普氏野马、北京斑鹿、棕熊）和北亚热带——南温带过渡区淮河流域常见的古菱齿象、达维氏四不像鹿、杨氏水牛等动物，而且从化石比例看，以淮河流域的动物达维氏四不像鹿和古菱齿象为多，这两种动物与水牛构成了当时台湾海峡地区的优势种。台湾海峡哺乳动物组合呈现出与过渡区动物群一致的异常现象，说明了淮河过渡区动物群在寒冷气候条件下，沿着东海大陆架南迁至已成为陆地的台湾海峡。

福建内陆地区发现的晚更新世化石哺乳动物群的组合结构，充分显示了福建当时山地森林的自然景观，它应属于亚热带森林和草原森林。从宁化石子崃洞穴中的孢粉组合可看出，其森林成份是以常绿阔叶乔木为主，高山则有许多尖叶乔木，而乔木之下有繁茂的林下蕨类。应该说，当时福建拥有繁茂的植被与充足的水源。再依据1991年尤玉柱主编的《漳州史前文化》所提供的漳州地区第四纪不同时期地层的孢粉分析资料，中更新统同安组中的孢粉组合是：蚌壳蕨属、蹄盖蕨属、里白属、水龙骨科、桫椤属、栎属、苋属、瓶尔小草属，除外尚有松科、柏科等。上更新统龙海组上部地层中的孢粉有：山马蹄属、里白属、蚌壳蕨属、禾本科，还有柳属、栲属、柯属、松属等，而下部漳浦一带黄色粘土中孢粉有：蚌壳蕨属、桦属、栎属、杨梅属、莎草属、土茯苓属、紫苋属、里白属、水龙骨属、桫椤属，还有松、柏、禾本科等。这一切都反映了当时这里的暖湿的气候环境。

张光直指出[20]：台湾晚更新世时期，照日月潭湖底沉泥的孢粉分析，3.55万年前的台湾中部，气温达到低潮，其植被中以大杉、栎类、榆类、榉类、台湾胡桃、女贞类、柳类等为最多，气温比现在的要低至少7℃。从此以后，气温渐暖，到了1万年以前，植被中代表的树木变成了亚热带和温暖种的白匏、

东方菱角、香枫、锥栗、杪椤等类。

由此推测，介于闽台之间的"东山陆桥"当时应该同样属于亚热带温湿气候，其生态环境很接近福建的闽南地区和台湾西海岸地区。但是，它地势较低，地形相对平坦。由于它夹于闽台间呈南北向的长条状，中间窄两头宽，成为干燥而寒冷的冬季风的通道，因此气温相对偏低，距今3万年前的气温估计比现在低5℃左右。

尤玉柱、蔡保全在讨论福建第四纪地层分区时，曾根据哺乳动物化石和以往的孢粉资料，将福建境内分为5个小区，即：闽中—闽西小区、闽东北小区、闽中沿海小区、闽南沿海小区和闽北小区。尤玉柱等同时还认为，晚更新世晚期的12~4万年前，闽中、闽西小区植被仍然为亚热带常绿阔叶林，闽东北小区为温带草地，闽中沿海小区为亚热带森林、草地，而闽南沿海小区则为亚热带稀树—灌丛—草地环境。

福建各地海域海底已发现的35种哺乳动物成员中，有15种是广适性动物，8种江淮地区的动物，2种是华北地区草原动物，3种属寒温带动物，其余的则是南方热带亚热带成员。这种混合现象的存在是末次冰期气候变化的结果。已经成为陆地的原来海域，构成了与原来大陆有着明显差别的地貌形态和生态景观。此时，北纬30°以北的地段，受到强劲西北风的侵袭，干旱日益加剧，渤海、东海许多地段，由于严重干旱出现沙漠化现象。而台湾海峡因东面台湾中央山脉和西面不断隆起的闽浙山地的阻隔，受寒流影响较小，故成为人类和动物理想的活动空间。

据此认为，在晚更新世晚期即末次冰期，台湾海峡成为陆地时的生态环境显然有别于福建内陆和南部地区，随着末次冰期气候下降，寒潮由北向南侵入台湾海峡，受其影响，气温下降，从我国北方和长江—淮河一带的哺乳动物大规模南迁，但并没有进入福建的山地森林区，形成福建南部地区和台湾海峡成陆区不同的哺乳动物组合，其界限可用图25表示。

值得深思的是，截至目前，北方和江淮地区的动物群成员，基本上未见越过北回归线以南地带。

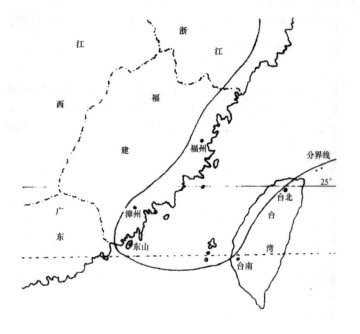

图25　福建山地和台湾海峡成陆时期
哺乳动物群落的地理分界线

第五节　关于化石的埋藏

埋藏学[Taphonomy]，是专门研究生物死亡后、破坏、风化、搬运、堆积、掩埋的过程，以及在这一过程中发生的各种变化。

在任何一个地区内，生物群落总是随着时间的推移而不断地变化，有的死亡，有的新生。当生物个体死亡后，一些物质很快被分解进入无机界，暴露在空气当中，会遭到各种因素的作用，例如阳光、雨水等发生物理与化学的作用。由于流水，剩下的物质或被搬运或停留原地再风化。在流水的搬运过程中，物质会产生碰撞、磨蚀；当水流减速时，一些物质因而停积下来。但即使堆积之后，也有可能被侵蚀重新暴露，或再被掩埋起来。脊椎动物个体被掩埋的，多数是骨骼、牙齿等，而

生物原有的软质部分不复存在。即使是掩埋之后的骨骼，还会受到细菌的腐蚀。如果在水中某些矿物质的作用和置换下，某些骨骼便逐渐形成化石。

人类本身以及创造的物质，同样存在死亡或丢弃、破坏、风化、搬运堆积和掩埋的过程，因此也会受到各种各样的变化，这些都是埋藏学研究的内容。通过对埋藏学的研究，进一步了解人类与生态环境之间的密切关系。生物个体死亡后的最大破坏有4个方面，即风化、搬运、掩埋与动物啃咬。风化：风化过程能使原来的物质产生剥离、崩裂、分解；搬运：搬运过程时，物质作为搬运的对象，会受搬运源的作用，水的、风的、甚至动物的破坏；掩埋：掩埋后细菌的腐蚀，地下水酸碱性的腐蚀等，作为生物，真正能够形成化石的概率约为百万分之一；动物啃咬：暴露在地表的骨骼，经常会被动物啃咬，比如豪猪磨牙时用软质岩石或动物骨骼，鬣狗喜欢啃咬骨头，都能在骨骼表面留下痕迹。

通常有如下几种埋藏类型：

原地埋藏：生物的个体或群体，由于各种原因死亡或集体死亡，未经任何搬运而就地埋藏的，称为原地埋藏。原地埋藏，个体骨骼或群体骨骼基本完整，骨骼关节连接；未经搬运，地层物质成分清楚，沥青、泥炭、黏土等容易有原地埋藏的现象。洞穴内埋藏有两种可能，或流水冲进的，或人类活动的。

异地埋藏：凡是经过任何搬运的，都为异地埋藏。但是这其中有特殊的搬运源，如人。早期人类把一些需要的东西搬进洞内，对于该物质是异地，但对于遗址来说，却是原地埋藏。

异地埋藏的特点是：动物骨骼多定向排列，骨骼表面多有磨痕，多种动物化石混杂一起。这种异地埋藏的动物骨骼，通常比较破碎，完整的极少。

特殊埋藏：特指人类活动形成的埋藏。这种埋藏的动物骨骼，常具有人工打击痕迹，且伴有工具、用具、灰烬等其它人类使用过的遗物。

假埋藏：在黄土地区或草原地区，生物挖掘洞穴而后死亡的。这种情况常见于北方。

海底埋藏：这是一种特殊的埋藏类型，广泛分布在台湾海峡海底、"东山陆桥"之上。这一点从海峡两岸渔民从海底捞获大量哺乳动物化石的事实得到证实。

通过对化石保存程度观察表明，打捞出的化石基本上是较大的头骨、肢骨和牙床，保存状况较好，有的依然连带关节。倘若这些化石来自台湾海峡东西两岸陆地，那么化石骨骼表面必然会有受到流水搬运留下的冲磨和撞击痕迹，但是并没有这种痕迹。而且多数化石的骨腔中还填充了砂质黏土或红土。由此可以判断：出自台湾海峡海底的哺乳动物化石属于原地埋藏。

第六节　台湾陆桥动物群若干化石记述

如上所述，台湾海峡发现哺乳动物化石的地点，基本同在"东山陆桥"之上及其附近海域。因此，尽管出水地点、种类与数量不尽相同，但同属于一个动物群。因此，在条件限制的情况下，选取某一地区具有普遍性和代表性的化石标本进行记述，仍然可以帮助了解该动物群化石的整体面貌和基本特征。本节除个别标本外，主要选取已经鉴定的东山海域化石标本作为记述对象。

一、食肉类

食肉类共三种：狼、熊和斑鬣狗，分述如下。

食肉目 Canivora Bowdich，1821

犬科 Canidae Gray，1821

犬属 *Canis* L.，1758

狼 *Canis lupus*

化石材料：1件左股骨近端残段，采自东山海域，标本编号 FDM0018（图26）。

狼股骨的一般特征是股骨头呈半椭球体状，球面指向侧方；大转子与股骨头处在同一高度或稍低；转间窝很深，转间

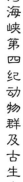

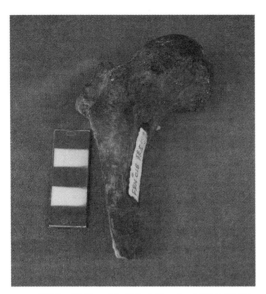

图26 狼的股骨近端残段，标本FDM0018

嵴内侧垂直；骨干表面小结节和结节嵴特别明显；小转子发达；骨干远端的内、外髁大小相等，内嵴和外嵴互相平行，膝盖关节面较宽。狼的股骨长度通常在220mm~230mm，近端处左右两侧宽度50mm~55mm；远端左右两侧宽度40mm~45mm。

记述：标本编号FDM0018，保留有完整的股骨头、小转子及一段骨干，残长109mm，股骨头呈半椭球状，头凹略偏向于内侧，股骨颈长度为12mm。股骨髁间窝相当窄，小转子明显向外突出，并偏向后侧。小转子与股骨头之间的缺刻明显地宽，自小转子以下骨干的前后径长度为30mm。从前面观：股骨颈与大转子间的骨面比较平，骨干内侧的中部有不大明显而且较小的棱嵴。

狼是北方常见的广适性动物，在长江以北地区第四纪哺乳动物群中属于重要成员，但也少量分布于南方。我国已发现的第四纪狼化石有：安东氏狼(*C.antoni*)、似犬狼(*C.cyonoides*)、普通狼(*C.lupus*)、变异狼(*C.variabilis*)、家犬(*C.familiaris*)、元谋犬(*C.yuaqnmoensis*)等[21]。狼化石出土的年代从更新世早期至晚期都有，但多数见于北方，在南方所见的更新世化石除元谋狼外大多属普通狼（*Canis lupus*）。福建境内发现的狼化石地点有明溪剪刀墘山、三明万寿岩、石狮海域和东山海域4处，都属于普通狼。

熊科Ursidae Gray，1825

熊属 *Ursus* L., 1758

熊 *Ursus* sp.

化石材料：1件左股骨上端，采自漳浦海域，标本编号FZM0171（图27）。

熊股骨的特征在于股骨头强烈向外伸出；大转子顶

图27　熊左股骨上端，标本FZM171

面较高，其顶部高度相当于股骨头中部的高；股骨颈和股骨头的宽度相等。远端不甚扩大，关节面特别宽，内外髁的嵴弯。股骨长度300mm~325mm，近端宽70mm~80mm，远端宽60mm~70mm。

记述：该股骨上端的余长为62mm，上端关节面长宽为：105㎜×40㎜。股骨头的大小为50㎜×35㎜，侧径大于前后径，股骨头的基本形状呈半椭圆形，大转子较低，高度不超过股骨头的高，约与股骨头的中部相当。大转子内侧平斜，与股骨头之间形成的凹窝较浅，外缘具有尖锐的嵴。

我国已发现的有关熊属中的种类有：似埃楚斯堪熊（*U.cf.etruscuc*）、棕熊（*U.arctos*）、黑熊（*U.thibetanus*）和洞熊（*U.spelaeus*）等。熊属动物在地质历史上分布较广，欧亚大陆、北美和北非第四纪地层中都曾发现过。在福建境内熊化石较多，先后在万寿岩遗址、明溪、将乐、清流等洞穴中，以及石狮、漳浦和东山海域都有发现。属于洞穴类型的，一般仅发现零星牙齿，骨干化石很少，而海域海底出土的熊化石材料则多为骨骼。

鬣狗科Hyaenidae Gray，1869

斑鬣狗属*Crocuta Kaup*，1828

斑鬣狗（未定种）*Crocuta* sp.

化石材料：1件左侧尺骨残段，标本编号FDM0019（图28）。

图28 斑鬣狗左侧尺骨残段，标本编号FDM 0019

记述：保存尺骨的近端，远端略有破损，保留长度202mm，尺骨突相对较小，小结节呈豆状，前后部几乎处在同一高度，其宽度相等。尺骨的半月切迹略呈半圆形，宽度27mm，小结节与喙突同一水平的前后径长29mm，骨干上部较宽，下部稍窄，骨干中部最大横径13mm，冠状突顶端略向上弯曲，骨干前面切迹下有一个三角形凹陷，其下部具有密集的瘤状突起，并下延至骨干的中部位置。根据与前苏联古生物专家B·格罗莫娃对斑鬣狗的测量数据[22]对比，可定为斑鬣狗的尺骨。

斑鬣狗在晚更新世曾广泛分布于我国各地，是第四纪地层中最重要的化石种之一。福建境内斑鬣狗化石甚多，多数洞穴动物群中皆有发现。

二、长鼻类

长鼻类包括材料较好的诺氏古菱齿象和难以确定属、种的真象亚科的象类。

长鼻目Proboscidea Lliger，1811

真象亚科Elephontidae Gray，1821

古菱齿象属Palaeoloxodon Matsumoto，1924

诺氏古菱齿象Palaeolonodon naumanni

化石材料：头骨1具，比较完整的下颌骨1件、不完整的下颌骨2件以及若干肢骨、指骨和趾骨等，标本编号

FDM0020~FDM0030（图29）。

头骨记述：标本编号
FDM0020，为一具顶部略有破损的
头骨，其上保存有较完整的上腭部
和左右上第三臼齿。头骨的表面呈
灰黄色，上面覆盖盐类结晶细粒。
头骨腭裂部以前的部分已断缺，故
头骨不太完整。从较新鲜的断面
看，顶额骨可能在打捞出来时受
损。腭骨垂直部比较陡直，腭沟明
显可见，牙齿的釉质层相对较薄。头骨要素测量见表3。

图29 诺氏古菱齿象
头骨，标本FDM0021

表3 诺氏古菱齿象头骨测量数据

测量项目	单位：mm
头骨高	240
水平部长	130
眶上突至颌骨齿槽高	220
左上第三臼齿长、宽、高	195、92、88
右上第三臼齿长、宽、高	232、95、82
左右臼齿前距	
左上第三臼齿齿板数	12
齿峰频率	6.1
右上第三臼齿齿板数	12
左右第三臼齿内侧最近距离齿	87

根据整个头骨形态分析，此象的头骨显得较高隆，呈向上
穹状，顶骨较宽阔，左右两个第三臼齿的齿峰排列有序，磨蚀
程度中等，齿冠中等高。根据牙齿磨蚀程度判断，该象年龄在
30岁~40岁。

下颌骨记述：

第四章 台湾海峡第四纪动物群及古生态环境

1.标本编号FDM0022（图30），为一成年个体的左下颌骨，其上带有左下第三臼齿。

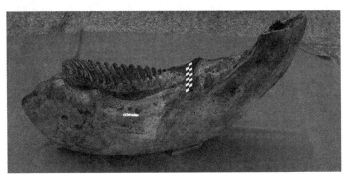

图30 诺氏古菱齿下颌骨，标本FDM0022

下颌骨前面具一小的骸孔，位于下第三臼齿前端之下部的另一个骸孔大得多。牙齿嚼面窄长形，磨蚀度中等。该标本过去有人将其定为亚洲象，但根据其特点，并与头骨相比较应改定为诺氏古菱齿象。下颌骨要素测量见表4。

表4 下颌骨测量

测量项目	单位：mm
水平支全长	518
左下臼齿长	320
宽	90
齿嵴数	16
齿频率	5.6

2.标本编号FDM0024，为1件基本完整的下颌骨（图31），表面呈浅褐棕色，磨蚀甚浅，应属一幼年个体，根据象类个体发育规律来判断，年龄约在3岁~4岁。下颌骨上带有左第一乳臼齿，颌骨最宽处在乳臼齿的后部，颌骨外侧的骸孔圆形，项目测量见表5。

表5 下颌骨测量

项目	单位：mm
下颌骨长	110
颌骨高	90
第一乳臼齿长	160
第一乳臼齿宽	48
第一乳臼齿高	34
牙根部长	76
第一乳臼齿前面宽	10
第一乳臼齿前面高	25
牙齿最前端颌骨两侧宽	160
齿板数	14

3.标本编号FDM0023，为1件幼年个体的右侧下颌骨（图32），其上带有完整的下第三臼齿，臼齿嚼面具有细小但强烈的褶皱，后半部磨蚀后，本来呈"一"字形的齿棱平面已多处断开，呈"点—横—点"形状。要素测量见表6。

表6 下颌骨测量

项目	单位：mm
第三臼齿长	287
第三臼齿宽	75
第三臼齿高	78
下颌骨水平支全长	450
上升支高	360
下颌骨最宽处距离	120
骸孔位于臼齿前端以下距离	120
臼齿数与频率	12、5.8

真象亚科(属、种未定)Elephonidae Gill，1872
化石材料：大型管状骨及趾骨。

图31 诺氏古菱齿象左下颌骨，标本编号FDM0023

图32 诺氏古菱齿象幼年个体下颌骨，标本编号FDM0024

股骨记述：标本编号FDM0025号(图33)，为一左股骨近端，股骨显得粗大而且厚重。骨表面呈棕褐色。股骨头圆形，最大径220mm，股长颈105mm，前后间距92mm。标本编号FDM0193，为1件左股骨远端，余长270mm，骨干两径：156mm、101mm，远端两径：19mm、185mm。股骨外髁椭球状，内髁肾状，外髁巨大，两髁紧靠，髁间窝不明显，髁上凹浅，内髁内侧面较平，外髁外侧面向外扩展。骨干下部内、后侧间具一明显突出的嵴。

图33 象股骨头残段，标本编号FDM0025

表7 股骨测量

项目	单位：mm
股骨最大径	220
股骨径长	105
股骨前后距离	92

标本编号FDM0029，为一右股骨头残段，股骨头呈半圆形，股骨颈较短，与大转子之间的面显得较平，股骨头最大径295mm，股骨颈部宽192mm，骨干两径（左右宽、前后长，下

同）：205mm、120mm。

标本FDM0026，左股骨头近端，表面呈浅黄色，余长480mm，骨干中段两径：140mm、84mm，近端最大左右径：290mm，骨干一侧有近代人工锯痕。

肱骨记述：标本FDM0026号为1件肱骨残段，骨骼表面呈淡黄色，余长480mm，骨干中段两径：140mm、84mm，近端最大左右宽290mm，骨干一侧具有人工锯痕。

胫骨记述：标本编号FDM0027，右胫骨近端，保存长度225mm，关节面浅凹状，外髁突出、下延，端钝，无髁上孔，两径长度（左右、前后）195mm、142mm。

标本编号FDM0030，左胫骨远端，保存长度252mm，两径长度：225mm、171mm。

标本编号FDM0016，为一右胫骨远端，保存长度230mm，下关节面两径180mm、145mm。关节面相当凹陷且宽大，中间嵴缺。内髁粗大（侧径45mm、纵长77mm），外髁下部不延扩，骨干十分粗大，两径长度分别为119mm、78mm。

椎体记述：标本编号FDM0028（图34），为一较完整环椎，最大矢径120mm，最宽100mm，椎孔呈梅花叶状，椎间盘横径265mm，前后径152mm。

图34 象类的环椎，标本编号FDM0028

肩胛骨记述：标本编号FDM0017，为一左肩胛骨残段，保存长度420mm，前窝窄，后窝发达，肩臼宽缘，缘短，肩臼缘与肩胛上缘交接处形成一个突出的后角，肩峰中等大。在各类动物中以象的肩胛骨最大，通常超过500mm。

标本编号FDM0179，一完整的右趾骨，前后关节面宽平，中部收缩，底面内凹，肌沟与骨轴呈约45°交角。尺寸：长142mm、前端宽84mm、后端高74mm。

我国有关古菱齿象的最早报道见于Boule等1928年出版的《中国的旧石器》一书。此后在河北、山西、河南等10来个省市均有化石出土的报道。但因化石材料残缺不全，给研究者带来极大的困难，以致在系统分类上出现了一些问题。从上世纪50年代以后，随着全国各地古菱齿象化石的不断发现，其系统分类的问题逐渐得到了解决。何传坤、祁国琴通过对澎湖海沟古菱齿象化石以及中国大陆已报道的同类化石的重新观察与研究后指出[23]，台湾澎湖海沟古菱齿象化石和诺氏古菱齿象比较相似，但体形更大，应为诺氏古菱齿象的新亚种——澎湖诺氏古菱齿象（*Palaeoloxodon naumanni penghuensis*）。更新世期间，中国只有以淮河诺氏古菱齿象（*Palaeoloxodon naumanni huaihoensis*）为代表的一种古菱齿象。另建议将淮河诺氏古菱齿象从亚种提升为种，并命名为淮河象；纳玛象、淮河象和诺氏象是古菱齿象在亚洲的三个支系；不同意将古菱齿象属从真象亚科中取消、或将其提升为亚科，其分类位置仍应保持在属这一级。古菱齿象属（*Palaeoloxodon*）应包括亚洲的纳玛象、淮河象、诺氏象，还有欧洲以及地中海岛屿上古象的几个种。

三、奇蹄类

东山化石材料中属于奇蹄类的骨骼，有普氏野马、额鼻角犀、腔齿犀和难以确定属种的犀科犀类。至今尚无犀类的头骨和牙齿发现。

奇蹄目Perissodacttyla Owen，1848

马科Equidae Gray，1821

马属*Equus* L.，1758

普氏野马*Equus przewalskyi*

化石材料：1件完整的右跖骨。

化石标本记述：标本编号FDM0178（图35），为一野马的右跖骨，相当完整，全长263mm，上、下两端的左右宽略有向下收缩，整个骨干明显地直。骨干前面稍有隆起，后侧面靠上部分的肌沟很明显，并从中间开始向上延至上关节面的后缘。

图35　野马跖骨　标本FSM0178

骨干中最狭窄的部位，在上关节面以下34.5mm处；最小前后径位置在骨干靠下部的滑车以上约28mm处。跖骨测量见表8。

表8　普氏野马跖骨测量

项目	单位：mm
跖骨上端左右宽	53
前后长	46
中部左右宽	36
前后长	32.5
下端左右宽	49.5
前后长	35.5

　　马类化石在我国北方第四纪地层中是最为常见的种类之一，但福建省境内发现甚少，至今仅见于3个地点：东山海域、石狮海域和明溪剪刀墘山。石狮海域发现的马类化石包括普氏野马的上臼齿1枚、跖骨若干以及野驴的跖骨等。明溪剪刀墘山则发现过几个上、下臼齿。马类属草原性动物，故通常把第四纪地层中发现马类化石作为草原生态环境的一种标志。

　　犀科Rhinocerotidae Owen，1845

　　额鼻角犀属*Dicerorhinus Gloger*，1841

　　额鼻角犀未定种*Dicerorhinus* sp.

化石材料：不完整的肱骨2件、胫骨和桡骨各1件。

肱骨记述：标本FDM0031，为一左肱骨，基本完整，骨骼厚重，全长321mm，上端两径长度分别为135mm、148mm，前后径明显扩大，下端两径长度分别为107mm、73mm；骨骼明显比披毛犀的大得多（见图36）。

图36　　额鼻角犀右肱骨，标本编号FDM0031

肱骨粗隆从上部延至骨干中段，靠内侧有一很深的窝，宽达70mm，窝顶部几达骨髁缘。上关节面的内外髁嵴较小，但尖突，之间的髁间窝小而窄，髁面平。下端外侧表面与腓骨接触的为一个三角形粗糙面，胫嵴直延内髁，下滑车中间嵴靠内，与内髁之间的凹很深。

标本编号FDM0180，为1件右肱骨近端，保留长度280mm，骨头粗大，厚重。肱骨头顶面较平，向内侧具一斜弧，边缘呈钩状突出于肱骨颈之上。大结节和小结节完全位于侧部，并大大地高出肱骨头高度。结节嵴十分粗大，而且很宽。d状结节弧形状，上延至肱骨头内侧之下，骨干向外侧扩展。近端两径长度分别为172mm、143mm。d状结节处骨干的两径长度分别为99mm、72mm，d状结节与肱骨头缘间距18mm，d状结节高度骨干内侧的骨壁厚度18mm。

标本FDM0033号为一左肱骨远端，保留长度270mm，骨干粗大，略有扭转。骨壁在后侧部甚厚，前面的一个嵴一直延伸到鹰嘴窝的顶端。远端两径长度分别为154mm、108mm。外侧上髁向外突出，内髁侧面较平，垂直，鹰嘴窝深陷，下滑车中间被环状嵴分开，环状嵴与后侧面呈约45度角。

桡骨记述：

标本FDM0034号为一右桡骨，基本完整，骨干粗大，较直。上端两径长度分别为105mm、66mm。骨干最窄处两径长度为52mm、39mm，下端两径长度为99mm、68mm；骨干与上下两端相比，明显缩小。上关节面由一具圆滑的嵴分开，外侧部小，后侧部较大且宽缘，略呈圆形凹陷，骨干端部位特别粗糙，后端突出。下关节面受损，但可见尺骨印痕，三角骨面宽大，接触骨面较小，棘突圆钝。

额鼻角犀的股骨、胫骨和桡骨比披毛犀的相应骨骼大得多，尺寸约为后者的5/4或更多。

至今除海域外，福建境内一直没有发现这种化石。

腔齿犀属*Coelodonta Bronn*，1831

腔齿犀*Ceolodonta* sp.

化石材料：股骨、肱骨和胫骨各1件。

股骨记述：标本编号FDM0032（图37），是一件左股骨近端，保留长度261mm，体积甚大。上端两径长度分别为181mm和91mm。股骨头近半圆形，两径长度为92、83mm，颈短。大转子不上升，高度低于股骨头，其高相当于股骨颈高度。大转子侧向扩展，不与骨轴方向一致。头凹很小，转间窝浅，腘窝在后面中部，呈长条状凹。第三转子稍低，向侧方增

图37　腔齿犀股骨残段，标本编号FDM0032

宽，弯向前面。骨干内侧嵴长，隆起，骨干最窄处的两侧宽度111mm，第三转子处两侧宽度128mm。该标本骨骼结构及尺寸与腔齿犀的一致，可能是腔齿犀属中的披毛犀种。

肱骨记述：

标本FDM0176号为1件右肱骨近端，保存长度270mm，上关节面部分破损。肱骨上端部特别粗大，肱骨头顶部较平，向内侧呈弧形，内侧缘圆纯。大结节和大结节嵴向外侧突出，完全处在肱骨头的侧部。小结节位置下移，d状结节嵴呈"S"形上延至肱骨头后部。肱骨的上半部都向外侧展宽。上端宽度不小于170mm，d状结节与肱骨头底缘间垂直距离50mm。d状结节高度骨干内侧的厚度均为12mm。d状结节以下骨干突然强烈收缩，故在骨干后面视，外侧形成明显的凹入部分，为骨干的最窄部位。

标本FDM0177号，胫骨远端，保存长度275mm，骨骼厚重。远端左右径长度102mm，前后径长度74mm。骨干最窄处位于骨干上部的1/3处，其两径长度分别为63mm和54mm。骨干外侧缘很直，内侧缘在内髁之下开始强烈收缩，肌窝很浅，不像额鼻角犀那样极度深陷。骨干前面自上而下都是平的，而额鼻角犀的上下两端向前突出，中间较凹。骨干侧嵴不甚扭转，而额鼻角犀的骨干侧嵴扭转很强烈。从两者对比看，腔齿犀的骨骼尺寸小于额鼻角犀。

目前福建省境内发现的腔齿犀仅见于东山海域和石狮海域，后者采集的材料只有1件属于腔齿犀的右桡骨中部残段，其远近端均已断损。

四、偶蹄类

东山海域所发现的偶蹄类化石较多，共有12个种类，包括鹿科和牛科的7属12种。

鹿科Cervidae Gray，1821

轴鹿属*Axis* Smith，1827

轴鹿(未定种)*Axis* sp.

化石材料：1件不完整的左角残段。

化石标本记述：标本编号FDM0002，为一缺眉枝的左角残段，其要素见表9：

表9　轴鹿要素测量

项目	单位：mm
主枝保存长度	260
从额骨以上至角环后端长度	29
角环两径	48、56.2
眉枝两径	29、42
主枝中部两径	32、34

角柄短，角环椭圆形，眉枝根部略扁，主枝近基部处的前面有一突出的棱，主枝中部横切面近圆形，从中部起角枝向前弯曲呈一弓形，角表面具较浅的纵沟。

据记述，轴鹿的角中等大小，眉枝向前伸出，尖端微向后弯曲，一般长度在85mm~95mm之间，与主枝的夹角不大于90°，主枝向后再向前弯曲呈弓形，主枝长度一般在200mm~250mm之间。角柄较短，约在25mm之内。角节部大致呈圆形或近椭圆形，不粗糙，大小径在32mm~42mm之间。眉枝中部断面呈圆形，前后径和侧径为20mm~30mm之间。主枝中部断面径为20mm~32mm之间，角主枝面粗糙，下部有小的突起，而眉枝较光滑。

我国至今发现的有关轴鹿化石有4种，如山西轴鹿、秀丽轴鹿、粗面轴鹿和轴鹿等，时代上从上新世至早更新世，属于晚更新世的轴鹿多数为未定种，多见于云南丽江等。在福建省境内轴鹿还见于漳浦海域，与东山海域的相同，都是角的残段。

马鹿亚属*Elaphus* Smith，1827

马鹿（未定种）*Elaphus* sp.

化石材料：角残段2件；股骨残段2件。

化石标本记述：标本FDM0076号，右侧股骨残段，保存长度330mm。股骨头半球体状，股骨头内侧下缘突出于颈之外，大转子特别高，上部扩大，外侧面向后方倾斜，转间窝相对较浅，转间嵴下延，几乎与骨轴一致。骨干粗大，中部两径分别为34mm、36mm，靠上部两径为89mm、39mm，骨干最窄处位置在骨干靠上部1/3处，骨干下部胀大，整个骨干略有扭曲。远端粗大但不扩展，远端两径分别为76mm、102mm，外髁尺寸大大超过内髁，髁间窝开阔，底平。内外侧面略鼓起，滑车面宽（图38）。

图38　马鹿的股骨，标本FDM0076

另1件标本编号FDM0077也属右侧股骨远端残段，远端两径分别为77mm、104mm。

有关资料说明，马鹿股骨长度通常在270mm~420mm之间，上端宽70mm~115mm，下端宽65mm~95mm之间。就FDM0076和FDM0077标本的特征和尺寸看，与马鹿的相符，而与四不像鹿、水鹿及梅花鹿的不符，明显地大于后三者的股骨的尺寸。目前所知，更新世晚期有关鹿类股骨，以驼鹿为最大，其长度不小于420mm，上端宽度不小于115mm，下端宽不小于95mm。此处测量的标本尺寸小于驼鹿，故暂将其归入马鹿[24]。

四不像鹿属*Elephurus* Milne-Edwards，1866

达维四不像鹿*Elaphurus davidianus*

化石材料：18件完整或断缺的左、右角以及掌骨33件、跖骨36件。角多数断缺；自然脱落的和非自然脱落的各占其半。非自然脱落的达维四不像鹿鹿角大多具有人工砍砸或刻划痕迹。

角的基本特征：与其他鹿类不同，四不像鹿没有眉枝，而是分前、后两个较大的分叉。前支向前斜上伸，后支较直，前后两支的夹角小于90°。后叉前角面上具有大的瘤状突起。角的大小差别悬殊，这种现象可能与年龄有关。以下仅对两件保存较好的角标本进行描述。

化石标本记述：标本编号FDM0037，为一自然脱落的左角，具前后二个分叉，分叉处距离角环部58.5mm。两叉各向前和后上方伸出，各与角环构成45°角。该标本前叉保留长度190mm，后叉保留长度360mm，在距角环以上300mm处再分叉，角前部具瘤状突起，大小不一，后叉角干中部略有扭曲。前叉中部两径28mm、29mm，后叉中部两径长度31.8mm、20mm。角表具较深的纵沟，角环椭圆形，两径：54mm、47mm，角环突起粗大，但较稀（图39）。

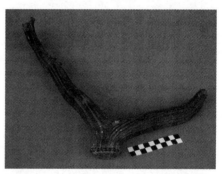

图39　达维四不像鹿角，标本FDM0037

标本FDM0038号，为1件自然脱落的右角，前叉断缺，后叉保留长度410mm，分叉处距角环部94mm。角环经磨损，两径长度为51mm、44mm。后叉中间横切面近圆形，两径长度为34mm、35mm，前部具瘤状突起，有的状如刺。第二次分叉在360mm处，角表具较深纵沟。

36件跖骨和33件掌骨测量分别记录如下：

表10　跗骨测量

项目	单位：mm
长度	253—282
上端宽	27—35
下端宽	27—42

表11　掌骨测量

项目	单位：mm
长度	255—260
上端宽	36—40
下端宽	39—42

在福建，四不像鹿化石仅仅见于海域。漳浦和石狮海域所收集的有大量达维四不像鹿材料，包括几具不完整的头骨，数十件角以及大量肢骨等。据测量，与东山的数据相当，可归入同类。福建中部和北部地区至今未发现四不像鹿的化石。

达维四不像鹿是我国的特产，在我国第四纪地层中发现甚多，主要分布在北亚热带长江至淮河一带[25][26]。据地质历史资料，化石曾分布到北纬40°或更北。四不像鹿的栖息环境是潮湿低地的灌丛、草地，因此这类动物在台湾海峡的出现，说明在末次冰期时的台湾海峡成陆区也曾是草丛密布的潮湿低地。

斑鹿亚属*Cervus*(Pseudaxis)Gray，1872

梅花鹿*Cervus nippon*

化石材料：1具破损的头骨和1件下颌骨，75件不完整左、右角，以及大量肢骨等。

头骨记述：标本FDM0051号为一件略有破损的头骨。顶骨窄，两侧距50mm；鳞颞骨宽缓，顶嵴像尖锐，但细，枕骨弧状，枕髁豆形，两枕髁间距，外侧距63mm，内侧距28mm；副乳突窄，但突出，额骨缓弧状，两角由顶骨前面左右侧向后伸出。

上颌骨面较平，后面视：大孔较小，矢径28mm。

下颌骨记述：标本编号FDM0062为一右下颌骨，残破，保留第一至第三下臼齿。牙齿相对较小，牙齿外侧表面具有细且密的折皱，齿柱甚短，其高度不超过齿的中部。

表12 梅花鹿下颌骨测量

项目	单位：mm
下臼齿齿列长度	59
第一下臼齿长宽高	14、11、5
第二下臼齿长宽高	19、12、12
第三下臼齿长宽高	26、12、16

角的记述：标本FDM0044，为1件左角残段。它留有主枝的上端部，保存长度120mm，第二分叉前伸，基部横切面圆形，直径22mm。第三分叉与第二分叉之间的距离为100mm，第三分叉略朝后内侧伸展，截面小于、长度短于第四叉。角表具密集的纵沟和有规则的细瘤状突起。

标本FDM0043，为1件右角残段，角柄较短，长24mm，角环圆，周围突起明显，参差不齐，角环两径为42mm、43mm。眉枝在靠近角环约20mm处分出，余长63mm，略朝前上方伸出，基部两径20mm、25mm。主枝向后上方斜伸，余长220mm，靠上部略向上前，主枝横切面圆形，两径23mm、23.5mm，整个主枝的干有不大明显的扭曲。眉枝与主枝成近90°交角。

标本编号FDM0045为一右角残段，仅存角的基部。眉枝与角环间距24mm，较平地向前伸。主枝向上偏后伸出，角环圆，两径44mm、47mm。眉枝稍扁，主枝横切面圆形，两径为27mm、28mm。眉枝与主枝交角近90°。

标本编号FDM0046，左角残段，眉枝与主枝断损部较平，有可能是人工环切的结果。此标本为自然脱落的角，角环大致圆形，两径38mm、40mm。眉枝分出位置低，前伸，主枝上伸，眉主枝呈90°交角。角表面有较深的纵沟和小的瘤状突起。

福建各个地点所发现属于斑鹿属的材料，多数为梅花鹿（或称日本斑鹿）。在洞穴、遗址或地点出土的斑鹿化石，通常是单个的牙齿，有时也见有破碎的牙床。

在东山、漳浦、石狮与澎湖海域发现的梅花鹿化石材料大多是角和肢骨，据统计，东山海域共有左右角75件，而石狮和漳浦相对较少。梅花鹿的角要比水鹿或达维四不像鹿的角小得多。完整的梅花鹿角具有4个分叉，但这里记述的材料，角的上端大多数已断缺，多数保留有角环，或自然脱落或经人工砍砸。梅花鹿的主要特点是：角柄较长，断面呈圆形，眉支前伸，顶端向上微翘，主支后倾，眉支与主支交角近于垂直；上下臼齿一般发育有小的齿柱，褶皱发达，外侧面齿纹发育。

台湾斑鹿 *Cervus taevanus*

化石材料：1件基本完整的下颌骨、若干角的残段。

台湾斑鹿与梅花鹿同属于鹿属斑鹿亚科[27]，其基本性质大致相同，但两者尚有一些差别。主要表现在台湾斑鹿的个体更小，眉支小而直，横切面呈扁椭圆形，而梅花鹿的眉支横断面大致呈圆形。台湾斑鹿的眉支和主支夹角大于90º，约在110º~120º之间，主支比梅花鹿的更向后倾，角面不如梅花鹿的纵沟发育。

化石标本记述：

出自东山海域的台湾斑鹿有标本编号FDM0035，为1件右角残段，属自然脱落的角。保留眉枝30mm、土枝105mm，眉枝与角环距15mm，角环圆，周围具大小不一的瘤状突起，直径32mm，眉枝斜前方伸出，主枝倾上出，构成大于90º夹角。角表面

图40　湾斑鹿右角残段，标本编号FDM0035

有细的纵沟，眉枝扁，主枝圆（图40）。

标本编号FDM0036，为1件右下颌骨，下颌骨短且很薄，上带第一臼齿、第二和第三臼齿；齿列全长96mm，嚼面褶皱简单，牙侧面具细而密的小褶皱（图41）。

图41 台湾斑鹿下颌骨，标本FDM0036

表13　台湾斑鹿下颌骨测量

项目	单位：mm
臼齿齿列全长	59
第一下臼齿长宽高	14、6、5
第二下臼齿长宽高	19、8、12
第三下臼齿长宽高	26、8、16

出自漳浦海域的台湾斑鹿有左右角各4件，其基本特征与东山海域的相同，角小型，角节部最小28mm、33mm，最大35mm、38mm，下部侧扁。眉枝长90mm~130mm，上下径大于侧径，上下径最大29mm，最小21mm。侧径最大13mm，最小11mm，扁度（上下径/侧径）为2，表明眉枝下部相当扁。

台湾斑鹿是台湾本岛上特有的哺乳动物物种之一，个体很小，在斑鹿属中是最小的一个种。台湾斑鹿角的角节部呈圆形，眉枝相对于主枝来说显得较粗，但并不明显地长，两者之间夹角大约90°。角面一般有沟槽和小的瘤状突起。第二枝距离眉枝远，少有再分叉。在台湾岛上，台湾斑鹿从更新世早期

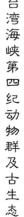

一直生存到现在，可能是从新竹斑鹿进化而来的。本文记述的材料，扩大了该种在地质历史时期的分布范围，在论证更新世晚期闽台之间关系不失是主要资料。

鹿属*Cervus*., 1758

水鹿*Cervus unicolor*

化石材料：4件股骨残段。

化石标本记述：标本编号FDM0069~FDM0072，分属于左股骨残段1件，另有右股骨残段3件。股骨头为1/3球体，股骨头颈顶面较平，大转子高耸，顶部收缩，呈一尖锐的嵴，并向外侧倾斜。转间窝深，但窄。骨干较直，外髁不等大，内髁明显大于外髁。鹰嘴窝很浅，略呈三角形，腘窝长条状，关节面宽。标本编号FDM0069的骨干靠上部两径为26.5mm、26mm（图42）。水鹿角粗大，角环近圆形，瘤状突起大，数目少。

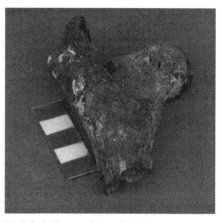

图42水鹿的股骨残段，标本编号FDM0069

记述：水鹿是中亚热带以至南方各省更新世时期最常见的化石种之一，在史前时期，水鹿的分布范围向北可达北纬35°，向西可延伸到东经70°。水鹿的个体比斑鹿大得多，角特别大，多次分叉，眉支长，向前上方伸出，主支略后斜，角干粗，断面大致圆形，角面不大平整，纵沟发达，而且很深。颊齿壮实，齿冠中等高，齿柱发达，底部粗。牙齿的外侧面褶皱细密。

鹿亚科Cervinae

（未定属种）

台湾海峡动物化石标本中有大量鹿的骨骼，以东山的标本为例分别叙述如下：

股骨

化石材料：共有4件，标本编号FDM0064～FDM0067。

标本编号FDM0064，全长299mm，股骨头小于半球体，股骨颈上面平，大转子高耸，大大高过头部，转间窝深陷，转间嵴与骨干构成钝角，小转子较弱，但明显。前面视骨干较直，骨干中部最窄，断面近圆形。远端：内外髁肾形，大小几乎相等，髁间窝窄，腘窝较浅，膝盖关节面较窄。根据其大小，可能属于四不像鹿的。

可能属于梅花鹿的股骨3件。以标本编号FDM0073为例：股骨头半圆形，颈上面平，前面具粗糙面，转间嵴薄，内卷，转间窝不深陷，小转子大而突出，骨干较细，骨干后嵴与小转子连接。骨干略弯，腘窝深陷，内外髁肾形，且大小相当。髁间窝窄，特别深，鹰嘴窝尤其浅，仅具痕迹。根据有关资料，梅花鹿股骨的长度一般小于260mm，上端宽不大于60mm，下端宽不大于60mm。

胫骨

化石材料：鹿类的胫骨共13件，标本编号FDM0082～FDM0090。

鹿类胫骨的基本特点：胫骨上端膨大，下端相对收缩，内髁间隆凸高于外髁间隆凸，髁间沟宽浅。胫骨粗隆大，三角形。上外角悬于肌沟之上，肌沟深凹。骨干相对较长，中部的嵴不甚突出，骨干最窄处在下部，骨干后面近下关节面处有明显的2条嵴，中间略凹，2条嵴上延。下关节面中间嵴缓，内凹窄而深。

通过对13件标本的测量，将它们分为大小2个类型。根据有关资料，梅花鹿的胫骨长度一般在300mm之内，上端宽不大于60mm，下端宽不大于38mm。而四不像鹿和水鹿都大于梅花鹿。四不像鹿的胫骨长度360mm～405mm之间，上端宽在75mm～90mm，下端宽50mm～60mm之间，因此大的属于四不像鹿，小的属于梅花鹿。

肱骨

鹿类肱骨的基本特点是肱骨的大结节隆起，而且突出。小结节位置很高，通常超过肱骨头高度。d状结节明显，结节嵴延至肱骨头下端。肱骨头较平，骨干相对较粗，最窄部在中间位置，整个骨干略为弯曲。肱骨远端两侧不扩大，鹰嘴窝浅，长大于宽，内髁明显大于髁，内侧面很平，中间具粗糙面。外髁外侧面小，中间凹，圆形。上关节面后沟较深，与关节面斜交。中间嵴两侧几相等，骨干较长，下部扩展，后面较平，上端粗隆不明显，下部前面有两条明显的嵴，与尺骨连生紧密，中部几乎看不出界线。下关节的三个面内侧的一个最大，中关节面后缘的嵴大致与关节面轴成正交，茎突尖锐。关节面内侧部分宽于外侧部分。在全部的鹿类肱骨中，有1件保存比较完整，长度大于260mm，其他仅保留远端部，多少连带部分骨干。

从测量数据可将它们分为A、B、C三个类型：

表14　鹿类肱骨测量与分类

A类：全长250mm以上，上端宽不小于50mm，下端宽不小于40mm
B类：全长在2220mm～250mm间，上端宽不大于50mm，下端宽25mm以内
C类：全长不超过220mm，上端宽不超过40mm，下端宽不超过35mm

按照有关资料，可以初步判断A类属于四不像鹿的；B类属于水鹿的；C类则属于梅花鹿的。

跖骨（图43）

图43　鹿类跖骨，标本编号FDM0113

跖骨的基本特征：相对较细长，近关节面后缘外侧具明显的角状突起；前面中间一深的凹，后面的两个嵴或至前面或仅延长2/3。根据下表对跖骨的测量，按照尺寸的大小将其分为三个类型：

表15　鹿类跖骨测量与分类

A类：长度在270mm—285mm之间；近端宽度大于30mm，远端大于35mm
B类：长度250mm—260mm之间，近端宽大于27mm，远端不小于28mm
C类：长度225mm—235mm之间，近端宽不大于25mm，远端不大于30mm

据比较，A类可能属四不像鹿；B类可能属水鹿；C类可能属梅花鹿。

掌骨（图44）：

图44　鹿类掌骨，标本编号FDM0121

鹿类掌骨的长度小于跖骨但宽于跖骨。掌骨前面中线的凹仅存在于骨干的下半段，后面的凹比前面的深和宽，滑车较短，上端关节面半圆形，角突不明显。根据测量，按尺寸大小分成三个类型：

表16　鹿类掌骨与分类

A类：掌骨全长250mm以上，上端宽37mm，下端宽40mm以上
B类：全长230—240mm之间，上端宽在35mm，下端36mm左右
C类：全长215—220mm，上下端宽变化较大，相对于骨干明显地粗

以上三个类型分别归于A类属于四不像鹿；B类属于水鹿；C类属于梅花鹿。

牛亚科Bovinae Gill，1872

水牛属*Bubalus* Smith，1827

水牛*Bubalus bubalis*

材料：1件基本完整的角、1件残破的下颌骨、1枚臼齿以及大量骨骼等。

记述：水牛（或称普通水牛），是一种体形较大的动物，在我国第四纪地层中经常发现，也是福建各个地点最常见的化石种之一，但各个地点所出土的水牛化石大多为单个的牙齿，包括门齿、前臼齿和臼齿等。水牛的臼齿粗大，强壮，高冠，齿柱从根部一直伸到牙齿的嚼面。水牛的臼齿经磨蚀后珐琅质略呈弯曲，牙的侧面通常附有较厚的石灰质。东山海域发现的水牛化石除骨骼较多外，有1件保存较好的角。

化石材料：1件完整的角心、一具基本完整的左下颌骨以及若干股骨、胫骨及跖骨。

标本编号FDM0055，为一件左角心，保存基本完整，仅角尖部略有缺损。角明显地粗大，全长320mm，角的各个部位断面呈三角形，基部后侧面显得平而且宽，横距130mm，角朝上的一个面稍宽，从角基部向角尖方向收缩较快，整个角面都具有断断续续的纵向沟槽；整个角略向侧上方伸展（图45）。

图45　水牛左角，标本编号FDM0055

图46　水牛左下颌骨，标本编号FDM0060

标本FDM0060，为一残破的左下颌骨（图46），上面带有第一臼齿、第二臼齿和第三臼齿，未经磨蚀，属幼年个体。下颌骨上升支宽大，底缘弧形，颌角突弯，较钝。

表17　水牛左下颌骨臼齿测量

项目	单位：mm
臼齿全长	91
第二臼齿下部颌骨宽	21
第二臼齿下部颌骨高	68

标本FDM0061为1枚水牛的左下第一臼齿，高冠，白垩质厚；齿冠面前后长32mm、左右宽12mm，牙冠高21mm，宽/长指数<40，显得较扁。

王氏水牛 *Bubalus wansjocki*

材料：1件完整的左角，标本编号FDM0197（图47）。

记述：角中等大小，角心指向侧后上方。角明显具有三个面：上面、下面和前侧面。前侧面最窄，略平，近基部上下间的距离80mm。上面是一个大致平的面，底面略有凸起，前面和上面间的夹角不大于90°。从角的基部到角尖迅速收缩变

图47　王氏水牛左角标本编号FDM0197

细；从角的基部到角尖各个部位横切面都呈近等腰三角形。角心至基部距离为580mm；角的基部最宽处为162mm。

王氏水牛是一种体型中等大小的水牛类，在我国以往主要发现于北方地区，如内蒙古萨拉乌苏、黑龙江哈尔滨顾乡屯和满洲里等地，时代属更新世晚期，而南方却未曾有过，因此东山海域采集的王氏水牛化石说明该物种比原先所知要广泛得多。

野牛属 *Bison* Smith，1827

野牛（未定种）*Bison* sp.

材料：3件下颌骨，1件白齿。

记述：标本FDM0056为一左下颌骨，其上带有第二前白齿至第一白齿，珐琅质折皱简单，牙齿外侧面具小的皱纹（图48）。下颌骨要素测量见表18。

表18　野牛下颌骨测量

项目	单位：mm
第一下白齿位置颌骨宽与高	40.2、80
联合部的颌骨宽	22
联合部的颌骨高	41
第二前白齿至第四前白齿长度	67
第一白齿长宽高	2218、18.5
嚼面指数	78.8

FDM0057标本，为一右下颌骨残段，上带第二前白齿至第四前白齿，长65mm，联合部后面颌宽22mm，高41.5m，第一白齿尚存痕迹，该位置颌宽37mm，高72mm。

FDM0058标本是另一件左下颌骨残段（图49），上带第二前白齿、第二前白齿，长62mm，在第一白齿位置的颌宽32mm，高72mm。

标本编号FDM0059为右下第二白齿，长宽高分别为35mm、19mm、24mm，牙根长度45mm。

牛亚科（属种未定）Bovinae Gill，1872
牛亚科的骨骼

图48　野牛左下颌骨
残段，标本编号FDM0056

图49　野牛右下颌
骨，标本编号FDM0058

有关牛亚科的材料右股骨、胫骨、肱骨、桡骨、跖骨和掌骨等。现分述于下：

股骨

材料：完整的1件、近端4件、远端6件，残段连带部分骨干的若干件。

测量：以标本编号FDM0132为例，测量如下（表19）：

表19　牛亚科股骨测量

项目	单位：mm
全长	388
近端两径	132.5、69
骨干中部两径	133、146
远端两径	48、62

股骨显得特别粗大，厚重，上端特别宽，前后较短。大转子明显地高突，并超过股骨头的高度。大转子表面粗糙，内缘尖锐，覆盖转间窝几乎一半以上。小转子粗大。骨干略有弯曲，最窄部在靠下端，内外髁肾形，呈窄条状，关节面宽阔，内嵴膨起，髁间窝深陷。

据有关资料和标本所测的数据，估计属于水牛的股骨，但因各项测量的数据变化较大，故很难区别，只能通过其尺寸大小和某些性状来作大致判断。而标本FDM0129为一右股骨残段，保存远端，两径分别为109mm、131mm，明显地小于水牛的尺寸，故可能属于野牛的股骨。

胫骨

化石材料：26件，其中6件不甚完整，其余均为残段，材料中远端相对保存较好。

记述：牛类胫骨粗大，两端粗厚，上端极其扩大，内髁间隆凸高于外髁间隆凸，粗隆大，三角形，外角悬垂于肌沟之上，肌沟深凹。骨干粗，略弯曲，后面中嵴对称，下关节面中嵴与关节面轴成正交，内髁外缘下垂。

水牛的胫骨骨干比较直，骨骼两端的左右宽于前后，外髁延长，下关节面长方形，粗大，角状悬于肌沟之上。野牛的较弯曲，上下端左右宽较小，两边不扩展，外髁缩小，下节面近方形，粗隆圆钝。

　　标本编号FDM0134、FDM0135两件标本的尺寸明显地大于其他标本。以FDM0134（图50）为例，全长486mm，近端两径122mm、97mm，远端两径86mm、61.5mm。标本编号FDM135，全长402mm，近端两径120mm、93mm，远端两径84mm、70mm。它们应属于水牛的胫骨。其余的标本胫骨全长都小于400mm。如标本FDM0136、FDM0140，前者全长378mm，近端两径115mm、80mm，远端两径78mm、57mm，后者为1件胫骨远端（图51），中部骨干两径尺寸为49mm、41mm，远端两径为83mm、64mm，它们的尺寸明显地小，故应属于野牛的。

肱骨

　　化石材料:11件肱骨全为残段，且仅保留远端部分。

　　记述：骨干弯曲，下滑车部向外侧大大扩展，内侧面较平，鹰嘴窝或大或小，但都较浅，内侧上髁嵴大大超过外侧上髁嵴，髁间窝深陷。牛类的肱骨明显大于其他偶蹄类的肱骨，易于区别，但东山的牛类标本过于破碎，很难更详细给予记述。

桡骨

　　化石材料：保留较好桡骨6件，基本上与尺骨连生，另有2

图50 牛亚科的左胫骨，标本编号FDM0134

图51牛类的右胫骨远端，标本编号FDM0140

件远端残段。

记述：桡骨巨大，厚重，通常全长不小290mm，上端宽度不小于85mm，下端不小于80mm。上端关节面由两个与面轴成正交的嵴隔开，形成三个凹，由内向前侧依次变小变高，内侧缘低于关节面。骨干最窄位于中部，后面的上端粗糙，下端较平。与尺骨连生，尺骨茎突尖锐，与桡骨关节面间的界线几乎看不出。桡骨下内侧的茎突大。

根据测量数据，牛类的桡骨的尺寸变化都在水牛的尺寸范围内。

跖骨

化石材料：6件，标本编号FDM0161～FDM0166，保存较好。

根据测量数据，可分为A、B两类。标本编号FDM0161，其余尺寸大小相同，可归入水牛；而FDM0166标本上端后缘窄，骨干两端收缩，两个滑车面向内靠拢，而不像水牛的跖骨滑车面各向两侧，而且尺寸也小得多，可归入野牛一类。

牛类掌骨

化石材料，完整和基本完整的掌骨9件，3件下端残段。

根据牛类掌骨的测量数据可分：

A类：1件，标本编号FDM0167，掌骨特别长，骨干宽大且厚，全长215mm，近端两径78mm、50mm，远端两径89mm、48mm，骨干中部两径54mm、36mm，应属一种个体很大的牛类。

B类：标本编号FDM0168～FDM0173，掌骨全长在184mm～208mm之间，近端两径不大于70mm、50mm，远端两径不大于85mm、40mm，可能属于水牛的掌骨。

C类：有2件标本，编号FDM0174、FDM0175，整个掌骨明显地轻巧、薄，两滑车紧靠，不像水牛那样展开，前后端的长宽指数也较小。如标本编号FDM0175，全长183mm，近端两径69mm、36mm，远端两径71mm、39mm，明显小于水牛的，故推测属于野牛的掌骨。

牛类的胸椎：1件，标本编号FDM0186，基本完整，椎体

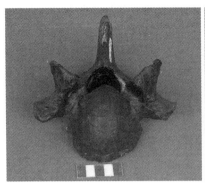

图52 牛类胸椎，标本编号FDM0186

图53 山羊肱骨（残段），标本编号FDM0053

大，棘突高耸，前关节突和横突发达，椎孔大致呈圆形，矢状径31mm，横径39mm（图52）。

福建地区第四纪哺乳动物化石中有大量牛亚科材料，包括水牛属、野牛属、牛属、大额牛4个类，其中以水牛属的最为常见。目前所知水牛属中的种类有：普通水牛，短角水牛、德氏水牛、王氏水牛等。牛亚科成员体型较大，骨骼相对比较容易确认，由于广泛，故对鉴定地层时代具有较大意义。

山羊亚科Caprinae Gill，1872

山羊属*Capra* L.，1758

山羊（未定种）

Capra sp.

化石材料：1件残破肱骨、1件肩胛骨。

记述：标本FDM0053号（图53），左肱骨远端，近端破损，小节结嵴突出，骨干最窄处在下部，两径：38mm、35mm。d状结节明显地小，但清楚

图54 山羊肩胛骨残段，标本编号FDM0192

海峡陆桥史前考古

可见。骨干横断面几乎是圆的，鹰嘴窝宽大，短，窝凹浅，下关节面中间嵴很突出，且垂直，滑车面内侧宽，远端的两径分别为：37mm、36mm。

标本编号FDM0192，为1件山羊的左肩胛骨残段，前窝很窄，后窝宽，乌嘴骨向后延，肩臼略圆，但浅，直径28mm（图54）。

注释：

[1]尤玉柱：《论史前闽台关系及文化遗址的埋藏规律》，见于《福建文博》1990年第16期。

[2]蔡保全：《台湾海峡晚更新世哺乳动物化石与古地理环境》，见于《厦门大学学报》（哲学社会科学版）1999年第140卷第4期。

[3][13]胡忠恒、陶锡珍：《澎湖群岛动物化石专集》，澎湖文化中心出版，1993年12月。

[4][14][16][22]祁国琴、何传坤：《台湾第四纪澎湖海沟动物群及古地理环境》，见于《第四纪研究》1999年第19卷第2期。

[5][12]高健为：《澎湖动物群》，见于《海洋汇刊》1982年第27期。

[6]陈立群：《福建东山海域哺乳动物化石新观察》，见于《福建文博》2005年第1期。

[7][10][11]范雪春、郑国珍：《福建第四纪哺乳动物化石考古发现与研究》，北京，科学出版社，2006年11月。

[8]蔡保全：《台湾海峡晚更新世哺乳动物化石与古地理环境》，见于厦门大学学报（哲学社会科学版）1999，140（4），29~33。

[9]蔡保全：《晚玉木冰期台湾海峡成陆的证据》，见于《海洋科学》，2002，26（6），51~53。

[15]高健为：《澎湖动物群》。见于《海洋汇刊》(中国文化大学)，1982年27；123—13。

[17]戴天元等：《福建海区渔业资源生态容量和海洋捕捞业管理

研究，科学出版社，2004年2月。

[18]陈立群、杨丽华、范雪春：《福建东山旧石器时代文化研究》，海潮摄影艺术出版社，2006年10月。

[19]胡连荣：《舟山海底哺乳动物化石与古人生存环境》，北京：中国文史出版社，2005年9月。

[20]张光直：《台湾省原始社会考古概述》，见于《考古》1979年第3期。

[21]尤玉柱《史前考古埋藏学概论》，北京：文物出版社，1989年。

[22]B·格罗莫娃：《哺乳动物大型管状骨骼检索表》，刘后贻等译，北京：《科学出版社，1960年3月。

[23]何传坤、祁国琴、张钧翔：《台湾更新世晚期及中国古菱齿象化石的系统分类》，见于《台湾博物馆年刊》第43卷，2000年12月。

[24]中国科学院《中国自然地理》编辑委员会：《中国自然地理——动物地理》，北京，科学出版社，1979年。

[25]徐钦琦：《晚更新世以来的气候变化与地球轨道》，见于《地层学杂志》1981年第5卷第3期。

[26]计宏祥：《四不像鹿属地理分布的变迁》，见于《古脊椎动物学报》1985年第23卷第3期。

[27]RonadM，NowakandJohnD.Paradiso，1983:Mammalsoftheworld. ByTheJohnsHopkinsUnivesityPrees.929—1305。

海峡陆桥史前考古

第五章 闽台第四纪哺乳动物化石的发现与研究

闽台地区除了在台湾海峡发现大量属于华北、淮河地区"古菱齿象、四不像鹿和水牛动物群"的化石，还不断发现广布于闽台内陆地区属于华南地区的"大熊猫和剑齿象动物群"的化石。本章拟通过福建内陆地区和台湾内陆地区第四纪哺乳动物化石的发现与研究，揭示闽台内陆地区动物群的关系、分布与迁徙情况。

值得注意的是，冰河时期，华北、淮河动物群为躲避寒冷，来到成陆的台湾海峡地区，为何不见进入海峡两岸的内陆地区？而华南动物群出于同样的原因来到福建，并经"东山陆桥"进入台湾地区，却不留在陆桥之上。这两个来自不同地区的不同的动物群，是否曾在陆桥失之交臂？或者曾经在陆桥之上和平共处？这也是本章要讨论的问题。

第一节 福建第四纪哺乳动物研究简史

福建省位于我国东南隅，第三纪时由于受新构造运动的影响，形成西北高、东南低的总地势。第四纪时期由于地质构造的变动与海侵海退的影响，完整的第四纪沉积物覆盖面积非常有限，且绝大部分处在沿海平原地区，出露较少。因此，福建第四纪地层研究比较落后。20世纪50年代以前，福建第四纪地层中哺乳动物化石仅有零星的发现记录。50年代后，福建第四纪地层中的哺乳动物化石的发现与研究才起步。

福建最早在闽南惠安县渔塘村和闽西宁化县湖口村的老虎洞发现第四纪哺乳动物化石。渔塘村的化石地点出自滨海河流的第二阶地，仅一枚完整的象类牙齿化石，被鉴定为属于印度象的牙齿[1]。宁化湖口村老虎洞化石地点出自洞穴堆积，发现动物牙齿和破碎骨骼化石，统计共有8种哺乳动物化石[2]。

1975年，中国科学院古脊椎动物与古人类研究所的祁国琴、文本亨和福建省博物馆的杨启成等人，在《古脊椎动物与古人类》上报道了福建永安县寨岩山一处裂隙堆积物中出土了化石[3]。1982年，中国科学院古脊椎动物与古人类研究所华南考察队黄万波、尤玉柱等人考察了闽、赣、粤交界地区，分别在宁化老虎洞、龙岩地区麒麟山几个洞穴中找到若干哺乳动物化石，但种类较少，且材料破碎。尽管福建时有零星化石的发现，但却未见系统的研究。

直到1986年全国文物大普查期间，福建在第四纪哺乳动物化石的发现与研究，才有了重大的突破与较快的发展。

1986年秋，福建东山县首先发现哺乳动物化石，引起省、市文化主管部门的重视。漳州市文化局文物科长曾吾岳、福建省博物馆范雪春和郑辉等人，遂于10月1日到东山考察调查，并在专门收藏无主骨骸的"万福宫"里收集到一批哺乳动物化石。这是东山渔民长期在台湾海峡捕捞作业时从海底捞获的哺乳动物化石。

1987年1月21日，东山县文物工作者根据群众报告，从华福酒店工地一座专门埋葬"海兄弟"的公墓中挖出一批哺乳动物化石，其中含有疑似人类骨骼的化石。曾吾岳科长、东山县博物馆孙英龙、陈立群等人，把这批哺乳动物化石，送往有关部门鉴定。经中国科学院古脊椎动物与古人类研究所贾兰坡、尤玉柱、董兴仁、张振标等人鉴定，从中发现一件人类的肢骨化石，并确认为晚期智人的肱骨残段，时代为距今1万年前的更新世晚期，与人类化石伴生的哺乳动物化石有熊和鹿类等。该晚期智人肱骨化石是在福建首次发现的更新世晚期人类化石，填补了福建省旧石器时代考古的空白。福建省博物馆严晓辉、范雪春对这批材料中的哺乳动物化石进行了鉴定与研究[4]。

在这批材料中，除大部分为哺乳动物的各类骨骼外，还有一些是鱼类和无脊椎动物化石。1989～1991年间，尤玉柱、董兴仁、蔡保全等重新对其进行研究[5]。自1998年以来，陈立群等陆续收集到大量的化石，并做进一步的研究。在东山的化石材料中，最为重要的哺乳动物化石，是出自海底的4件古菱齿象头骨、下颌骨化石以及被确认的一些骨骼表面上具人工打击和刻划痕迹的标本。4件古菱齿象化石，是目前我国已知保存最好的材料。挑选出来的具有人工刻划痕迹的标本，在福建也属于首次发现。东山海域哺乳动物化石的发现与研究，引起海峡两岸学者的高度关注，两岸学者曾多次开展学术交流活动，已有一批研究成果发表。

　　1986年，福建省博物馆根据群众提供的线索，在明溪县剪刀墘山发现了哺乳动物化石地点。福建省博物馆陈存洗、严晓辉、范雪春，三明市文物管理委员会办公室李建军，明溪县文化馆文物干部等联合组队，发掘了该地点，获得了大量的动物化石材料。1988年，陈存洗、范雪春、三明市博物馆余生富、明溪县文化馆唐屹峰、张其宝等人会同中科院古脊椎动物与古人类研究所的尤玉柱、张振标、董兴仁，对该地点再次进行发掘。此后，他们根据当地群众提供的线索，前往清流县林畲乡一带考察，在一个发育多个溶洞的残丘上，找到龙津洞等3处有价值的化石地点。随后的发掘证明，林畲石灰岩残丘共有5个小型洞穴和10余个裂隙，虽然洞穴和裂隙多已被破坏，但洞内堆积物尚存。各个小洞穴和裂隙都含有丰富的哺乳动物化石，有的洞穴以小哺乳动物化石为主，有的洞穴以大型哺乳动物化石为主。大型哺乳动物骨骼化石比较破碎，而小型哺乳动物化石保存较好，且种类繁多。尔后又在明溪县以东1.5千米的南山南麓的山洞，采集到少量哺乳类动物化石和大量新石器时代石器、陶片等遗物，并对其中编号为第3号小洞的新石器时代遗存进行了小面积试掘。

　　1988年5月，福建省文化厅组织对三明地区文物普查活动。范雪春、张其宝、李金牛等人组成的洞穴调查组，在清流县沙芜乡洞口村对岸的狐狸洞的堆积层中，发现了1枚人类牙齿化石及一批哺乳动物化石。这是福建最早发现有层位记录的人类化石。翌年11月，福建省博物馆、三明市博物馆、清流县文化馆和中国科学院古脊椎动物与古人类研究所组成了联合发掘队，对狐狸洞进行系统的调查与发掘，又出土4颗人类牙齿化石和一批哺乳动物化石。经尤玉柱、董兴仁、陈存洗、范雪春等人研究认为，这些人类化石属晚期智人范畴，时代属晚更新世晚期，共生的哺乳动物化石是我国南方常见的"大熊猫—剑齿象动物群"的成员[6]。

1989年，福建省博物馆和将乐县博物馆联合对将乐县古镛镇东南梅花井村岩仔洞进行试掘。岩仔洞是一个大型石灰岩溶洞，地层保存相当完整，所含哺乳动物化石十分丰富。从初次发掘成果看，哺乳动物的种类超过20种[7]。

1996年，尤玉柱、蔡保全对当时福建境内已知化石地点和资料做了总结[8]。他们共报道了8个化石地点，列出这8个地点的哺乳动物化石名单，并就有关生态环境问题进行初步探讨。这是截至20世纪有关福建第四纪哺乳动物化石的系统论述。

1999年夏，福建省博物馆考古人员在三明市文物工作者的配合下，在该市岩前镇万寿岩山上的灵峰洞和船帆洞两个洞穴中，采集到若干史前文化遗物，从而确认万寿岩是一处重要的史前遗址。当年9月至次年1月，由福建省博物馆陈子文、三明市文物管理委员会办公室李建军、三明市博物馆余生富等联合组成考古发掘队，对万寿岩灵峰洞和船帆洞进行为期4个月的抢救性发掘。灵峰洞和船帆洞地点位于三明市以西17千米的岩前盆地北侧的万寿岩山。万寿岩山体由石炭纪石灰岩组成，洞穴发育。在灵峰洞和船帆洞两个洞穴，均出土旧石器时代文化遗物和大量哺乳动物化石。特别是船帆洞还显露人工石铺地面和排水沟槽等遗迹，这在我国旧石器时代考古遗址中尚属首次。据报道[9][10]，灵峰洞遗址出土了9种哺乳动物化石，而船帆洞遗址分别从两个地层中出土了两个不同时期的10余种哺乳动物化石。该发现被列为2000年全国十大考古发现之一。

2004年，以中国科学院古脊椎动物与古人类研究所高星博士和福建博物院林公务为领队，以尤玉柱为顾问，以范雪春、李建军、彭菲、刘光军等为队员组成的联合考古发掘队，再次对万寿岩船帆洞遗址进行抢救性考古发掘，获取大批旧石器时代文化遗物和哺乳动物化石材料。尤其是在船帆洞东壁的一个编号为第3号支洞的地层中，还发现了另一个内涵极其丰富的哺乳动物群化石和若干石制品。有关地层、哺乳动物化石及其埋藏等方面的材料已由范雪春、李建军等整理并发表于《华南考古》第二辑。

2006年11月，范雪春、郑国珍合著出版了《福建省第四纪哺乳动物化石考古发现与研究》一书[11]。首次对福建境内第四纪哺乳动物化石进行全面系统的记述与研究，它代表福建第四纪哺乳动物基础性研究的成果。书中回顾了半个多世纪以来福建的第四纪哺乳动物化石发现与研究史，总结过去所取得的丰硕成果，同时还信心百倍地展望了未来。

他们认为[12]，福建第四纪哺乳动物化石的考古发现和研究有着较好的前景。这是因为现在比以往对福建第四纪地层有着更多的了解，并已大致掌握了全省石灰岩分布、洞穴发育概况和脊椎动物化石的埋藏规律。过去认为红壤、砖红壤地层属于酸性土壤，层中化石不易保存，但是，实践证明在某些地段或在一些特殊条件下的红壤、砖红壤层同样是能够保存化石的。福建境内的植被覆盖率较高，第四纪地层的露头较少，这是过去难以发现动物化石的根本原因。然而，随着近年来基本建设的加快，许多地层剖面如河流阶地、红壤、砖红壤等不同类型的沉积物被大量揭露出来，为寻找化石提供了更多的机会。他们认为在广大文物工作者锲而不舍的努力下，福建境内更新世各个时期的哺乳动物群化石将会不断被发现，并可据此建立起从更新世早期到晚期哺乳动物群落的完整系列，为研究第四纪哺乳动物进化、地层划分、古地理、古气候提供更加可靠和丰富的资料和研究成果。

综上所述，不难看出最近二十多年来，福建第四纪哺乳动物化石发现与基础研究工作有了长足的进步，并取得了丰硕的成果。然而，这仅仅是刚刚迈出的一步，尚有大量的工作有待我们去做。

历史不会终结，而前行的道路艰巨而又漫长。

第五章　闽台第四纪哺乳动物化石的发现与研究

第二节　福建内陆化石地点与动物群

福建内陆地区发现过第四纪哺乳动物化石的地点有40余处，其中出土哺乳动物化石较多的仅有11处。它们分别是：宁化老虎洞和裴山洞、龙岩的麒麟山、永安的寨岩山、明溪的剪刀墘山、将乐的岩仔洞、清流的龙津洞及其3处裂隙、清流的狐狸洞、三明万寿岩的灵峰洞、船帆洞、船帆洞第3号支洞。现据范雪春、郑国珍的报道[13]，对这些化石地点作简要的介绍。

1.宁化老虎洞

宁化老虎洞位于宁化县湖口村西南，九龙江上游支流翠溪，由西而东从这里流过。老虎洞海拔高度480米，洞口高出地面仅5米，是一个小型洞穴。洞内的堆积物大多已被破坏，仅洞内一侧可见残留的堆积物。迄今为止，已先后从堆积物中获取动物化石种类计有24种。其中，翼手类2种，灵长类1种，啮齿类4种，食肉类5种，长鼻类1种，奇蹄类2种和偶蹄类9种。具体动物成员有：马蹄蝠、蝙蝠、猕猴、田鼠、鼠、竹鼠、豪猪、大熊猫、黑熊、虎、猎豹、豺、獾、中国犀、东方剑齿象、猪、野猪、斑鹿、水鹿、鹿、麂、獐、水牛、山羊等。

2.宁化裴山洞

宁化县裴山洞位于老虎洞东南大约2千米，洞内的堆积物已荡然无存。根据以往采集和现存的岩石标本可以确定，含有化石的堆积物应为灰黄色砂质黏土，呈半胶结状态，其下为薄层角砾，胶结甚为坚硬，角砾均石灰岩。从灰黄色砂质黏出土的化石比较破碎，可鉴定的牙齿有鼠类5颗，剑齿象4颗，犀牛3颗，牛类5颗，鹿类11颗，共计28颗。

3.龙岩麒麟山

麒麟山位于龙岩市北郊10千米，海拔标高400米，属于低山丘陵地带。该地区石灰岩分布较广，山林茂密，山体经长期风化、侵蚀，发育有3个不同高度的洞穴，但从调查的资料看，仅在中层的洞穴里发现有化石。麒麟山中部的一个洞穴内，堆积物大多已被挖去，仅在洞内的较深处有少许存留，可见堆积物的岩性为黄红色含小块角砾的砂质黏土，上覆松散的近代灰土。化石相当破碎，种类较少，均为牙齿，共计12颗：蝙蝠3颗，鬣狗2颗，貘2颗，鹿5颗，分属于翼手类、食肉类、奇蹄类和偶蹄类4个种。它们是蝙蝠、鬣狗、貘、鹿等。

4.永安寨岩山

永安市位于福建省中部，周围高山环绕，西南部地段石灰岩发育，但洞穴较少，裂隙较多。一些裂隙堆积中曾出土第三纪早期小哺乳动物化石，而较低位置的洞穴和裂隙，含有第四纪哺乳动物化石。永安市西南10千米的寨岩山，原为一座突出于群山之前的石灰岩小山，海拔341米，高出当地河床约30米。山中几处裂隙，堆积物岩性为淡棕红色含角砾黏土，其中富含哺乳动物化石。已经确认的化石动物有18种，有灵长类2种，啮齿类3种，食肉类3种，长鼻类1种，奇蹄类3种，偶蹄类6种。主要动物成员有：硕猕猴相似种、猴科、竹鼠、无颈鬃豪猪、豪猪、大熊猫、黑熊、金钱豹、东方剑齿象、巨貘、中国貘、中国犀、野猪、猪、水牛、水鹿、麂、绵羊等。

5.明溪剪刀墘山

明溪剪刀墘山，位于明溪县城西北5千米处，海拔标高418米。原为一个较多裂隙的石灰岩山体，后因河流的侵蚀而遭到破坏。裂隙中的填充物与第二阶地中部沉积物一致，均为红土。从岩性和所处位置看，明溪剪刀墘山石灰岩裂隙堆积可与莲花池组砖红土下段相对比，铀系年龄测定为距今11.3万年前。

明溪剪刀墘山地点的化石非常集中，但多为单个牙齿以及大型管状骨。该地点化石种类丰富，计有45种：有翼手类4种，灵长类2种，啮齿类8种，食肉类13种，长鼻类1种，奇蹄类4种，偶蹄类13种。主要动物成员有：大马蹄蝠、东方蝙蝠、蝙蝠、南蝠、猕猴、金丝猴、家鼠、田鼠、鼯鼠、黑鼠、小巢鼠、竹鼠、无颈鬃豪猪、豪猪、鼬、狼、似北豺、花面狸、黑熊、熊、最后斑鬣狗、虎、猪獾、小熊猫、大熊猫、金钱豹、金猫、东方剑齿象、中国犀、华南巨貘、貘、野马、野猪、猪、小鹿、麂、獐、毛冠鹿、水鹿、梅花鹿、苏门羚、绵羊、山羊、水牛、牛等。

6.将乐岩仔洞

将乐岩仔洞，位于将乐县城东南5千米处，海拔标高250米，高出河水面35米。岩仔洞之南是著名的风景游览胜地玉华洞。该地区石灰岩属上石炭统船山组。石灰岩岩层由东南至西北方向延伸，厚层状，质地相当纯净，岩体中发育的溶洞一般多为大型。岩仔洞是一处孤立的石灰岩小山，山体上发育有两层洞穴：上层洞穴为穿通山体的大型洞穴；下层洞穴较小，但洞道曲折绵长，至今上、下两层洞穴依然保留着比较完好的沉积物。

20世纪90年代初，福建省博物馆与将乐县博物馆曾联合组织试掘，出土大量哺乳动物化石。岩仔洞的山顶也有第四纪晚期堆积物，范雪春于2004年会同将乐县博物馆对岩仔洞的山顶试掘，采集到大量新石器时代遗物。

上层洞穴的堆积物主要分布在洞的北侧，化石出自洞内钙板层以下约1米处，岩性为棕红色含砾砂质黏土，偶含钙质结核。下层洞主要堆积物为灰黄色砂质黏土与黏土互层，化石保存在砂质黏土层中，地层中钙质胶结紧密而坚硬，试掘时采集到一批牙齿化石，大型骨骼因包裹在钙质结核中而易碎。经鉴定上层洞穴采集的化石共有31种：其中翼手类2种，灵长类2种，兔形类1种，啮齿类13种，食肉类4种，长鼻类1种，奇蹄类2种，偶蹄类6种。主要动物成员有：菊头蝠、蹄蝠、猕猴、金丝猴、野兔、岩松鼠、松鼠、花松鼠、飞鼠、毛耳飞鼠、鼯鼠、绒鼠、褐家鼠、白腹鼠、家鼠、小家鼠、竹鼠、猪尾鼠、熊、虎、金钱豹、大熊猫、东方剑齿象、中国犀、巨貘、野猪、麂、梅花鹿、水鹿、獐、水牛等。

下层洞穴试掘所得的化石有24种：灵长类4种、啮齿类3种、食肉类6种、长鼻类1种、奇蹄类3种、偶蹄类7种。主要动物有：硕猕猴相似种、金丝猴、叶猴、长臂猿、田鼠、无颈鬃豪猪、豪猪、大熊猫、黑熊、熊、猪獾、虎、金钱豹、东方剑齿象、中国犀、华南巨貘、貘、野猪、猪、麂、獐、水鹿、斑鹿、水牛等。

岩仔洞上、下两层洞穴出土的哺乳动物群落从成分上看略有差异，上层洞穴以啮齿类占优势；而下层洞穴则以食肉类占优势；根据地层关系，下层洞穴的动物群要略晚于上层洞穴的动物群。两个动物群落在成员上的差别，可能是气候和环境上变化引起的。

7.清流龙津洞

清流龙津洞，位于清流县东北15千米的林畲村。林畲村是清流县最大的山间盆地，周围群山环绕，林木茂盛，嵩溪由东北向西南纵贯盆地。该盆地东西长6千米，南北宽3千米，盆地中部十分平坦，边缘点缀着一系列孤立小山，是长期侵蚀风化的结果。盆地西侧的几个孤丘，由石灰岩或由花岗岩经长期风化而成。化石出自最靠北的石下后山上，为一残留的石灰岩小丘，高不及30米，从残留的石灰岩体来看，至少有10余个裂隙，其中的3个裂隙含哺乳动物化石。裂隙中充填的是以棕红色黏土夹有少量细砂的沉积物，部分胶结紧密。其中，2号裂隙的堆积物可分为4层，其中的第2层棕红色含砂黏土层出土大量小哺乳动物化石；1号裂隙的沉积物可分为3层，化石出自第1层，以含大型哺乳动物化石为特征；3号裂隙的堆积物仅有2层，均含有化石，且出土的化石最多，种类达34种，另有大量鸟类骨骼。

1号裂隙中的哺乳动物化石有5种：亚洲象、犀、野猪、水鹿、水牛。

2号裂隙的化石共计21种：食虫类3种，翼手类2种，啮齿类10种，小型食肉类1种，长鼻类1种，奇蹄类1种，偶蹄类3种。名单：鼠耳蝠、南蝠、鼩鼱、短尾鼩、肥鼩、鼹鼠、鼯鼠、仓鼠、田鼠、褐家鼠、家鼠、小家鼠、猪尾鼠、竹鼠、无颈鬃豪猪、小灵猫、东方剑齿象、巨貘、野猪、麂、水牛等。

3号裂隙的哺乳动物化石35种，有翼手类1种，灵长类1种，啮齿类8种，食肉类9种，长鼻类2种，奇蹄类4种，偶蹄类10种。主要动物成员有：蝙蝠、猕猴、仓鼠、黑鼠、小巢鼠、田鼠、鼯鼠、竹鼠、无颈鬃豪猪、豪猪、小熊猫、大熊猫、黑熊、熊、豺、猪獾、最后鬣狗、虎、豹、东方剑齿象、剑齿象、中国犀、犀、巨貘、貘、猪、野猪、麂、獐、水鹿、斑鹿、鹿、水牛、牛、山羊等。

8.清流狐狸洞

清流狐狸洞，位于清流县沙芜乡以东8千米处沙芜水库的北侧，海拔标高293米。狐狸洞洞口宽3、高2米，洞深约8米。洞内堆积尚存于东北部洞壁下部，含化石层为淡黄色含砾砂质黏土，其下的角砾层富含钙质，胶结甚紧密，化石层上部被含新石器时代遗物的灰土所覆盖。

狐狸洞遗址是1988年在进行全省文物普查时发现的。1989年11月，福建省博物馆、三明市博物馆、清流县文化馆、沙芜乡文化站及中国科学院古脊椎动物与古人类研究所联合组成发掘队对狐狸洞进行发掘，采集到一批标本。该洞穴的哺乳动物化石（不包括人类）共有27种，有食虫类1种，灵长类1种，啮齿类3种，食肉类9种，长鼻类1种，奇蹄类2种，偶蹄类10种。主要动物成员有：鼩鼱、猕猴、黑鼠、竹鼠、豪猪、大熊猫、黑熊、狼、猪獾、沙狐、鼬科、虎、猎豹、剑齿象、巨貘、中国犀、犀、野猪、猪、水鹿、斑鹿、鹿、麂獐、水牛、牛、羊等。

9.三明万寿岩

三明万寿岩洞穴遗址，2001年列为全国重点文物保护单位，是近期发现的重要人类文化遗址之一。

万寿岩，位于三明市西北17千米处，距岩前村只有800米。以万寿岩为中心，在4千米范围内，地形比较复杂，总体上为北高南低，东北最高处海拔标高378.8米，周围为低山、丘陵地带。遗址西南侧是一个由渔塘溪冲积而成的小型盆地，坐落在第二级阶地上的岩前镇，正好在盆地的南端。第二级阶地海拔标高为170米。

万寿岩两侧较大的区域性断裂，由西北至东南方向延伸，经侵蚀后，万寿岩逐渐形成一个突出于群山之前的孤立小山。万寿岩整个山体由晚石炭统船山组厚层状石灰岩组成，岩层向东北方向倾斜，山体剪切形裂隙发育，构成喀斯特地貌。该山的山顶和山坡上，经长期流水冲刷产生大面积溶蚀沟、溶蚀槽、溶蚀洞等，这种地貌与附近的丘陵、山间盆地次一级地貌类型对比，形成明显的反差。

万寿岩孤山发育有十余个溶洞，西、西南面可见有两个

海峡陆桥史前考古

层次的大洞穴，高一层的洞穴有灵峰洞和龙井洞，较低的有船帆洞，东面较高的洞穴有碧云洞。1999年秋至2000年初对船帆洞、灵峰洞进行抢救性发掘，在灵峰洞中的上石灰钙板层里发现了哺乳动物化石，较低的船帆洞两个文化层中也伴生有哺乳动物化石。

灵峰洞化石地点

万寿岩西南面较高处的灵峰洞，洞口距离地表30米，洞宽15米，纵深18米，洞口朝向西南，因过去开采石灰岩已将原有的洞穴前半部破坏。现存的堆积物为两层厚层状含角砾石灰岩钙板，胶结较紧，坚硬，两层钙板之间尚可见到有明显的侵蚀面。铀系法年代测定上部钙层为距今20～18万年前，下钙板层年代测定为距今26万年前，均属中更新世晚期。下部含角砾石钙板层尚未发掘。靠近洞口位置的地层属近代杂土堆积。上部钙板层中含有文化遗物，出土78件石制品，与其共生的哺乳动物化石共9种：翼手类2种，啮齿类3种，食肉类1种，奇蹄类2种，偶蹄类1种。主要动物成员为：蝙蝠、南蝠、鼯鼠、社鼠、竹鼠鼬、中国犀、巨貘、牛。

船帆洞第3号支洞化石地点

船帆洞洞口宽8米、纵深50米，为一较大的溶洞，洞口距离地表3米，洞内宽大，由于洞顶塌陷，很早以前洞口已被块岩封堵。船帆洞形成的时代较早，堆积物最厚可达8米。

该支洞于1999年和2004年进行两次发掘，出土大量哺乳动物化石，计有35种：翼手类2种，灵长类1种，啮齿类5种，食肉类10种，长鼻类2种，奇蹄类5种，偶蹄类10种。其主要动物成员有：蝙蝠、南蝠、硕猕猴、黑鼠、鼠、无颈鬃豪猪、豪猪、竹鼠、大熊猫、黑熊、最后斑鬣狗、洞鬣狗、猎豹、狼、豺、虎、豹、东方剑齿象、剑齿象、巨貘、貘、中国貘、中国犀、犀、野猪、台湾斑鹿、水鹿、鹿、斑鹿、矮麂、麂、獐、山羊、水牛、牛等。

船帆洞

船帆洞下文化层在1999年至2000年初发掘时，出土的哺乳动物化石有9种，还有鱼和龟鳖类。2004年第二次发掘又增加3种哺乳动物化石。12种哺乳动物化石的主要动物成员有：蝙蝠、竹鼠、鼠、猕猴、鬣狗、虎、棕熊、犬科、巨貘、中国犀、鹿、牛。

船帆洞上文化层哺乳动物化石计有10种，另有1种陆龟化石和1种鸟类化石。主要动物成员有：竹鼠、豪猪、猕猴、熊、狼、犳、犬科、野猪、鹿、麂、龟鳖类等。

船帆洞洞口深棕褐色黏土层中出土的哺乳动物化石共19种：食虫类1种，灵长类3种，啮齿类4种，食肉类5种，奇蹄类1种。偶蹄类5种。主要动物成员有：水鼩、硕猕猴、猴科(属种未定)、猴科(属种未定)、黑鼠、岩松鼠、竹鼠、无颈鬃豪猪、犳、猪獾、鬣狗、虎、豹、巨貘、野猪、鹿、斑鹿、山羊、水牛等。

根据上述化石地点的出土情况，可见第四纪哺乳动物化石在福建省的分布较为广泛。从沉积类型上看，也有洞穴堆积、裂隙堆积、海滩沉积、河流冲积、陆相红土堆积等，说明福建地区第四纪哺乳动物种群十分繁盛，生态机制平衡，自然环境相当优越。

就目前已发表的材料，福建省内陆地区第四纪哺乳动物化石已发现81种，现将经整理后的福建省内陆地区第四纪哺乳动物群成员名单列举如下：

1.鼩鼱 *Sores* sp.

2.短尾鼩 *Anourosorex* sp.

3.肥鼩 *Blarinella* sp.

4.水鼩 *Neomys* sp.

5.大马蹄蝠 *Hipposideros armiger*

6.蹄蝠 *Hipposideros* sp.

7.东方蹄蝠 *Vspertilio superana*

8.蝙蝠 *Vespertilio* sp.

9.鼠耳蝠 *Myotis* sp.

10.南蝠 *La io*

11.菊头蝠 *Rhinolophus* sp.

12.白腹管鼻蝠 *Murina leucogaster*

13.硕猕猴相似种*Macaca cf robustus*

14.猕猴*Macaca mulatta*

15.叶猴*Presbytis* sp.

16.金丝猴*Rhinopithecus ruxellana*

17、长臂猿*Hylobates* sp.

18.猴科Cercopithecidae indet.(A)

19.猴科Cercopithecidae indet.(B)

20.岩松鼠*Schrotamias* sp.

21.松鼠*Sciurus* sp.

22.花松鼠*Tamiops* sp.

23.飞鼠*Pteromys* sp.

24.毛耳飞鼠*Belomys pearsont*

25.绒鼠*Eothenomy* sp.

26.褐家鼠*Rattus norvegicus*

27.白腹鼠*Ruttes coxingi*

28.猪尾鼠*Typhiomys cinereus*

29.仓鼠*Cricetulus* sp.

30.家鼠*Rattus* sp.

31.小家鼠*Mus* sp.

32.田鼠*Microtus* sp.

33.鼯鼠*Petaurista* sp.

34.黑鼠*Ruttes ruttes*

35.小巢鼠*Micromys* sp.

36.竹鼠*Rhizomys* sp

37.无颈鬃豪猪*Hystrix subcristata*

38.豪猪*Hystrix* sp.

39.鼹鼠*Talpidae indet.*

40.野兔*Lepus* sp.

41.鼬*Mustela* sp.

42.狼*Canis lupus*

43.似北豺*Cuon cf Pirus*

44.豺*Cuon* sp.

45. 花面狸 *Paguma larvata*

46. 猪獾 *Arctony xcollaris*

47. 小熊猫 *Ailurus* sp.

48. 大熊猫 *Ailuropoda melanoleuca*

49. 小灵猫 *Viperricula malaccernsis*

50. 黑熊 *Ursus thibetanus*

51. 熊 *Ursus* sp.

52. 最后鬣狗 *Crocuta ultima*

53. 洞鬣狗 *Crocuta spelaea*

54. 金钱豹 *Panthera pardus*

55. 金猫 *Felis incki*

56. 猎豹 *Acinonyx* sp.

57. 亚洲象 *Elephas maximlzs*

58. 东方剑齿象 *Stegodon orientalis*

59. 野马 *Equus* sp.

60. 野驴 *Equus hemionus*

61. 中国犀 *Rhinoceros sinensis*

62. 犀 *Rhinoeros* sp.

63. 华南巨貘 *Megatapirus augustus*

64. 巨貘 *Megatapirus* sp.

65. 中国貘 *Tapirus sinensis*

66. 野猪 *Sus scrofa*

67. 猪 *Sus* sp.

68. 小鹿 *Muntiacus reevesi*

69. 麂 *Muntiacus* sp.

70. 獐 *Hydropotes* sp.

71. 毛冠鹿 *Elaphodus cephalophus*

72. 水鹿 *Cervus unicolor*

73. 台湾斑鹿 *Cervus taevanus*

74. 达维四不像鹿 *Elaphurus davidianus*

75. 苏门羚 *Capricornis snmanaensis*

76. 绵羊 *Ovis* sp.

海峡陆桥史前考古

77.山羊*Capra* sp.

78.水牛*Bubalus bubalis*

79.牛*Bos* sp.

80.虎*Pathera tigris*

81.梅花鹿*Cervus mppon*

上述81种哺乳动物化石，大多为华南"大熊猫—剑齿象动物群"成员。这一动物群，在整个更新世期间，广布于秦岭以南的南中国大陆，并久盛不衰。其分布的南界，可以达到东南亚马来半岛地区。福建省发现的上述哺乳动物化石，完全不见第三纪时的种类如长鼻目中的似锯齿嵌齿象、奇蹄目中的爪蹄兽、食肉目中的剑齿虎等等。也见不到早更新世时出现的特有种属如东方剑齿象、小种大熊猫、桑氏斑鬣狗等。而占绝对优势的都是更新世的广布种和现生种属。因此，将其动物化石的年代确定为晚更新世是比较合适的[14]。

特别要指出的是，1999年在三明万寿岩灵峰洞内的第3堆积层里发现的哺乳动物化石，铀系测年为距今18.5（+1.3、﹣1.1）万年前，其地质时代属中更新世晚期，考古学年代为旧石器时代早期的晚段[15]。这就充分表明华南动物群进入福建的年代要比原定的晚更新世提早了十几万年。

第三节 台湾本岛化石地点与动物群

台湾本岛第四纪哺乳动物化石的发现与研究起步较早，自上个世纪30年代以来，就在桃园县大溪镇、新竹县宝山乡、苗栗县竹南镇与回湖乡、台中县丰原镇与北屯乡、嘉义县中埔乡、台南县新化区与左镇乡、高雄市旗后、屏东县恒春镇等地有所发现。其中最集中且具代表性的地区便是台南县。代表台湾本岛第四纪哺乳动物的动物群，就是"左镇动物群"。

据王良杰、陈志鹏报道[16]，台南县有40多处动物化石地点如下：

白河镇关仔岭淙淙桥段

白河镇关仔岭善忍桥段

白河镇越南村

六甲乡水流东

官田乡六双溪

大内乡曾文溪支流三崁段

大内乡曾文溪鸣头溪桥段

大内乡曾文溪环湖段

玉井乡曾文溪丰里桥段

玉井乡曾文溪玉丰桥段

玉井乡曾文溪中正桥段

玉井乡曾文溪支流会社下桥段

左镇乡盐水溪左镇千鸟桥以北

左镇乡盐水溪左镇千鸟桥以南

左镇乡盐水溪支流九层岭

左镇乡菜寮溪牛食水段

左镇乡菜寮溪臭屈段

左镇乡菜寮溪三重溪

左镇乡虎啣云母蛤

左镇乡菜寮溪邦寮段

左镇乡后坑

左镇乡菜寮溪支流龙沟段

左镇乡菜寮溪支流大悲殿段

左镇乡那拔崎

左镇乡摔死猴

左镇乡三崁山

左镇乡菜寮溪过岭

左镇乡菜寮溪一心殿段

左镇乡山豹云母蛤

左镇乡山豹牡蛎

左镇乡牛稠内

左镇乡茅埔后溪牛寮

左镇乡内冈林

左镇乡草山溪各桥段

龙崎乡文衡殿

龙崎乡天元宫

龙崎乡大坪

关庙乡五甲

关庙乡保安桥东侧

关庙乡布袋

上述40个化石地点均出土大量的属于一百多万年以前的海生动物、植物等化石。台湾第四纪哺乳动物化石则主要集中于左镇21个不同地区，其中以发现人类化石的菜寮溪流域最为重要。

迄今为止，台湾本岛仅发现过一个内涵比较丰富的第四纪哺乳动物群，就是在台南境内新化丘陵地区发现的左镇动物群。新化丘陵主要是由崎顶组组成。崎顶组是一套厚度在200米以上砂、粉砂互层的滨海相沉积。它下伏上新世的古亭坑组，其上为晚期的阶地砾石所覆盖。丘陵区内有菜寮溪、盐水溪两条曾文溪的支流穿过（图55）。由于雨水冲刷的缘故，夹带动物化石的疏松岩层崩落入水，因此，动物化石大多采自河床，仅少部分经正规发掘获得。

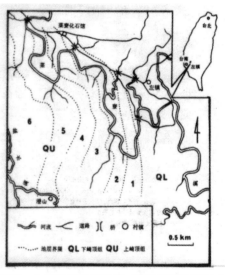

图55　左镇动物化石产地（据祁国琴1997年）

左镇动物群的主要成员如下。

明石剑齿象*Stegodon akashiensis (=S.aurorae)*

中国剑齿象*S.sinensis*

台湾猛犸象*Mammuthus armeniacus taiwanicus*

副亚洲象*Elephas hysudricus paramammouleus*

中国早坂犀牛*Rhinoceros sinensis hayasakai*

巨貘*Megatapirus* sp.

猕猴*Macaca* sp.

猫科Felidae

台湾四不像鹿*Elaphurus formosanus*

步氏麂 *Muntiacus* cf. *bohlin*

麂*Muntiacus* sp.

新竹斑鹿*Cervus (Sika)sintikuensis*

斑鹿*Cervus (S ika)* sp.

黑鹿 *Cerus (Rusa)* sp.

猪*Sus* sp.

水牛*Bubalus* sp.

左镇动物群的年代问题，自上世纪30年代起就迭有讨论，到了70年代，日本和台湾学者在左镇地区进行了比较系统的地质考察，初步确定了左镇动物群的年代为早—中更新世时期。80年代以后，这些学者通过对该动物群其它一些种类的研究，进一步提出该动物群的年代为中更新世早期至中更新世中、晚期。

第四节　讨论

1.福建内陆与沿海动物群

通过对福建内陆地区和沿海地区第四纪哺乳动物化石的对比分析，明显呈现出两个不同的动物群，内陆地区的动物群属于华南"大熊猫—剑齿象动物群"，而沿海地区即台湾陆桥动物群则属于华北、淮河地区的"古菱齿象、四不像鹿和水牛动物群"。台湾陆桥动物群34种成员中，诺氏古菱齿象（*Palaeoloxodon naumanni*）、德氏水牛（*Bubalus teilhardi*）、额鼻角犀（*Dicerorhinus* sp.）、腔齿犀（*Ceolodonta* sp.）、短角水牛（*Bubalus brivicornis*）、大额牛（*Bibos* sp.）、王氏水牛（*Bubalus wansjocki*）、野牛（*Bison* sp.）、马鹿（*Elaphus* sp.）、羚羊（*Antilopinae indet*）、狍（*Capreolus* sp.）、野猫（*Felis* sp.）等12种，是福建内陆动物群所没有的。然而，诸如：豪猪（*Hystrix* sp.）、狼（*Canis lupus*）、黑熊（*Ursus thibetanus*）、熊（*Ursus* sp.）、最后鬣狗（*Crocuta ultima*）、虎（*Pathera tigris*）、金钱豹（*Panthera pardus*）、亚洲象（*Elephas maximlzs*）、东方剑齿象（*Stegodon orientalis*）、野马（*Equus* sp.）、野驴（*Equus hemionus*）、中国犀（*Rhinoceros sinensis*）、野猪（*Sus scrofa*）、小鹿（*Muntiacus reevesi*）、狍（*Capreolus* sp.）、水鹿（*Cervus unicolor*）、梅花鹿（*Cervus mppon*）、台湾斑鹿（*Cervus taevanus*）、达维四不像鹿（*Elaphurus davidianus*）、山羊（*Capra* sp.）、水牛（*Bubalus bubalis*）、牛（*Bos* sp.）等22种成员，却同时存在于内陆地区的动物群中。这一点充分表明两个不同动物群有着密切的联系。动物种群之间并非壁垒森严，它们可能也有十分密切的交流关系，甚至可能因地理气候与动物本身演进的原因，导致种群某种程度的混合现象。

　　福建内陆地区的动物群共有81个种，远比只有34个种的沿海的种类多，但并不代表沿海动物群只有那些种类。两个动物群比对分析表明，沿海地区的动物群以大型动物居多，这可能与网捞难以获取小型动物骨骼有关。

2.关于台湾左镇动物群

　　Shikama等（1975）将发现于左镇菜寮溪的哺乳动物化石种群，命名为"左镇动物群"，并认为可以和日本的明石动物群、中国大陆北方的泥河湾动物群对比，时代为早更新世，相当于中维拉方期。Otsuka（1984）指出，"左镇动物群"是同一时期的产物，其地质时代为早更新世晚期至中更新世早期。蔡保全（1995）则认为[17]，笼统将它们归于同一时期似有不妥，虽然化石多产自崎顶组上段，但上段地层厚达200米，不可能是同一时代，并认为"左镇动物群"是一个混合动物群，很难与维拉方或泥河湾动物群对比，动物群所在的崎顶组上段，应代表一套中更新统的堆积，这个动物群可以和华南中更新世的"大熊猫—剑齿象"动物群对比。

左镇动物群的组合结构较为复杂，是一个混合动物群，它的成员很可能来自于多方。祁国琴、何传坤等在分析这种现象时指出[18]：在早—中更新世时期，左镇地区的生态环境与大陆南北都不尽相同。这可能与台湾所处的特殊地理位置有关，它位于华南大陆之东、菲律宾地区陆地哺乳动物的迁移必然会在台湾哺乳动物群的组合和面貌上反映出来。但是，就左镇动物群的主要成员来说，该动物群可以和华南中更新世的大熊猫—剑齿象动物群对比。诚如尤玉柱先生所言[19]：台湾地区第四纪哺乳动物的化石是华南地区"大熊猫—剑齿象动物群"的成分，这是毋庸置疑的。其中，东方剑齿象、中国犀、水鹿、斑鹿、水牛等是华南动物群的主要角色。

台湾化石专家王良杰、陈志鹏在其《南瀛化石志》中指出[20]，犀牛原产于北美洲，更新世时期经由陆化的白令海峡来到欧、亚、非三洲，后来从中国大陆经由陆桥来到台湾。在这个过程中，中国南部的中国犀（Rhinoceros sinensis Owen），到台湾地区后演化而成为第二代巨犀，称为早坂犀牛或早坂中国犀（Rhinoceros sinensis hayasaki）。

日本学者大塚裕之曾访问菜寮溪化石馆并参观过王良杰的个人收藏，在大陆发表过台湾出土猕猴的消息。1999年美国芝加哥菲尔德自然史博物馆的福顿杰克（JackFooden）博士也曾来到菜寮溪对猕猴化石进行研究。他对旧大陆猴马来猴系，分为台湾猕猴（Macaca cyclopis）恒河猴（Macaca mulatta）、日本猕猴（Macaca fuscata）和马来猴（Macaca fascicularis）。今日的台湾特有种台湾猕猴的祖先，在距今30万年前的更新世前期至中期，趁着当时冰河时期台湾海峡成为陆桥时，从大陆避寒来到台湾。

研究远东地区古菱齿象的学者几乎一致认为：台湾地区与日本地区的古菱齿象皆起源于中国华北地区。

从上述几个例子，则可说明台湾左镇动物群和华南动物群的密切渊源关系。不能排除左镇动物群某些成员可能来自大陆以外的地区，但从其成员组合结构看，归属于华南动物群是无可置疑的。

海峡陆桥史前考古

华南动物群很早则进入福建境内，并进入台湾地区，而进入台湾本岛的途径便是"东山陆桥"。因为冰期造成海面下降，东山陆桥使台湾与大陆连成一片，从华南迁移到福建的"大熊猫—剑齿象动物群"的部分动物，或许为扩展空间、寻找生存的适宜地区，便纷纷穿越"东山陆桥"，迁入台湾。而且，这些动物东迁入台的年代不会只是在晚更新世地球的最后一次冰期，而是在中更新世时期，或许在里斯冰期"东山陆桥"出露海面时就开始东迁入台，甚至还可能是在更早的时期。因为，福建三明万寿岩灵峰洞中更新世晚期哺乳动物化石的发现，还有福建已有的第四纪哺乳动物化石很少做过测年的，而它们确实存在较大的年代差异，无不暗示着这种可能性。

3.闽台动物群的迁徙与交流

这是一种奇怪而有趣的现象：既然"东山陆桥"作为福建内陆华南动物群东迁入台的通道，那么我们现在从陆桥上捞获的动物化石，按理应该属于华南"大熊猫—剑齿象动物群"的成员。奇怪的是，无论是处于陆桥之上的澎湖动物群，还是出自东山海域乃至整个台湾海峡的动物化石，主要成分却是属于华北"古菱齿象、四不像鹿和水牛动物群"的成员。换句话说：福建内陆地区的华南动物群途经"东山陆桥"，但最终没有在陆桥之上留下，而是进入台湾本岛。而占据陆桥这片沃土的，却是来自华北、淮河地区的另一个动物群。

台湾海峡就其纬度而言，属南亚热带，按理哺乳动物化石面貌应与同一纬度带同一时期的哺乳动物群一样。与台湾海峡同一纬度带的福建、广东，该时期的哺乳动物组合属于广布华南的"大熊猫—剑齿象动物群"，但该动物群中常见的大熊猫、东方剑齿象和巨貘却不见于台湾海峡，相反台湾海峡竟出现了温带动物（大连马、普氏野马、北京斑鹿、棕熊）和北亚热带—南温带过渡区淮河流域常见的动物（古菱齿象、达氏四不像鹿、杨氏水牛），而且从化石比例看，以淮河流域的动物达氏四不像鹿和古菱齿象为多，这两种动物和水牛三者构成了当时台湾海峡地区的优势种。

2001年底，浙江舟山渔民在当地海域（东经121°53'，北纬30°6'，水深96米）捕鱼时捞获3件哺乳动物化石。次年，又在同一海域捞获120多件哺乳动物化石。经祁国琴、韩康信、何传坤三位研究员鉴定后认定[20]：舟山的120多件动物化石分别代表淮河古菱齿象、德氏水牛、北京斑鹿、达氏四不像鹿、双角犀、野马和野猪等七种动物。就这批动物化石组成的动物群的组合来看，与前几年报道的在台湾澎湖海沟和福建东山海域所发现的动物群的组合完全一样。

舟山海域哺乳动物化石的发现，使澎湖动物群的活动范围得到进一步的扩展。同时，为华北动物群南下迁移并定居于"东山陆桥"，提供了一条重要的线索。它暗示淮河过渡动物群的南迁路线，可能沿着东海大陆架南下。这是因为气温降低、海平面下降后，大面积出露的黄海—东海陆架平原和台湾海峡成为干燥而寒冷的冬季风的通道，寒风从华北、黄淮平原南下时受到地形复杂的江南山丘的阻隔，而从黄海沿着裸露的陆架平原南下则畅通无阻。寒风所到之处，气温明显降低，再加上海流、水温的共同作用，使沿海一带气温变化最为敏感，其降温幅度较大，并超过邻近地区，最终导致东海陆架包括台湾海峡的气候环境与淮河流域的南温带面貌一致，而华南（长江以南）降温幅度较小。以古菱齿象、四不像鹿和水牛为主要成员的华北动物群，则更适应低地、草原和沼泽环境，于是，就留在陆桥上繁衍、生息。

从福建内陆地区和台湾本岛出土的哺乳动物化石的年代看，华南动物群从福建内陆来到"东山陆桥"可能比华北、淮河地区的动物群还要早，甚至也曾在陆桥之上栖息过，只是后来不适应于陆桥变化的生态环境才进入台湾。今天在台湾海峡捞获部分属于华南动物群成员的化石，可能证明了这一点。

何传坤在研究闽台哺乳动物化石时指出（2004年）[22]：台湾海峡在更新世晚期曾有过陆桥存在，其中并有南北贯穿的古闽江水道。澎湖海沟动物群可能是当时生活在古闽江附近食草及食肉性哺乳动物成员，华北动物群代表性化石也出现在这些成员之中，也暗指这个动物群的组合不但有年代早、晚之分，而且极有可能也有不同时期的猎民由北向南移居到台湾海峡腾出的陆桥附近谋生。

南北动物群与追逐猎物的古人类，从不同的方向汇集于"东山陆桥"之上，这是多么热闹的情景。不难想象在这片辽阔的陆地上，那种"呦呦鹿鸣，食野之草"和"尔羊来思，其角戢戢；尔牛来思，其耳湿湿"的生机盎然的景象。然而，它们毕竟由于习性的不同而无法共居这片陆地。华南"大熊猫—剑齿象动物群"喜欢温暖的气候，喜欢栖息在森林或山地丘陵，它们没有留下来，而是穿越陆桥，匆匆消失在台湾岛上莽莽的山林之中。

值得注意的是，福建内陆与台湾本岛虽然均属于华南动物群而有别于台湾陆桥动物群，但两者存在某些动物成员的相互渗透。这种现象可能是动物种群之间交流或动物群本身随着变化的生态环境而不断演进的结果。

动物群的迁徙与交流模式，可能并非像人们想象的那样简单，它可能存在许多未知的奥秘等待人们去探索、揭示。

注释：

[1]徐余暄：《福建惠安的印度象化石》，见于《古脊椎动物与古人类》1959年，1（3）：137~138。

[2]金乐生、林福隆：《宁化县湖口村石子嵊洞堆积》，见于《福建文博》1987年，（1）：186。

[3]杨启诚、祁国琴、文本亨：《福建永安第四纪哺乳类化石》，见于《古脊椎动物与古人类》，1975，13（3）192~194。

[4]严晓辉、范雪春：《东山海域哺乳动物化石》，见于《福建文博》，1988，（1）：18~27。

[5]尤玉柱：《东山海域人类遗骨和哺乳动物化石的发现及其学术价值》，见于《福建文博》（1）4~7。

[6]尤玉柱、董兴仁、范雪春：《福建清流狐狸洞》，见于《人类

学学报》，1989年（3）。

[7]范雪春、邰华、彭菲：《将乐岩仔洞试掘简报》，见于《福建文博》，2004，（2）：1～7。

[8]尤玉柱、蔡保全：《福建更新世地层、哺乳动物与生态环境》，见于《人类学学报》，1996，15（4）337～345。

[9]陈子文、李建军、余生富：《福建三明船帆洞旧石器遗址》，见于《人类学这报》2001，20（4）256～270。

[10]李建军、陈子文、余生富：《灵峰洞——福建省首次发现的旧石器时代早期遗址》，见于《人类学学报》，2001，20（4）274～255。

[11][12][13]范雪春、郑国珍：《福建第四纪哺乳动物化石考古发现与研究》，科学出版社，2006年11月。

[14]严晓辉：《福建第四纪哺乳动物化石、古人类化石与文化遗存之研究》，见于《福建历史文化与博物馆学研究——福建省博物馆成立四十周年纪念文集》，福建教育出版社，1993年3月。

[15]李建军、陈子文：《福建旧石器时代考古新突破》，见于《中国文物报》2000年12月3日。

[16]王良杰、陈志鹏：《南瀛化石志》，台南县政府编印，2007年8月。

[17]蔡保全等：《东山在闽台旧石器时期文化交流中的地位》，见于《文物季刊》1995年报2期。

[18]祁国琴、何传坤、张均翔：《台湾更新世猪类化石》，见于《演化的实证——纪念杨锺健教授百年诞辰论文集》，海洋出版社，1997年。

[19]尤玉柱：《东山海域人类遗骨和哺乳动物化石的发现及其学术价值》，见于《福建文博》1988年第1期。

[20]胡连荣：《舟山海域更新世晚期动物化石的发现》，见于《化石》2003年1期。

[21]蔡保全：《晚玉木冰期台湾海峡成陆的证据》，见于《海洋科学》2002年6期。

[22]何传坤：《台湾的史前文化，台湾地理百科》，37，台湾远足文化事业有限公司，2004年1月。

海峡陆桥史前考古

第六章　闽台人类化石的发现与研究

旧石器时代的人骨化石，是我国境内从直立猿人到智人的形态发展和人种学研究的重要实物依据，也是研究我国旧石器时代历史发展的一个重要组成部分。然而，人类化石的保存很不容易，发现更为困难，尤其是旧石器时代早期人类的化石。因此，即使是发现旧石器时代人类的一截骨头或是一颗牙齿，也都是一项重大的发现。

旧石器时代人类的体质，随着人类的不断劳动实践而逐步进化。一般说，旧石器时代早期的人类与现代人的体质差别最大，有些旧石器时代早期的人类体质近似古猿，所以称之为"猿人"。旧石器时代中期，人类的体质和现代人相比虽然仍然有明显差别，但和旧石器时代早期的"猿人"相比又有明显的进化，所以称之为"古人"。到了旧石器时代晚期，人类的体质和现代人已基本差不多，便称之为"智人"或"新人"。早、中、晚三期人类体质的明显差别，主要表现在骨头和牙齿的变化上。这就是考古学者之所以要苦苦寻找人类化石，并加以细致科学研究的原因。

然而，福建在20世纪80年代以前是全国少有的人类化石空白点。直到1987年发现"东山人"化石之后才填补了这个空白。继"东山人"之后，福建又先后发现了清流县的"清流人"、漳州的"甘棠人"、台湾海峡的"海峡人"和最近在漳平奇和洞、武平猪仔笼洞发现的人类化石。

本章简单回顾福建人类化石的发现历程，对闽台人类化石作简要的记述与对比分析，力图复原史前时期闽台古人类的迁徙活动及其渊源关系。

第一节　福建人类化石的首次发现

随着古代陆地动物群的不断迁徙活动，靠狩猎为生的古人

类也在不断地迁移，这恐怕是人类迁徙及其文化传播最初始和直接的原因之一。华南动物群最迟在距今20万年以前的中更新世中晚期就进入了福建，而古人类也在这个时候来到了福建，并在这片气候适宜、环境优越的土地上生息繁衍，成为福建人类的祖先。

然而，在1987年发现"东山人"化石之前的漫长岁月里，福建一直找不到自己祖先的踪迹。追溯更早的人类史，众所周知，我国西南地区是古人类与古动物的滥觞之地，是人类起源的中心之一。从已经掌握的材料看，我国华南是史前人类活动的重要地区之一，迄今这个地区发现的化石人类地点有数十处、旧石器地点逾百处、与史前人类息息相关的哺乳动物化石地点达数百处之多，尤其是以北回归线至北纬25度之间，自西到东形成一个化石分布的密集地带。在这个密集带中及其附近，著名的人类化石地点如云南的元谋、西畴，贵州的兴义，广西的柳江、都安，广东的马坝，就连闻名遐迩的开远古猿和禄丰古猿也在此带之中。这是一条人类化石由老到新的分布带，也正是我国南方旧石器遗址和地点分布的密集带，它表明了从更新世早期起，人类向东迁徙的过程和路线。这条路线的终端是台湾，台湾台南的"左镇人"便是经由这一路线到达台湾的。贾兰坡曾判断[1]：在福建的四周，广东、江西、浙江和台湾都发现了旧石器遗址或人类化石，福建又是台湾的跳板，台湾的古人类是福建过去的，不可能不在福建留下遗迹。

然而，福建已知最早的人类文化遗址，是金门溪湖村富国墩贝丘遗址，距今约六千年，而大陆闽侯的昙石山遗址、平潭的壳丘头贝丘遗址等，也只有五、六千年。在旧石器考古学年代上，福建成为全国少数空白省份之一。福建地处我国东南，气候温和湿润，植被繁茂，物产丰富，本是古代人类活动的良好场所。但是，由于植被覆盖面太大，给旧石器时代考古工作带来了极大的困难。为了寻觅远古人类的踪迹，不少考古工作者付出了长期艰辛的劳动。

1986年7月，福建省文物普查工作会议在漳浦县召开。省文化厅李联明厅长、文博处吴玉贤处长分别对全省普查工作做了动员和部署，并悬赏探寻旧石器时期的文化遗存，力争突破性发现。大会安排最后两天全体与会者到东山考察。时任福州市文化局副局长的曾意丹顺便探望东山亲戚胡宪章先生。胡宪章将自己珍藏的两件鹿角化石交给曾意丹，并说1969年在铜陵镇"海军岭"参加修建公路时，亲眼见过一具人骨化石和一些动物化石。曾意丹把化石带回福州，并向省文化厅递交了一份报告：《东山发现人类化石线索》。文化厅文博处把该报告的复印件寄发东山县文化局，遂引起当地政府的重视。

1986年11月1日，漳州市文化局文物科长曾吾岳和省博物馆考古队的郑辉、范雪春到东山调查人类化石线索。在县文化馆文物干部的配合下，进行广泛深入的田野调查，还特地邀请胡宪章先生一起到当年发现化石的地点考察调查。该地点是一条夹于华福酒店工地与铜陵汽车站之间的公路。路南北两侧为岩丘，高程分别为54.3和61.2米，鞍部路面高程23米，岩性为燕山晚期黑云母花岗岩剧风化带残积红粘土。据胡宪章回忆，当年所见古人类化石，就埋藏在地表以下约12米处。但这里已于1974年被削低20多米，成为平坦的公路。据了解修建公路时曾挖到大量的动物骨骼化石，并已经全部移至专门收埋无主尸骨的"万福宫"。在"万福宫"地窖里的大量骨骼中，调查组发现了一些象和犀牛的肢骨化石，却不见胡先生当年目睹的人类化石。虽然不无遗憾，但胡先生提供了一个重要信息，即东山可能有过远古人类的活动。

1987年1月21日下午3点，东山县文化馆突然接到一个来自华福酒店工地的电话报告：施工现场发现一座专门埋葬"海兄弟"的公墓，并从中挖出9件骨骼化石，其中除了动物化石外，有一件疑为人类肢骨化石。笔者立即赶到现场，了解发现经过，并对现场作了详细记录与拍照，并立即把这一发现向县、市文化主管部门报告。

4月8日，曾吾岳科长特地把正在漳州考察的著名岩画专家盖山林先生请到东山看人类化石，同时还邀请两名当地骨科医生来参与鉴别，一致认为属人类肢骨残段化石。曾科长立即向省文博处电告这一发现。省文博处指示立即送标本到省里鉴

145

第六章 闽台人类化石的发现与研究

定。10日，县文化馆派笔者与孙英龙把标本送到福州。虽经专家鉴定，但省文化厅领导本着严谨的科学态度，决定由中国科学院古脊椎动物与古人类研究所作最后鉴定。于是，标本由孙英龙送到北京。

4月16日，中科院古脊椎动物与古人类研究所副研究员、《化石》杂志主编尤玉柱和助理研究员张振标对标本进行鉴定。次日再经科学院学部委员、研究员贾兰坡审核。贾老让在场的美国加州大学伯克利分校人类学系教授、旧石器考古学家克拉克·D（Clark·D）鉴别，取得一致意见后，方签署了鉴定函。

鉴定结论："这是迄今在福建省境内发现的唯一更新世时期（即一万年以前）的人类化石，从而填补了一个空白。该人类化石为一右侧肱骨下端残片，属晚期智人之范畴（Homosapiens）。与人类化石伴生的哺乳动物有熊和鹿类等[2]。"

为了明确东山人化石的来源，省市文化部门领导和全省考古专家来到东山，展开广泛而深入的考古调查与论证。尽管存在过不同观点，但鉴于人类化石与熊、鹿化石表面附有海生软体动物的残余，肱骨后面的骨壁中因海底地层锰质侵入而夹有一层黑色物质，又根据东山"海兄弟"瓮棺葬的习俗，认为东山化石来自东山海域的观点，最终被普遍接受。

5月17日至22日，中科院古脊椎动物与古人类研究所的尤玉柱、董兴仁与福建的曾吾岳、范雪春、严晓辉等人到东山展开更加深入细致的调查与研究。尤玉柱和董兴仁以考察报告的形式，对原东山人类化石鉴定结论作了修正：鉴于人类肱骨来自海底，具体地点不明，熊、鹿化石不能作为伴生动物，因此，人类肱骨虽有轻度石化，尚不能断然确定其为更新世。尽管如此，人类肱骨还可以定其年代属更新世末期至全新世初期（即距今一万年前后）[3]。研究者始称东山人类化石为"东山人"。

对发现"东山人"的影响和作用，尤玉柱这样评价[4]："东山发现的这段人类肱骨化石虽无具体产出地点和地层层位，但其影响和作用不可低估。它是福建境内首次发现的人类化石，它不仅仅把福建地区人类活动史向前推进了大约3000年，而且预示福建地区会有更早的材料问世。1988年在清流县沙芜乡洞口村首次发现出自地层的属于晚更新世晚期的一枚人类左下第一臼齿化石；1989年在漳州市郊莲花池山首次发现晚更新世中期的旧石器，都是在东山人类化石发现的推动下进一步工作的结果。东山的发现还鼓舞了史前学者致力于探讨史前时期闽台之间人类的往来与文化传播，因为，有实物的发现，使有关远古人类途径福建进入台湾的推断变得更有科学根据。"

"东山人"像黎明前绚丽的曙光，融化了万年冰封，照亮远古时代的文明。福建从此迎来了一个旧石器时代考古的春天。

第二节 福建人类化石

1. "东山人"化石

东山海域发现的人类遗骨为1件右侧肱骨残段，被称为"东山人"。(图56)该标本保存了肱骨体的下半段与肱骨髁相邻的部位，保存长度57.9mm。肱骨体下端的外侧面和前内侧面断裂位置在冠状窝的上方部位，后面断裂于鹰嘴窝的上缘。据当地渔

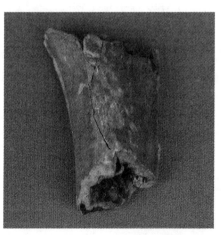

图56 "东山人"肱骨残段化石

民提供的线索，该化石可能出自东山岛以东兄弟岛附近的"脚筒骨线"地段（北纬23°30'、东经117°38'）。

"东山人"肱骨残段表面呈浅灰色，前缘光滑且圆，外侧缘的上1/3段保留大致完整，并可见到锐缘，表面较粗糙，内侧缘较圆钝。肱骨体的后面相当平整，向下渐渐增宽。肱骨体的横断面呈三角形，骨壁明显薄。有关测量见下表20。

表 20 "东山人"肱骨残段测量

测量项目		单位：毫米
肱骨体上部	横径	22.7
	矢径	18.2
	横断面指数（矢径/横径）	80.2%
	周长	64
肱骨体下部	横径	25.3
	矢径	16.7
	横断面指数	66%
	周长	69
髓腔	横径	11.3
	矢径	10.1
	髓腔横径指数	49.8%
	髓腔矢径指数	55.5%

上述各项测量指数证明该标本属于人的肱骨化石无疑，而且各项指数均与近代人类肱骨的指数相近，具有现代人类的特征。该标本与辽宁"建平人"（时代：晚更新世晚期）的上臂骨化石下半段上部各项测量数据相近（表21，据尤玉柱等，1991），只是"东山人"的肱骨不如"建平人"的肱骨来得扁平。辽宁"建平人"化石出自晚更新世地层中，层位可靠。尽管东山的人类化石无具体地点和层位，但从对比看也应当属于晚期智人范畴。

表21 "东山人"、"建平人"肱骨体下半段测量对比（单位：毫米）

项目\标本	肱骨体上部				肱骨体下部			
	横径	矢径	横断面指数（%）	周长	横径	矢径	横断面指数（%）	周长
"东山人"	22.7	22.3	80.2	64	25.3	16.7	66	69
"建平人"	22.3	22.3	82.1	62	27.4	16.6	60.6	68

"东山人"肱骨体残段的表面带有海生软体动物的附着痕迹，表明出自海底无疑。其断裂面同样呈浅灰色，与表面的颜色一致，但在后面部位夹有一层黑色物质，应是海底铁锰质浸染所致。在热带、亚热带地区海域底部，生物骨骼的骨质纤维中经常受到铁或锰质的浸染，这在东山海域发现的许多哺乳动物化石骨骼的表面上也可见及。

至今所知，台湾海峡已发现海底人类化石的，还见于石狮和澎湖列岛海域。蔡保全曾报道了石狮发现的1件比较完整的肱骨化石。何传坤报道了发现于澎湖海沟的人类肢骨化石。这充分证明，更新世晚期台湾海峡成陆时期存在人类活动是切实可靠的。

到目前为止，福建省境内已经发现人类化石的地点有6处：东山海域、石狮海域、漳州北郊甘棠、清流狐狸洞、漳平奇和洞与武平县猪仔笼洞。前两者出自海域海底，漳州北郊采集于地表，3件人类化石均无具体层位，漳平奇和洞与武平县猪仔笼洞刚刚发现，正处于研究当中，仅清流狐狸洞的6颗牙齿化石有具体层位。无论如何，这些人类化石的发现充分说明早在更新世晚期，福建省境内已经有了人类活动。他们与澎湖海沟发现的人类化石存在着千丝万缕的关系。也许，就是这些晚期智人在台湾海峡成陆时期活动于闽台之间。

2."清流人"化石

1988年5月，省博物馆范雪春率领三明市文物普查队在清流田野调查时，在沙芜乡洞口村的狐狸洞采集到一枚人类牙齿化石和少量的哺乳动物牙齿化石（图57）。人类牙齿经中科院古脊椎动物与古人类研究所鉴定为晚期智人的下臼齿。12月，陈

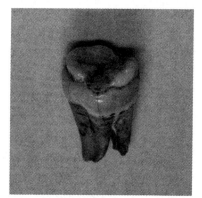

图57 "清流人"左下第一臼齿 （范雪春提供）

存洗组织对狐狸洞进行复查与试掘，断定人类牙齿化石所在地层的时代为晚更新世晚期，距今约一万多年前。这是福建省首次发现层位明确的古人类化石。

狐狸洞位于洞口村对面的安砂水库东北岸半山腰上，形成于晚二叠世的泥质灰岩中。洞口朝南，高出邻近河床约80米，比现安砂水库水面高30米，该洞延伸长20米、宽4米、高5米。洞内保存有全新世与更新世晚期的堆积物，分布的面积约有12平方米。洞内沉积物自下而上共分为六层，即属于全新世的灰色土层（第6层）、石灰粉层（第5层），属于晚更新世的灰黄色角砾层（第4层）、灰黄色含细砾砂质土层（第3层）、灰黄色粉土层（第2层）、钙质角砾层（第1层）。1989年11月，发掘队对残存的全部堆积进行了系统的发掘，主要在第3层又发现了5枚人类牙齿化石和17种分属8个目的哺乳动物化石。原先采集到的人类牙齿化石，鉴定为属于一少年个体的左下第一臼齿，后来发现的均为成人牙齿化石，分别为：右上内侧门齿、左下内侧门齿、右上犬齿、左下第一臼齿和右下第二臼齿。这样，发掘者先后一共发现了6枚人类牙齿化石。

清流狐狸洞发现的人类牙齿化石，可能代表了一个少年个体和至少两个以上的成年个体。发掘者将这些化石命名为"清流人"。由于"清流人"化石仅限于牙齿，没有肢骨和头骨化石材料，而且数量也不多，并多有破损和磨耗，同时，化石材料不是人类居址的原地埋藏，而是通过流水等自然力搬运的异地埋藏，又没有文化遗物伴出，因此，要进行全面系统的深入研究还有困难，只能根据现有的化石标本材料，与邻省和附近地区发现的相应的化石材料进行形态学的比较研究，通过这一研究，有助于确定"清流人"的相对年代及其在我国南方旧石器时代考古学研究中的重要地位。

"清流人"化石的研究者对化石标本进行了详细描述，并根据人类齿式的顺序，分别对"清流人"牙齿化石进行形态比较[5][6]。

1.门齿(I)："清流人"门齿化石共发现二枚，分别是右上内侧门齿(I2)和左下内侧门齿(I2)。

右上内侧门齿齿冠较宽，齿冠唇面呈弧形状凸出，舌面内凹，底结节较明显。齿冠的远中缘破损，近中缘与切割缘的交角部位亦有小块破损。齿冠磨耗严重，约有三分之一磨去，保留的齿冠右上内侧门齿长度9.4毫米。齿冠近中远中径8.1毫米（破损后测量值），唇舌径6.7毫米。齿冠唇面凸出。舌面凹下，近齿颈部位舌结节明显。近中缘向内卷成脊，远中缘破损，估计也内卷成脊形，故铲形结构十分显著，这是蒙古利亚人种门齿的典型性状。齿冠近中面与远中面均呈楔形。齿根为单根，较为纤细。根长11.9毫米。根尖稍偏向远中。从我国发现的"北京猿人"门齿至我国迄今发现的所有化石人类门齿材料中，都呈铲形结构，无一例外。可见"清流人"是我国古人类家族中的一员，与我国其他地点发现的晚期智人化石一样，都是与"北京猿人"一脉相承的。

左下内侧门齿齿冠较窄，远中缘破损。齿冠近中远中径（破损后的测量值）5.5毫米，颊舌径5.7毫米。齿冠已有一定程度的磨耗，露出少量齿质。磨损后的齿冠长7.7毫米。

齿冠唇面凸出，舌面略凹，无明显的舌结节。齿冠近中缘脊略显，远中缘脊破损。齿冠近中缘与切割缘的交角几乎为直角形式；远中缘与切割缘的交角部位虽略有破损，但仍见其圆弧形式。齿冠近中面与远中面均为楔形。齿根为单根，窄而扁。根长14.1毫米。齿根近中远中方向宽而扁平，远中面上有较为明显的纵沟。根尖稍偏向远中。该门齿性状与现代中国人I2性状完全相同。

与南方附近省份发现的晚期智人材料对照，仅广西都安县干淹岩洞穴发现过的上右侧门齿化石，但齿根已被啮齿类动物咬掉，从残存的齿冠和齿颈部分观察与测量，其性状及大小尺寸与"清流人"非常接近，甚至完全相同。(表22)。

表22　中国古人类门齿化石测量数值比较表 　　（单位：毫米）

项目＼化石人类	元谋猿人	北京猿人	和县猿人	桐梓人	清流人	都安人
近中远中径（MD）	11.5	9.8～10.8	11.7	10.3	8.1	8.1
唇舌径（BL）	8.1	7.5～8.1	9.4	8.3	6.7	
齿冠长					9.4	10.6

2.犬齿(C)："清流人"化石材料中有一枚右上犬齿(C1)。齿冠较宽,唇面较凸出,舌面构造简单,舌窝浅,舌结节较发育,整个齿冠磨耗较严重。

我国化石人类的犬齿发现不多,但人类进化的各主要阶段的化石人类都有犬齿发现,若将"清流人"犬齿化石与"北京猿人"犬齿对比,可以看出明显的进步性。"北京猿人"上犬齿非常粗壮,舌崤和副舌崤均很发育,底结节发达显著,齿带明显,这些原始性状,"清流人"犬齿完全不见。若与"山顶洞人"和"柳江人"上犬齿比较,结构性状则基本相同,唯唇舌径偏小。(表23)

表23　晚期智人上犬齿数值比较表　　（单位：毫米）

测量项目＼材料来源	柳江人	山顶洞人	建德人	清流人	现代人（平均值）
近中远中径（MD）	8.3	7.9	8.2	7.8	7.9
唇舌径（BL）	9.1	8.3	9.5	6.6	8.2

因此，依"清流人"右上犬齿的形态，把"清流人"化石归于"柳江人"和"山顶洞人"等同一类型的晚期智人类型是恰当的，其时代应相当于"山顶洞人"的时代，属晚更新世的后一阶段。与邻近的浙江省建德县乌龟洞出土的"建德人"上犬齿化石比较，"清流人"犬齿明显纤细。"建德人"化石被推定属一个男性成年个体，"清流人"上犬齿则可能代表一个女性成年个体。

3.左下第一臼齿（M1）：齿冠略呈长方形，近中远中方向略长于颊舌方向。近中远中径11.0毫米，颊舌径10.6毫米。齿冠磨耗较严重，颊侧齿尖近乎磨平，咬和面暴露出多处齿质点，推测其年龄为30多岁。磨耗后的齿冠长12.0毫米。磨耗后的齿冠仍可观察到五个齿尖。其中四个较大的齿尖分别为近中的下原尖和下后尖与远中的下次尖和下内尖。间隔这四个尖的十字形沟与齿冠内尖之间，还可观察到远中的三个齿尖均比近中的两个齿尖小。舌侧尖则明显地较颊侧尖凸起。齿冠的颊面、舌面、近中面和远中面均向外凸起，尤以颊面最为外凸。齿根为双根，近中、远中各一。近中根根尖稍许破损，破损后的根长12.0毫米；远中根完整，根长11.8毫米。无论近中根或远中根均宽（颊舌方向）而扁平（近中远中方向），其中近中根较远中根为宽。近中根近中面上有一宽而浅的纵沟，远中根远中面上的纵沟则较窄。齿根弯曲的方向如下：近中根明显弯向后，远中根则略向前弯。

左下第一臼齿，先后发现2枚，分别代表一个少年个体和一个成年个体。两枚左下第一臼齿均为五尖型。少年个体的第五尖——下次小尖很发达，成年个体磨耗严重的齿冠嚼面仍可观察到分隔诸齿尖的十字沟在中远端分为双叉，指示了第五尖的位置和存在。M1出现第五尖，是我国晚期智人化石的普遍现象，现代黄种人的情形也大体如此。

我国南方晚期智人化石材料中，M1的材料记录不是太多，现将"清流人"与南方晚期智人的M1测量数值进行比较。（表24）

表24　晚期智人M1比较表　　（单位：毫米）

项目 材料来源	柳江人（右）	长阴人（左）	昆明成贡化石	左镇人（右）	清流人（左）		现代中国人（平均值）
近中远中径（MD）	10.4	10.8	11.4	11	少年	成年	10.22
					10.8	11	
舌 颊 径（BL）	12.7	12.8	10.6	10.2	10.2	10.6	11.24
宽厚指数	11.5	11.8	11	10.6	10.5	10.8	10.73

（现代人据王惠芸，1965年，下同）

　　表中值得注意的是台湾"左镇人"和云南昆明贡县出土的晚期智人M1，二者也都是五尖型，嚼面中心部位的间隔沟近似"Y"形，属典型的Y5型臼齿。"清流人"与这二者在形态上非常接近，测量数值也相近，说明与两者所处的年代也相近，在体质形态特征方面也基本相同，且均起源于我国南部的智人类型化石人类，三者之间可能存在相通的同一的血统关系。

　　4.右下第二臼齿（M2）：齿冠长方形。近中远中径10.6毫米，颊舌径9.7毫米。齿冠磨损相当严重，齿尖已近全部磨光，仅舌侧边缘保留齿尖残余。颊侧与近中侧咬合面暴露出的齿质已连成一片，估计其年龄为40多岁。磨损后的齿冠长5.2毫米。由于齿冠严重磨耗，咬合面上的沟纹已不存在，从咬合面的形状看，此臼齿为四尖型，未出现第五尖。齿根为双根，均呈扁形，颊舌径大于近中远中径。近中根长13.3毫米，远中根长11.1毫米。近中根较远中根大。近中根和远中根的走向均弯向远中。

　　目前在我国南方发现的晚期智人的右下第二臼齿，少之又少。台湾"左镇人"化石中的一枚上臼齿，但属M1还是M2，尚难确定，这枚白齿也是四尖型，舌侧两尖大于颊侧两尖。这一特性，与清流人基本相同。从"清流人"右下第二臼齿的形态来看，与现代人相差无几。"清流人"M1与邻省晚期智人M1比较情况见（表25）。

表25 "清流人"M1与邻省晚期智人M1比较表 　（单位：毫米）

项目＼材料	长阳人	左镇人	清流人	现代中国人（平均值）
近中远中径（MD）	8.3	10.5	10.6	10.7
唇舌径（BL）	10.6	12.0	9.7	10.4
宽厚系数	9.45	11.25	10.15	10.55

　　通过以上对"清流人"牙齿化石性状及形态的比较研究，可以认为，"清流人"的体质特征与现代人已经十分接近，是目前已知的福建最早的土著居民。台湾的"左镇人"与"清流人"同属一个时代，都是源于华南"柳江人"类型的晚期智人，二者在血缘上有十分密切的关系。值得注意的一点是，"清流人"牙齿测量数值相对偏小，可能暗示"清流人"形体不是十分粗壮。当然，这有待今后发现更多的化石材料，尤其是头骨和肢骨的化石材料，方能证明。

　　"清流人"生活的自然环境，可根据伴出的哺乳动物化石成分做出判断。在狐狸洞化石产地，与"清流人"伴出的哺乳动物化石均为牙齿化石。它们共有17个种类：猕猴、西藏黑熊、獾、东方剑齿象、华南巨貘、中国犀、野猪、小猪、水鹿、獐、水牛、山羊、竹鼠、黑鼠、无胫鬃豪猪、普通鼩鼱、南蝠。这个动物群的面貌属于晚更新世在我国华南地区广泛分布的"大熊猫—剑齿象动物群"的成分。虽然狐狸洞中缺少大熊猫，但是它包含的东方剑齿象、华南巨貘、中国犀、猕猴、竹鼠和水牛，均为这一动物群的基本成员。狐狸洞发现的动物群组合所属的地质时代应为晚更新世晚期，它代表亚热带—热带的气候条件，其中有一半以上成员表明其处于山地森林的生

态环境。其地形以山地丘陵为主，间有小片疏林草地，地表植被是高大的常绿阔叶乔木。乔木下生长着茂盛的林下蕨类，地表上生活着大量的食草性野生动物。这种环境，比较适合处于旧石器时代晚期生产力低下的"清流人"生活。可以设想：数万年以前，"清流人"居住在山地岩洞或岩棚（岩厦）中，四周高大的乔木为他们提供遮风避雨和躲避猛兽的条件，茂密的林下植物和野菜、块茎为他们提供了丰富的食物来源，他们也时常追赶和捕杀一定数量的食草性动物做为肉食的来源。

3."甘棠人"化石

1990年3月，时任漳州市文化局文物科长的曾五岳，在漳州市北郊甘棠东山的台地进行田野调查时，在地表发现一段人类胫骨化石（图58）。与此同时，他还从地层中采集到两件小石器，分别是凹缺刮器和镞形器。人类胫骨化石虽然脱离了原生地层，但化石表明的红黄色附着物质与埋藏小石器的红黄色砂质土的性质是一致的，人骨化石与小石器埋藏在同一地层，它是后来从地层中被剥蚀出来的。由此断定人类化石的绝对年代距今1万年前左右，与"东山人"的年代相仿。依厦门大学陈国强教授的意见[7]（1993），把这段人类胫骨化石称为"甘棠人"。

"甘棠人"胫骨为左侧胫骨体中部略为偏上的一段，长131毫米，其上端断裂于滋养孔上缘部位。这段胫骨体的三缘（前缘、内侧缘和骨间缘）和三面（内侧面、后面和外侧面）

海峡陆桥史前考古

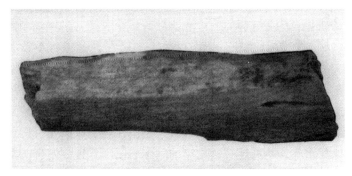

图58　甘棠人胫骨残段化石

都保存下来，只在下段的部分前缘的表面被剥失，而且是化石脱层后破损的。胫骨体内侧面的部分表面因遭脱层的侵蚀而变得凹凸不平。胫骨化石呈浅棕褐色，外侧面与内侧面的表面附有地层中铁锰质侵染的片状和点状斑痕。从埋藏学的角度看，胫骨的骨表质非常完好，仍然富有光泽，骨骼风化等级为轻级。从胫骨较为粗大的特点看，它可能属于男性成年个体。

　　研究者在《漳州史前文化》一书中对"甘棠人"胫骨，进行了详细的描述和比较研究，指出：由于胫骨上下端缺失，因而可供测量的项目很有限。由于胫骨体的滋养孔部位得以保存，故测得胫骨体在滋养孔位置的前后径为35.7毫米，同一位置的内外径（横径）为19.7毫米，同一位置的周长为89毫米。胫骨指数（胫骨体在滋养孔位置的内外径/胫骨体在滋养孔位置的前后径×100）为55.2，属于扁胫型（55.0—62.9），它意味着"甘棠人"胫骨在内外侧方向上颇为扁平。国内以往发现的人类化石中，胫骨材料很少，其中以1951年在北京周口店第一地点发现的北京猿人的一段胫骨（左胫骨体中部稍下的一段）有过描述。其余的发现有内蒙河套人、贵州穿洞人和吉林榆树的胫骨材料，均属于晚期智人的胫骨化石材料，但它们都没被描述，因此可资对比的资料极少。北京猿人的胫骨虽保存的很不完整，但从残段上可观察到其胫骨体的前缘较为圆钝、骨间缘尚无脊的形成以及骨壁厚等特征，明显不同于现代人。现代人的胫骨体前缘为一显著的锐脊，骨间缘很明显，且骨壁薄，而"甘棠人"的胫骨化石具有如上的特征，它在形态上应属于现代智人的性质，与北京猿人胫骨的形态相去甚远。胫骨体横断面形状的比较也有助于说明这一点。北京猿人胫骨的横断面为圆钝的三角形，胫骨体前后径与内外径在大小上相差不十分悬殊；而"甘棠人"的胫骨，其横断面呈现为相当扁平的三角形，它标志着胫骨体的前后径明显大于内外径。许多旧石器时代晚期的人类，其胫骨体前后径都较大，胫骨体极为扁平的情形也见之于旧石器时代晚期的人类中。由此，推断漳州"甘棠人"属于晚期智人。

4."海峡人"化石

图59 "海峡人"肱骨化石

1998年11月，泉州海外交通史博物馆的刘志成等在石狮市祥芝镇祥芝村发现一件疑为人类化石的标本，并把它交给厦门大学蔡保全教授鉴定研究。这是一件出自台湾海峡中线以东、与海峡平行的北东至南西向、在北纬23°30'—25°00'、东经119°20'—120°30'的广大海域内的人类右肱骨化石。（图59）

蔡保全对该标本进行过研究[8]（2001）。据他描述：这件化石呈棕褐色，石化程度高；在下端内外上髁处断开，缺肱骨小头和肱骨滑车，保存长度311毫米；肱骨头近大小结节处和大结节本身也有部分破损；下端断开处破裂面清楚，不是新鲜面，也没有搬运磨损痕迹；肱骨表面附有后期珊瑚和多毛类等海生无脊椎动物的残骸。中科院古脊椎动物与古人类研究所对它进行了研究，并对化石的缺损做了修复。修复手段主要是根据现代完整人骨，先计算出相当于化石标本缺失部位在肱骨全长中所占的比例，然后通过修复标本及换算出来的比值，测算得出肱骨化石复原后全长为332.2毫米、最大长为337毫米。

上端宽50.8毫米，肱骨头的长轴略偏离骨干上段的纵轴，肱骨头的矢状径大于横径，断面指数为93.66，肱骨头干角40°，关节面光滑。大结节发育，向上向外凸出，上部侧面略为弯曲，冈上肌、冈下肌和小圆肌的固着部位清楚可见。小结节发育，在其上可见肩胛下肌固着痕迹。结节间沟深而窄，断面半圆形，直经6毫米，显示肱二头肌长头的肌腱较细。骨干最明显的特征是：三角肌粗隆特别发育，表面粗糙，形成长棱形隆起，造成骨干向外侧弯曲，因此骨干上下两半段纵轴形成一个6.5°的夹角。骨干横断面指数为74.27，粗壮指数为20.03。大结节峰发育，向下延至三角肌粗隆的中部，把肱骨背面朝上

海峡陆桥史前考古

置于水平位时，大结节嵴呈水平状。小结节嵴较弱。结节间沟未达三角肌粗隆的中部。内侧缘较钝、外侧缘较锐、前缘下端圆滑。桡神经沟弱，在三角肌粗隆旁清晰可见，极浅而平缓。骨干上半段近方圆形、下半段三角形、三角肌粗隆部位近方形，扭转明显，修复后测得的扭转角为150°。

下端：内上髁明显向内突出，鹰咀窝宽达26毫米，可见一部分冠状窝与桡骨窝，下端宽为58毫米。

根据肱骨化石肱骨头大、关节面朝向后内侧、大结节朝向前外侧、大结节顶端与肱骨头几乎同在一个水平位、大小结节较发育、三角肌粗隆明显、骨干扭转度大、骨干下部横断面三角形、保存的部分内上髁明显向内伸展以及整个肱骨各部分的比例等特点，确认为人类的肱骨，属晚期智人，并依贾兰坡的建议，称为"海峡人"。

从肱骨较长、骨干较粗大、肱骨头大、三角肌粗隆和大小结节发育来看，属于男性个体；在肱骨头与骨干间见不到骨骺线，骨骺完全愈合，表明为成年个体。利用修复后测算出的肱骨长度，应用华南地区男性成年人由长骨长度推算身高的回归方程，估算该成年活体的身高约为1.72米。

肱骨化石的石化程度较高，时代应不会太晚。和肱骨化石一起捞出的有熊(*Ursu* sp.)、鬣狗(*Crocutauhima*)、狼(*Canislupus*)、古菱齿象(*Palaeoloxodon naumanni*)、野马(*Equus* sp.)、野猪（*Sus scrofa*）、达氏四不像鹿(*Elapburudavidianus*)、水牛(*Bubalu* sp.)等乳动物化石，说明其时代为晚更新世；从化石面貌来看，海峡两岸所获的哺乳动物化石极为相似，应为同一时代。因此参照台湾澎湖海沟捞出的水牛下颌骨及四不像鹿角所做的铀系法绝对年代测定数据，初步结果为距今约1.1万年前、1.8万年前和2.6万年前。蔡保全初步将"海峡人"的年代定为距今2.6~1.1万年前。

蔡保全根据所掌握的与"海峡人"同为晚期智人的内蒙古河套人、辽宁建平人、日本的港川人与德国的奥伯卡塞（Obercassel）人的肱骨测量指数作了比较研究与讨论[9]。他认为国内晚期智人化石不少，其中有肱骨者仅内蒙古河套人、

辽宁建平人和福建东山人。河套人化石中成年男性左侧肱骨2件，但未详细描述和测量，而"东山人"右侧肱骨化石仅保存骨干下半段，没有上下端和中部，故难以进行形态上的对比，其共同点是均来自海底，埋藏环境相同，"东山人"化石呈浅灰色，石化程度较低，说明东山人的年代较"海峡人"为晚，原研究者把"东山人"的年代定为一万年前前后与上述结论是一致的。

将"海峡人"肱骨化石与保存在中科院古脊椎动物与古人类研究所的建平人男性右侧肱骨比较得知，建平人化石的石化程度较低，但由于建平人来自陆上沉积物中，两者的埋藏环境不同，故石化程度较低是否表明其年代较晚尚难定。"海峡人"肱骨显得较粗壮，三角肌粗隆发育，骨干中部向外侧弯曲导致骨干上下两半纵轴不在同一直线上，这是建平人所没有的；"海峡人"的桡神经沟没有建平人的发育，内、外侧缘没有建平人的锐；建平人肱骨结节间沟下方有一明显隆起的骨嵴(可能是骨质增生)，这在"海峡人"及其他化石材料中极为少见。

国外同一阶段可资对比的有发现于日本冲绳岛最南部洞穴裂隙中的"港川人"和收藏在古脊椎动物与古人类研究所标本室的属于克罗马农人的德国Obercassel人肱骨模型。

"港川人"化石材料较为完整，至少5个个体，其中有4对肱骨，1对男性3对女性。"海峡人"右肱骨与港川人男性肱骨比较后发现两者的共同点是肱骨头干角相近，三角肌粗隆发育，骨干中部向外侧弯曲，骨干上下两半段不在一条直线上，形成一个夹角，港川人男性的夹角8°，若把肱骨背面朝上置于水平位时，大结节嵴呈水平状；两者的差别在于骨干断面形态差异较大，"海峡人"大结节上部侧面略微弯曲而港川人则是垂直向上，"海峡人"肱骨较长、扭转角角度略大，港川人的缘嵴较发育。

将"海峡人"肱骨与德国Obercassel人肱骨相比较，它们存在很大的相似性，长度和粗壮程度相当，肱骨头干角相近，三角肌粗隆均发育，骨干中部同样存在向外侧弯曲，上下两半段形成一个夹角，依模型测定Obercassel的夹角是8.4°。桡神经沟均较浅而平缓，骨干断面形态相似。细微的差别是海峡人肱骨的肌嵴和缘嵴较钝，而Obercasscl人则较锐，尤其是下半段的内外侧缘更明显；海峡人肱骨扭转角较大。

上述比较表明，从形态上"海峡人"的肱骨和德国Obercassel人的肱骨最为相似，其次是日本港川人，与辽宁建平人差别较大。一般肱骨三角肌粗隆发育往往造成骨干中部弯曲，在这种情况下，骨干上下两半段仍处于同一纵轴上，但"海峡人"肱骨所见到的骨干上下两半段却不在同一纵轴上，形成一个6.5°的夹角。这一现象在港川人和Obercasset人中均出现，而且出现率极高，如港川人保存的4对肱骨都有这个夹角，男性个体夹角8°，女性个体夹角6～7°；Obercasset人肱骨这个夹角是8.4°。那么，肱骨骨干上下两半段形成一个夹角究竟是原始性状还是个体变异？国内研究新石器时代人骨标本时多局限于头骨和下颌骨，涉及到股骨的较多，偶而提到肱骨也只不过是量其长度，推测身高及计算横断面指数，没有详细的肱骨测量数据和图版资料。如河南淅川下王岗、浙江余姚河姆渡、广西桂林甑皮岩、广东佛山河宕、福建闽侯县昙石山等遗址的人骨研究报告中均忽略了肱骨。为此，蔡保全从闽侯县昙石山遗址博物馆观看该遗址1996年第八次发掘时保留下来的人骨标本，检查肱骨保存完整的6个个体，得知仅一个有3°的夹角，出现率为16.7%。考虑到昙石山遗址可测的标本数量有限，得到的数据是否有代表性问题，蔡保全专门前往福建医科大学观测了54件肱骨标本(左33件、右21件，均不成对)以及保存在厦门大学的3具人的骨骼，结果是肱骨骨干上下两半段存在夹角的有8件，出现率为14%，角度变化范围2~3.5°。同时还获知57个个体中，类似"海峡人"粗壮的肱骨仅6个，大多较纤细，个体较小。日本学者也曾指出这一夹角在新石器时代和现代的日本人中难得见到，而在欧洲的尼安德特人中出现率则较高。

由此可见，"海峡人"等化石肱骨较为粗壮、三角肌粗隆发育、骨干上下半段形成较大的夹角(大于6°)、夹角的出现率高，而新石器时代及现代人的肱骨较为纤细、夹角较小(小于4°)、夹角出现率低。因此，肱骨粗壮、三角肌粗隆发育和骨干上下两半段形成一个较大的夹角，构成了不同于新石器时代及现代人的原始性状，这应是早期狩猎采集人群的一个重要的自然适应。"海峡人"、港川人和Obercassal人均有这个性状，处于同一演化水平，而建平人肱骨不具备这一原始性状，年代也许较晚，其石化程度较低也许可能说明这一点。

"海峡人"化石的发现必然会联想到台湾早期人类的来源问题，大陆和台湾学者均认为台湾早期人类来自华南。台湾已知最早的"左镇人"化石，据氟和锰含量测定推算出距今3~2万年前，但由于化石材料为顶骨和臼齿，难于与"海峡人"肱骨对比。台湾曾报道从澎湖海沟获得一件智人股骨化石，可惜尚未详细描述和研究，也许这件股骨化石研究后得出的原始或进步性状将有助于和"海峡人"进行间接的对比。

"海峡人"化石为大陆与台湾人类化石的对比提供了重要材料；"海峡人"产出的特殊地理位置为古人类从大陆迁徙台湾岛提供了直接的证据。同样在台湾海峡，除人类化石外，泉州采集的标本中还有骨器和古人类猎食时在动物下颌骨及肢骨上留下的砍刮痕迹，而台湾找到的则是四不像鹿角的人工砍痕，这一切为研究台湾海峡地区早期人类的采食对象、宰割动物方法提供了良好的素材，增加了两岸早期人类行为研究的可比性。"海峡人"肱骨的发现，同时也为东亚现代人类起源研究提供有价值的材料。

5.漳平奇和洞人类头骨化石

据《福建日报》报道[10]，2011年1月3日，福建省博物院考古队在距漳平市42千米的奇和洞发现了旧石器时代的人类头骨化石（图60）。

漳平市奇和洞遗址的考古发掘由福建博物院范雪春研究员领队，成果显著。奇和洞人类头骨化石发现后，在不到一周时间里，中国科学院古脊椎动物与古人类研究所副所长、研究员高星，中国科学院考古研究所副所长、研究员陈星灿，美国夏威夷毕士普博物馆人类学部主任、研究员焦天龙等专家学者接踵而至，对所发现的人类头骨作初步的鉴定。初步认定这具头骨为距今

图60　发现于漳平奇和洞的人类头骨化石（《福建日报》张永辉，2011.4.19）

1.2～1万年前的人类头骨。目前，奇和洞遗址尚在考古发掘之中，该人类头骨化石的研究也刚刚开始，因此暂不予讨论。

6.武平猪仔笼洞古人类牙齿化石

2010年底至2011年1月，由福建博物院范雪春研究员领队在武平县猪仔笼洞遗址发掘中，发现4枚迄今为止福建最早的古人类牙齿化石（图61），与人类牙齿化石同时发现的共有27种哺乳动物化石。据初步分析，其中两颗人牙化石距今已有六七万年，是福建迄今发现最早的人类化石。另外的一枚牙齿化石以及哺乳动物化石距今约在3万年前。据范雪春研究员介绍，武平猪仔笼洞遗址上、下两洞出土的人类牙齿化石虽属不同时代，但恒齿的基本性状与近代中国人恒齿的测量数据相类

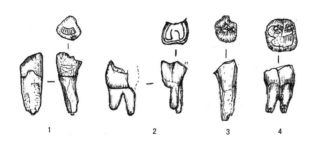

1　　　　2　　　　3　　　　4

0　　　2cm

图61：武平猪仔笼洞古人类牙齿化石（范雪春提供）

似，均属晚期智人范畴。他认为4颗牙齿化石中，出自一号洞的2颗，分别为右上内侧门齿和右上第一臼齿，另两颗出自二号洞，分别为左上犬齿和左上第二臼齿。推测一号洞的牙齿，分属于两个不同个体，根据牙齿的磨损程度，可以判断是老年人，而二号洞的两颗牙齿，也属于不同个体，可能分属于成年与青年个体。

　　猪仔笼洞古人类牙齿化石的发现，是福建旧石器时代考古的又一重大发现。范雪春说，该遗址发掘报告尚未发表，出土材料尚在研究检测之中，故暂不予讨论，但他同意先使用并乐于提供古人类牙齿化石的图片。

第三节　台湾"左镇人"与澎湖人类肢骨化石

1."左镇人"

　　台湾的旧石器时代晚期人类化石"左镇人"，采集于台南县左镇乡菜寮溪流域。那是1970年夏天，台南县左镇乡一位姓郭的居民，到附近菜寮溪干涸的河床上采集化石标本，意外地发现一块灰红色的人骨化石，长约21厘米，宽约7.5厘米。1971年起又在那一带陆续有所发现，至今包括姓郭的那一件共采集到9件标本（表24）。采自三重溪流入菜寮溪入口附近河床的臭屈河段有三件，分别为两件右顶骨残片和一件左顶骨残片（图62）。经化石氟、锰含量测定，年代距今3～2万年前，属于晚期智人，命名为"左镇人"[11]。

　　离臭屈地点不远处也找到一件人类牙齿化石，也被认为属于"左镇人"范畴。在这一地点还找到另一件人类牙齿化石，被认为比"左镇人"晚，或认为是较年轻的"左镇人"。

　　采自菜寮溪岗子林河段的另两

图62　台湾"左镇人"颅骨残片化石（据连照美，1981）

件右顶骨残片、一件额骨残片和一件枕骨残片，属同一个体，早被归入"左镇人"，后经氟、锰测定，发现年代晚得多，属于全新世时期，不应归入"左镇人"。

据台湾考古人类学家宋文薰、连照美，地质学家林朝启，日本人类学家鹿间时夫、尾崎博、马场悠男和下田信男等人的研究，臭屈河段发现的3块古人类头骨化石，分别属于3个不同的个体。编号为200—1的右顶骨残片，属于年轻的男性可能性较大，而编号为200—2的左顶骨残片，属性别不明的完全成年的个体。编号为200—3的右顶骨残片可能属于一成年个体，但其年龄与性别未能判定。连照美认为，这3件头骨片之间的关系很显然不是属于同一个体，但他们确实属于同一种群及同一时代的人类。

表26 左镇地区人类化石标本细目

标本编号	发现地点	发现人	标本项目
200—1	臭屈	郭东辉	右顶骨残片
200—2	臭屈	潘常武	左顶骨残片
200—3	臭屈	潘常武	右顶骨残片
A5710	臭屈	潘常武	右上第一或第二大臼齿
a	臭屈	陈济堂	右下第一大臼齿
244—1	冈子林	陈春木	右顶骨残片
244—2	冈子林	陈春木	额骨残片
244—3	冈子林	陈春木	枕骨残片
244—4	冈子林	陈春木	右顶骨残片

注：表中前7件为台湾省博物馆标本编号，A字头1件为台大考古人类学系考古学标本编号，a为临时编号，属私人收藏(据连照美，1981)。

关于冈子林河段的4片头骨化石，由于其保存状态及其性质等彼此极为相似，也不见有重复的部位，尾崎博等学者推测属于同一个体，而这一个体大概是一成年男性。连照美观察这些化石标本，初步以为，这些标本除了形态上完全属于现代人(Homo sapiens)外，其标本颜色浅，石化浅等性质显示比前述臭屈

标本年轻得多，故认为暂时不宜冠以"左镇人"名称。

上表9件标本简介如下：

1.右顶骨残片，标本号200—1，现藏于台湾博物馆。 1971年宋文薰于台南人郭德铃私藏的古生物标本中发现。人类右顶骨残片，略呈长方形，长7.8厘米，最宽8厘米，包括由矢状缝的中间部位至顶结节，外表呈棕色带黑色斑点，颞上线不显著，矢状缝长4厘米，未完全愈合，顶结节不显著，中脑膜血管大沟及部分分枝印痕浅，骨厚4.1～5.6毫米，可能为一男性青年。

2.左顶骨残片，标本号200—2，现藏于台湾博物馆。 1974年日本人鹿间时夫从台南人潘常武处获得。人类左顶骨残片，近长方形，大小约4×5厘米，约当顶骨后半的中央部位，呈深棕色，颞上、下线较粗，中脑动脉沟印痕深，厚4.9～6.5毫米，为一成年个体，性别不明。

3.右顶骨残片，标本号200—3，现藏于台湾博物馆。 1974年省立博物馆向潘常武征集而来。标本为一件人类右顶骨残片，近似三角形，最长处3.7厘米，深棕色。该标本的主要特点是顶骨矢状沟较深，骨厚4～5.5毫米。

出自臭屈的人类顶骨残片，经日本人鹿间时夫的研究，认为其解剖特征和石化程度均属于智人范畴。其人类顶骨骨壁厚变异范围在4～6.5毫米，大致介于现代人类和尼人之间[12](表27)。日本学者下田信男用氟、锰法测得年代在距今3～2万年前。

表27　左镇地区人类顶骨化石骨壁厚度比较（单位：毫米）

种属	爪哇人	尼人	冈子林	臭屈	现代人
骨壁厚	9.0/12.5	6.0/11.0	5.2/11.5	4.0/6.5	2.0/5.0

4.右上第一或第二大臼齿，标本号A5710，现藏于台湾大学考古人类学系。 1977年潘常武采集并捐赠给台大考古人类学系。标本属于人类右上第一或第二前臼齿，齿冠完整，珐琅质大部分呈黑色，周面局部橙色，并有黑斑。咬合面近菱形，齿

峰表面隆线因严重磨损而不完整，分别于中央出现小圆窝。齿根呈赤褐色，完全石化，根末端有损缺。

　　5.**右下第一大臼齿，标本号a，陈济堂私藏，采集于1978年**。属人类右下第一前臼齿齿冠部分，珐琅质部分青色略透明。咬合面严重磨损，五个齿峰完全磨平。齿颈部断折面可见牙质部分因石化而呈深棕色。测得冠宽11毫米，冠厚10.2毫米。该牙齿纤小，可能为女性。

　　解剖特征的比较分析和绝对年代测定结果初步表明，台南左镇莱寮溪臭屈河段所出3件人类顶骨和2件人类牙齿化石均属于更新世晚期智人种。目前一致的认识是将这些比较明确的台湾晚更新世晚期智人种称为"左镇人"。当然，"左镇人"性质和年代的最终确定还得依据于该种属在台湾，特别是左镇莱寮溪一带化石层位的发现，以及更多更全面的化石标本作为解剖指数的综合分析，因为仅依据少数残片的测量指数作为比较研究的依据是困难的。

　　冈子林人类化石标本均系台南人陈春木自莱寮溪河垄斜面上采集，计有头骨化石4件。

　　6.**右顶骨残片，标本号244—1，现藏台湾博物馆**。属左侧顶骨由后上部直至顶结节的破片。颞线强壮，可见数条中脑膜血管印痕、矢状缝以及人字缝等。人字点厚6.4毫米，顶结节厚5.2毫米。

　　7.**额骨残片，标本号244—2，现藏台湾博物馆**。属颧骨残片，可见矢状缝与矢状沟，冠关点厚8.3毫米。

　　8.**枕骨残片，标本号244—3，现藏台湾博物馆**。属枕骨片，外有上项线，内有横状沟，一端厚11.5毫米。

　　9.**右顶骨残片，标本号244—4，现藏台湾博物馆**。属右顶骨残片。外有鳞状缝，内有中脑膜血管印痕。

　　据连照美研究（1981）[13]，标本号A5710的人类牙齿化石，可能属3～2万年前的"左镇人"，甚至可能属于更早的人类。标本号为a的牙齿化石显得纤小，可能属于女性的牙齿，或可归为年代上晚得多的较年轻的"左镇人"。她将

这两颗牙齿测得的数据，与"长阳人"化石左上颚第一大臼齿、安阳殷墟人第一大臼齿、香港玛丽皇后医院所测量的现代中国人上颚第一大臼齿、现代日本人相应臼齿平均数据等进行了比较（表28、29）。发现它小于长阳人而大于商代和现代中国人与现代日本人。认为A5710人类牙齿化石存在属于"左镇人"的可能性。

表28　左镇人M1冠宽、厚比较(单位：毫米)

种属	左镇人	长阳人	殷人	现代中国人	现代日本人
冠宽	10.5	10.8	10.11	10.22	10.6
冠厚	12	12.8	11.38	11.24	10.8
宽厚指数	11.25	11.8	10.745	10.73	11.2

表29　左镇人M2冠宽、厚比较(单位：毫米)

种属	左镇人	殷人	现代中国人	现代日本人
冠宽	10.5	9.56	9.49	9.6
冠厚	12	11.34	11.22	11.6
宽厚指数	11.25	10.45	10.355	10.6

"左镇人"的发现是十分重要的，它是闽台地区最早发现的旧石器时代晚期的人类化石。其发现将人类开发台湾的历史至少提前了一万多年。"左镇人"在体质形态上，与北京周口店的"山顶洞人"相似，生活的年代又相近。因此，许多考古学家和人类学家认为，"左镇人"和"山顶洞人"有如堂兄弟之亲。尽管"左镇人"化石材料有限，但研究者根据仅有的臼齿对比，认为"左镇人"和福建"清流人"及广西"柳江人"均属于我国旧石器时代南部地区的晚期智人，他们的体质特征基本相同，都继承了中国直立人的一些特征，"左镇人"和"清流人"存在着共同的起源。

2.澎湖人类化石

澎湖人类化石是从澎湖海沟捞获的，何传坤作过报道[14]。

海峡陆桥史前考古

该人类化石为一件人类股骨化石残段，可能属于晚期智人。澎湖人类股骨化石虽然尚未被详细描述和研究，但它的发现非常重要。

澎湖的化石人类和"东山人"、"海峡人"都发现于台湾海峡，这说明了什么？他们之间究竟有何关系？这一切为学者们提出了许多新的课题。也许，澎湖人类股骨化石研究得出各方面指数之后，将有助于和它周边的"海峡人"、"东山人"、"甘棠人"等进行间接的对比，使其重要性更进一步显示出来。

史前的冰河时期，台湾海峡陆化，澎湖位于东山陆桥之上，成为闽台文化往来的中转站。澎湖哺乳动物化石和人类肢骨化石的发现，向我们揭示了远古时期的一幅图景：作为东山陆桥中转站的澎湖，聚居着迁自华北地区的大型陆地哺乳动物，与动物息息相关的人类也追随而来，过着采集与狩猎的生活，建立起属于自己的家园。甚至可以推测，他们应该与福建和台湾的古人类有着密切的联系，他们甚至在闽台文化交往中起着重要作用。

第四节　闽台古人类的源流

1.福建古人类来源

迄今为止，闽台地区发现的化石人类，依发现的时间顺序有台湾的"左镇人"，福建的"东山人"、"清流人"、"甘棠人"，澎湖的人类肢骨化石，晋江的"海峡人"，武平猪仔笼洞的古人类牙齿化石与漳平奇和洞人类头骨化石，他们均属晚期智人。

形态学的研究表明，我国所发现的晚期智人，从体质特征上看，基本上可分为两个地区类型，即以山顶洞为代表的北部类型和以柳江人为代表的南部类型。北部地区从金牛山人（早期智人）演化到山顶洞人（晚期）；南部地区则从马坝人（早期智人）演化到柳江人、左镇人、清流人和东山人等。

尤玉柱等在《漳州史前文化》中指出[15]：远古人类进入福

建境内不会太早，大约在早期智人阶段，即距今约20万年前。（这一点可由福建三明发现距今20万年左右的万寿岩旧石器早期文化遗址得到证明）进入福建境内的第一批早期智人可能有三条路线：

其一，由浙江沿着海滨地带进入福建东北部。

其二，由江西沿较大的河谷或山谷进入福建北部、北西部和西部。

其三，由广东东部沿海丘陵区进入福建龙岩和漳州地区。

第一条路线的可能性较低，其原因是在更新世时期，浙江、福建交界区除较高的山岭之外，较低的地方多被海水所淹没，有时沦为沼泽，严重阻碍了人类的迁徙。第二条路线，远古人类可以从崇阳溪、富屯溪、金溪和汀江几条较大河谷进入福建的北部、西北部和西部，而且可以沿着水流延伸到闽中和闽东，但是由于高山和茂密植被的阻隔，从这一路线迁徙的人类，在史前时期很难进入闽南地区。第三条路线由岭南向东几无地理障碍，尤其沿海丘陵区为东向迁徙提供了良好条件。

然而，随着福建"清流人"、三明万寿岩、龙岩漳平奇和洞、武平猪仔笼洞等旧石器时代遗址以及古人类化石的先后发现，古人类由江西沿大河谷或山谷进入福建北部、北西部与西部的可能性是存在的。

从整个华南地区看，便会发现从东经100°至122°、北纬22°至33°的广大区域内，即上面提过的由云南至台湾一线，大致在北回归线到北纬25度之间的地理范围，分布着一条自西向东、时代由老到新的旧石器时代地点及遗址的密集带。在这个密集分布带中，集结了200多处旧石器时代地点。其中属早更新世的直立人化石或旧石器时代早期文化遗物的地点，仅有云南元谋、湖北郧县等几个地点，属中更世的含早期智人化石或旧石器时代中期文化遗物的地点，也只有贵州黔西观音洞、广东马坝人洞等十余处；属晚更新世含晚期智人化石的则有柳江人、清流人和左镇人等200余处。这种分布状况，向我们暗示华南地区远古人类有迁徙繁衍路线和文化辐射传播的链条。在这条链条上的闽台地区，是否也在暗示由清流人、奇和洞化石人类、猪仔笼洞化石人类、甘棠人、东山人、海峡人、澎湖化石人类和左镇人，其中的东山人、海峡人和澎湖化石人类均发现于东山陆桥之上，构成了晚更新世晚期人类自西向东、经由东山陆桥迁徙与文化传播的路线。

2.左镇人的来源

史前人类活动与动物群的活动密切相关。史前人类的迁徙活动在很大程度上是追随动物群的移动而迁移的。关于"左镇人"的来源问题，迭有学者研究，且观点较为一致，即认为"左镇人"来源于大陆。

左镇菜寮溪河床上曾采集有史前时代的陶器和石器等文化遗物，属于台湾西海岸新石器时代中后期的考古文化，与同一地点的左镇人无关。最近若干学者认为菜寮溪河床所出土的第四纪哺乳动物化石中，有许多兽骨似有经人类敲击加工的痕迹，而且有可能是当地古老人类的工具，因而引起"左镇人是否使用骨器问题"的思考。一般认为，左镇人是台湾旧石器时代长滨文化的创造者，并认为是大陆人类文化东传台湾时先到达台西地区而留下的化石遗存。

据台湾"中央研究院"历史语言研究所研究员臧振华研究[16]，台湾什么时候开始有人类居住，是台湾历史上的重要问题。早在日据时代即有学者推测：台湾是属于中国的典型大陆岛，在300万年至1万年前之间的更新世冰河期间，曾数度与祖国大陆相连。所以在冰期的时候大陆上以狩猎和采集为生的古人类，很可能追随南迁的动物群而来到台湾。这种推测到了20世纪70年代被考古发现与研究所证实。

台湾大学的宋文薰教授与台湾博物馆的一些研究人员，在台南县左镇乡菜寮溪发现犀牛化石时，无意间通过化石收藏家郭德铃先生发现了一片采自菜寮溪的属于人类右顶骨残片的化石。1974年，日本古生物学家鹿间时夫教授也在台南另一位化石收藏家潘常武先生的藏品中，找到一片采自同一地区的人类左顶骨化石。这两片人类头骨化石经鹿间教授带回日本研究后，认定是属于现代人种（Homo sapiens）的，而它们的年代，经过氟和锰计量的测定，距今约有3～2万年。这说明了至

迟在距今3～2万年以前，台湾岛上已经有人类居住。学者们把这些头骨所代表的人类，称之为"左镇人"。以后，在台南左镇附近先后又出现了少数人类头骨化石残片和牙齿化石，也都被认为是属于"左镇人"的。

"左镇人"是怎样生活的呢？虽然在发现上述人骨化石的地方还没有发现相伴的文化遗存，但是台湾的考古学家们发现并发掘了从距今5万年前一直延续到距今5000年前的旧石器时代的八仙洞遗址，建立了台湾地区最早的史前考古文化"长滨文化"，后来又在垦丁公园内的鹅銮鼻、台东成功镇的小马等地发现了类似"长滨文化"的遗物。经研究多认为在八仙洞遗址所发现的"长滨文化"，可能就属于"左镇人"时期的文化。

透过对"长滨文化"遗址和出土遗物的分析，可以知道，这些台湾最早的居民，人口不多，主要是居住在海边的洞穴、岩荫或近海低地荫闭背风之处，形成游团式的社会，以渔猎和采集为主，还不知道种植农作物。他们主要是利用以打剥法制成的砾石偏锋砍伐器和砾石石片器作为工具，没有制造陶器的技术。由于"长滨文化"的石器与华南地区的若干旧石器时代遗址所出土的石器有相当程度的相似性，考古学家据此推测"左镇人"有可能是来自华南地区。

台湾"中央研究院"历史语言研究所研究员刘益昌在研究台湾最早人类来源时指出[17]：目前在台湾尚未发现比本阶段更早的文化或人类，也无法说明是在台湾本岛独立发生，可能需从邻近地区追索这个阶段文化的来源。从遗物的形态而言，网形伯公垅遗址出土的尖器、刮器、砍砸器等和中国广西新州地区的石器群相似，几乎是同类型的石器；而长滨文化是以石片器为主的砾石工业传统，无疑也和广西百色、上宋遗址及义县的猫猫洞文化有密切的关系。

旧石器时代晚期正是第四纪冰期晚期，由于海水面下降，今日的台湾海峡是陆地，人类可以轻而易举的随狩猎的动物由亚洲大陆来到台湾海峡及台湾其它地区，进而在台湾定居。

台湾大学考古人类学系教授宋文薰则直截了当地指出[18]：

海峡陆桥史前考古

"以狩猎与采集为生的旧石器时代人类，跟随动物群移居台湾。"

尤玉柱、张振标在《论史前闽台关系及文化遗址的埋藏规律》一文中，论述了华南古人类的迁徙模式及闽、台古代地理气候变迁情况之后，对台湾古人类迁入的时间和路线，进行了具体分析。他们认为台湾的"左镇人"，可能是约在距今3.6至3.2万年前之间，即末次冰期的一次亚冰期，从福建迁至台湾的。他自福建的东山岛启程，沿着东山陆桥，经澎湖列岛，再沿浅滩抵达台湾，其登陆地点是在台南一带的海滨，之后可能从南端绕过大坂鹅銮鼻，再经台东抵达花莲一带。

注释

[1]尤玉柱：《漳州史前文化·序》，福建人民出版社，1991年。

[2]东山县博物馆存：中国科学院古脊椎动物与古人类研究所1987年4月17日函。

[3]尤玉柱、董兴仁：《东山人类遗骨、大帽山考察报告》，东山县博物馆存。

[4][15]尤玉柱主编《漳州史前文化》，福建人民出版社，1991年。

[5]尤玉柱、董兴仁、陈存洗、范雪春：《清流狐狸洞人类化石初步研究》，见于《福建历史文化与博物馆学研究》，福建教育出版社，1993年。

[6]严晓辉：《福建第四纪哺乳动物化石、古人类化石与文化遗址之研究》，见于《福建历史文化与博物馆学研究》，福建教育出版社，1993年。

[7]陈国强：《福建史前考古的发现与展望》，见于《福建历史文化与博物馆学研究》，福建教育出版社，1993年。

[8][9]蔡保全：《台湾海峡晚更新世人类肱骨化石》，见于《人类学学报》，2001年8月。

[10]黄如飞：《奇和洞里的考古震撼》，见于《福建日报》，2011年4月19日。

[11][12]连照美：《台南县菜寮溪的人类化石》，见于台湾大学《考古人类学刊》42期，1981年。

[13]吴汝康、吴新智、张森水主编《中国远古人类》，科学出版社，1989年。

[14]何传坤：《台湾陆桥史前动物及人类化石的新发现》，见于台湾《历史》，2000年5月号。

[16]臧振华：《台湾考古》，艺术家出版社，台北，1999年6月。

[17]刘益昌：《台湾原住民·史前篇》，台湾"国史馆"台湾文献馆编印，2002年12月。

[18]宋文薰：《由考古学看台湾史前史》，见于台湾《汉声》第34期，1991年10月。

第七章　闽台旧石器时代文化

　　旧石器时代是人类社会历史发展过程中最早、延续时间最长的一个阶段，时间约从距今三百万年至一万多年前。在漫长而曲折的发展过程中，人类在劳动实践中学会了用火，改变了生食习俗，开始熟食，使自身的体质发生了极大的改善，可称之为一次伟大的革命。自从创造发明了打制石器后，人类社会开始由低级向高级发展。考古学家和历史学家把人类以石器作为生产工具的漫长发展阶段称作石器时代。在石器时代的发展过程中，打制石器的时间最长，被称为旧石器时代。在距今1万年前以后，人类的石器制造技术有了划时代的进步，即在打制石器的基础上，进一步加工（琢、磨）成磨制石器。从磨制石器出现之后至金属工具出现之前的阶段，称之为新石器时代。

　　旧石器时代的古人类，在辽阔的闽台地区活动，并创造了史前文化。因此，在古人类活动过的地方便或多或少地埋藏着这种文化的遗存。寻找这种文化遗存、揭示其文化面貌与内涵、复原古人类的生活与徒涉状况及所处的生态环境，便是旧石器时代考古的目的。

　　我国旧石器时代考古已有八十多年历史，经过三代学者的不懈努力，已取得巨大成绩。从空间上看，所发现的千余处遗址分布于全国各省、市、自治区。在时间上，已形成了从旧石器早期至晚期比较完整的系列。从地层学上看，已经突破以往仅仅限于早更新统晚期地层的范围，直至追溯到早更新统早期地层，甚至开始向上新统晚期地层去追寻更古老的人类化石及其遗物。近年许多规模较大的发掘，相继揭露出一批又一批重要发现，已引起国际学术界的普遍关注[1]。

　　闽台地区的旧石器时代考古，由于政治的原因缺乏联系和互动，因此发展很不平衡。现在，随着两岸关系的缓和，这种情况有了一定程度的改善。这一点至少可通过"东山陆桥"的合作研究得到印证。从最近十几年福建旧石器时代考古的成果来看，闽台间的文化交流至少可追溯到旧石器时代晚期，其渊源关系还可追溯到更早时期。

第一节　闽台旧石器时代考古简况

一、福建旧石器时代考古简况

福建省地处祖国东南，总面积约为12.3641万平方千米，第三纪时由于受到新构造运动的影响，逐渐形成西北高、东南低的总地势。全境地形多种多样，多中、低山，以丘陵为主，也有沿海平原，江河湖泊，纵横交错，风景秀丽，气候宜人，采集与狩猎资源十分丰富。大约从更新世早期起，便基本形成了目前这种地形地貌的格局。她又与台湾隔海相望，之间有"东山陆桥"时隐时现，两岸渊源深远、来往密切。因此，许多考古学家认为福建是史前考古的宝地，其作用不可估量。然而，因为第四纪时期地质构造的变动和海侵海退的影响，完整的第四纪沉积物覆盖面积很有限，且大部分处在沿海地区，出露情况不好，而内陆地区的植被过于茂密等等原因，使福建史前石器时代考古的起步较晚，相对落后。

福建石器时代考古，始于上个世纪三十年代初。当时，著名考古学家、厦门大学教授林惠祥先生率先在闽南和闽西地区进行野外考古。他跋山涉水，历经艰辛，做了大量的调查工作。虽然受当时社会条件的限制，他的考古活动只限于地面调查、采集或向民间收集，未能开展科学发掘，所获标本大多缺乏地层关系，但他的努力使人们了解到福建地区也曾经历过新石器时代。尽管对福建史前历史的文化面貌及年代、谱系等，尚一无所知。然而，林先生毕竟做了大量富有意义的探索工作，为我省考古学研究奠定了基础。林惠祥先生堪称为福建史前考古的开创者。

福建严格意义的石器时代考古开始于上个世纪五十年代初期。1953年福建省博物馆成立后，才全面揭开福建文物考古工作的新一页。在石器时代考古方面，先后在龙岩、连城、永安等地发现了更新世的古生物化石。1965年7月，省博物馆文物组考古人员发掘了永安坑边寨岩山洞穴遗址，发现了大熊猫、东方剑齿象、中国貘等哺乳动物化石14种，是福建首次发现的有明确地点的第四纪动物化石。这一发现为寻找福建旧石器时代古人类遗存提供了重要信息。当时，考古工作者在全省范围内展开了大规模野外调查，共发现了1100多处古文化遗址，其中包括了昙石山遗址、庄边山遗址、东张遗址、溪头村遗址等许多新石器时代遗址。1954年至1974年的二十年间，福建先后对闽侯县石山遗址进行了七次考古发掘，出土了大量珍贵文物，确立并不断丰富了第一个有代表性的福建史前地方文化"昙石山文化"。然而，福建毕竟在相当长的时间里，一直未能找到任何有关旧石器时代文化遗物，成为我国没有发现旧石器时代遗址或文化遗物的少数空白省份之一。

20世纪80年代末，福建省文化厅对旧石器时代考古研究给以高度重视与大力支持，专门为此作了部署。经过一些国家学术机构和福建考古工作者的多方努力，终于在漳州市北郊的莲花池山和竹林山两个地点首次发现旧石器时代文化遗存和大约百余处时代介于新石器和旧石器之间的细小石器地点。

1988年初，东山县博物馆工作人员在进行文物普查时，从东山县铜陵镇沿海渔民手中收集到一批出自台湾海峡海底的哺乳动物化石，并从中选出一件人类肱骨残段，经中国科学院古脊椎动物与古人类研究所专家鉴定、贾兰坡院士审核，确认为晚期智人。这是福建省有关人类化石的首次发现，它终于填补了福建省古人类化石的空白，并揭开了福建省旧石器时代考古发掘和研究的序幕。

当年，全省大规模文物普查工作正在八闽大地轰轰烈烈展开。由福建省博物馆和三明市及下属县考古人员组成考古普查队，在队长王振镛的带领下，开始进驻三明地区负责对三明市以及所管辖的各县进行普查。普查队到达将乐县后成立一个洞穴调查组，强调该组除完成常规的调查外，特别要着重注意旧石器文化遗物和古人类化石的寻找。当年初夏，普查队在清流

县开展洞穴调查，范雪春、俞其宝、李金生等终于在沙芜乡狐狸洞晚更新统地层中发现了两枚晚期智人牙齿化石。1989年11月17日至29日，中国科学院古脊椎动物与古人类研究所、福建省博物馆、三明市文物管理委员会、三明市博物馆、清流县文化局、清流县博物馆联合对该洞进行了正式发掘，又出土四颗晚期智人牙齿化石及十几种伴生的哺乳动物化石。这是福建省首次发现具有地层依据的人类化石。

1989年12月，漳州市曾五岳在北郊台地上发现了一批打制小石器。此为福建首次发现旧石器文化遗存。次年3月，曾五岳又在漳州市北郊甘棠东山的台地上发现了人类化石"甘棠人"。此后，由福建省博物馆、漳州市文化局和中国科学院古脊椎动物与古人类研究所联合组成发掘队，在漳州市北郊台地的若干地点进行了较大规模的发掘。与此同时，在漳州及其所属的东山、平和、龙海、诏安等县市，发现了100多处旧石器地点。

1991年出版了综合性研究专著《漳州史前文化》，建立起福建第一个旧石器时代的考古学文化"漳州文化"。

1998年11月，泉州于石狮祥芝镇祥芝村发现人类化石"海峡人"。

1999年9月至2000年1月，省博物馆、三明市文管办、三明市博物馆联合组成考古队，发掘了万寿岩旧石器时代洞穴遗址。该遗址为华东地区第一个洞穴类型的旧石器时代早期文化遗址。

2005年冬至2006年春，经国家文物局批准，由福建博物院、漳州市文物管理委员会办公室组成的考古发掘队，对漳州莲花池山遗址的南区进行了为期4个月的第二次正规发掘。

发掘时从下部红土层与网纹红土之间的砾石条带中，揭露出一个含有石制品的层位，接着又从网纹红土层中揭露出两个含石制品的层位。加上以往上部红土层砾石条带的文化层，莲花池山遗址共有四个文化层。在旷野类型的土状堆积物里存在四个文化层，这在福建省境内乃至我国广大南方土状堆积物分布区里实是十分罕见的。该次考古发掘，取得了重要成果[2]。

截至1998年底，福建省境内所发现的旧石器时代遗址和地点近二十处，北起武夷，南抵东山沿海，东自闽江口，西止将乐均有分布。但是，从遗址和地点的埋藏性质和地层时代看，基本上属于旷野类型：包括阶地的、台地的和山前红土堆积的；地层时代仅仅限于更新世晚期，文化遗物的绝对年代均未超过10万年。尽管在闽中、西和闽南广大区域较大范围内有着晚古生代、中生代石灰岩地层分布，也曾发现过出自洞穴大约四十多处哺乳动物化石地点，但还是未能找到旧石器时代文化遗物。

1985年至1999年，三明市文物管理委员会办公室主任李建军等多次对万寿岩几个洞穴进行考古调查，为寻找史前遗址提供了重要线索。1999年的发掘证实了这是一处属于洞穴堆积类型的旧石器时代遗址，从而结束了福建省旧石器时代遗址单一埋藏类型的状况，也为今后在石灰岩分布区寻找和发现更多洞穴类型的旧石器遗址和遗物提供可资借鉴的经验，因此扩大了寻找的空间。

万寿岩，是一座由上石炭统船山组石灰岩形成的孤立小山，石灰岩质地相当纯净，岩石呈厚层状~块状。根据区域调查，闽中一带断裂十分发育，在其影响和作用下，古生代、中生代岩层裂隙发育。万寿岩孤山山体的裂隙十分密集，在地表水的强烈溶蚀和长期作用下形成了众多的溶洞和裂隙，大型洞穴如碧云洞、龙井洞、灵峰洞和船帆洞等。其中的船帆洞于1999年秋开始，由福建博物院、三明市文物管理委员会办公室、三明市博物馆联合发掘，揭露出旧石器时代晚期两个文化层。与此同时，对灵峰洞发掘也揭露出一个文化层，并出土了一些旧石器时代早期的文化遗物。以上三个文化层都伴出一批哺乳动物化石。

研究表明[3]，万寿岩旧石器时代遗址的灵峰洞和船帆洞均十分重要。在万寿岩这个很小的孤山上，已经发掘出四个不同时代的文化层，这在我国东南地区还是不多见的。发现于船帆洞下文化层的人工石铺地面和排水沟槽遗迹，在我国尚属首次发现。该地层钙板铀系测年为18.5（+1.3，−1.1）万年，其地质年代属中更新世晚期，考古学年代为旧石器时代早期的晚段。

第七章 闽台旧石器时代文化

2000年，万寿岩旧石器时代遗址被评为全国十大考古发现，2001年被国务院公布为第五批全国重点文物保护单位。

2004年，为配合船帆洞保护工程的施工，经国家文物局批准，由中国科学院古脊椎动物与古人类研究所、福建博物院和三明市文物管理委员会办公室组成的联合发掘队，在船帆洞部分地段和东壁的3号支洞中分别进行发掘，除出土一大批哺乳动物化石外还揭露一个人类活动面以及出土石制品20件。这次发掘，使万寿岩旧石器时代遗址的文化层增加到四个。

灵峰洞和船帆洞，分别位于万寿岩的不同高度上，两个洞穴高差34米，都属于大型的洞穴，洞内基本保存了远古时代的原有面貌，只是因晚期流水的冲刷，有部分地段已遭受破坏，并被近期堆积所覆盖。尽管两个洞穴的发掘仅仅是初步的，但都取得了令人满意的成果。

根据统计[2]，灵峰洞的发掘仅在上钙板层中进行，已发现的遗物主要是石制品，总数99件(其中1999年出土的有75件，2004年浸泡过筛获得24件)，与其共生的哺乳动物化石11种(其中1999年出土的8种，2004年浸泡过筛新增的3种)。船帆洞的发掘主要在洞内靠近洞口处进行，下文化层出土石制品303件(2004年出土的未统汁在内)，还有人工石铺地面、排水沟槽、踩踏面和砸坑等遗迹以及烧石、烧骨、哺乳动物化石15种(1999年出土12种，2004年出土新增3种)。船帆洞的上文化层出土石制品79件、骨角器3件，大量炭屑、烧石、烧骨、哺乳动物化石12种(1999年出土9种，2004年出土新增3种)。在船帆洞东壁的3号支洞中，2004年出土石制品20件，哺乳动物化石有41种，这些发现，可以初步建立起万寿岩洞穴遗址的文化序列和年代：即从旧石器时代早期至晚期的四个文化层；从中更新世晚期至晚更新世晚期的四个哺乳动物组合。

万寿岩遗址的一系列发现，将福建的人类活动史向前推进了十几万年，对了解福建旧石器时代文化的发展梗概及其万寿岩一带古气候与环境的变化，提供十分可贵的资料。

由此可见，福建旧石器时代的考古研究，始于上个世纪八十年代末至九十年代初，迄今只有二十多年的历史。此间

"东山人"、清流人"、"甘棠人"、漳州旧石器时代石制品的发现，莲花池山遗址与三明万寿岩洞穴遗址的考古发掘等等，取得了一系列重要的考古发现与研究成果。但是，全省所发现的材料还不够多也不够全，人类化石的地点找到了，却不见文化遗址和遗物，而出土石制品和其它遗物的遗址中，却找不到人类化石。

二、台湾旧石器时代考古简况

相对而言，台湾旧石器时代考古要早得多。

早从明郑时代就有人开始了原始社会的考古。据《诸罗县志》卷12《外记》载："郑氏时目加溜湾开井得瓦瓶，识者云是唐宋以前古窑，惜其物不传，亦不知此瓶瘗自何时，未开辟之先又何得有此瓶而瘗之也。"然而，要论现代科学性的考古，则始于日据时代。

据臧振华记述[4]，台湾现代考古是从1895年《马关条约》把台湾割让给日本以后，由日本的考古学者开始的。但他们的工作只限于调查和小规模的发掘。抗战胜利后，台湾回归祖国，在台湾大学人类学系与一些地方文献委员会的支持下，台湾考古工作者才开始了自己的考古调查与发掘。从日本人1896年在台湾开现代考古之先河，迄今已百年有加。这百余年间，台湾的考古工作，除了在台湾本岛各地以及澎湖、兰屿、绿岛和小琉球等离岛发现了1200处以上的考古遗址外，更重要的是，透过对这些考古遗址和它们所出土遗物和遗迹的分析研究，已经大致建立起400年以前台湾住民的历史，其中包涵了许多年代不一、分布不同、内容与风格各异的古代文化。

早在日据时代，即有学者推测，台湾属中国大陆典型的大陆岛，在距今300万～1万年前之间的更新世冰河时期曾数度与大陆相连，所以冰河时期大陆以狩猎和采集为生的古人类，很可能追随南迁的动物群而来到台湾。这为后来的考古发现所证实。

1971年，台湾大学的宋文薫教授与台湾博物馆的研究人员前往台南县左镇乡调查发现于当地菜寮溪犀牛化石时，又在化石收藏家郭德铃的藏品中发现了一片人类顶骨残片化石。

1974年，日本古生物学家鹿间时夫教授也在台南另一位化石收藏家潘常武的藏品中，发现一片采自同一地区的人类左顶骨化石。连同宋教授发现的两片化石标本由鹿间时夫带回日本研究后，认定属于现代人种（Homo sapiens）。标本经氟和锰计量的测定约距今3～2万年前。这说明至迟在距今3～2万年前，台湾岛上已有人类活动。学者们把这些头骨所代表的古人类称为"左镇人"。此后，在台南左镇附近又陆续发现小数人类头骨化石残片和牙齿化石，多被认为属于"左镇人"。

从1968年开始，由宋文薰和林朝启两位教授所领导的台湾大学考古队，在台东县长滨乡八仙洞的海蚀洞穴进行了五次考古发掘。他们从几个洞穴的底层发现了数以千计用海滨圆砾打制而成的石器和制造石器所遗留的废料。此外，还发现了骨针、骨凿、骨鱼钩、骨质两头尖器与长条形尖器等。著名的考古学家李济博士将这批器物所代表的文化命名为"长滨文化"。经C_{14}测年，该文化年代最早可达到5万年前，一直延续到5000年前才消失，这是迄今台湾最古老的人类文化遗存，从而，建立了我国东南地区旧石器时代晚期文化"长滨文化"。

此后，在垦丁公园内的鹅銮鼻Ⅱ、龙坑以及台东县成功镇的小马等遗址，也均发现类似"长滨文化"的遗物。

通过对"长滨文化"遗址及其出土物的分析研究，可知这些台湾最早的居民，主要是居住在海滨洞穴、岩厦或近海隐蔽背风之处，形成游团式的社会，以渔猎和采集为主，还不知道种植农作物。他们主要是利用以打剥法制成的砾石偏锋砍伐器和砾石石片器作为工具，没有制造陶器的技术。由于"长滨文化"的石器与华南地区若干地区旧石器时代遗址所出土的石器有相当程度的相似性，考古学家推测"长滨文化"的人类有可能是来自华南地区。

第二节　莲花池山文化

莲花池山位于福建省漳州市北郊，南临芝山乡岱山村，距市中心6千米，海拔高度24米，属北郊台地的一部分。三南公路经过台地，并切开莲花池山，露出高12米、长350米的剖面，使旧石器时代文化遗址得以暴露（图63）。

图63漳州莲花池山遗址

莲花池山遗址最初发现两个不同时代的古文化层。下层文化与当地第四纪地层对比，为距今8～4万年前的晚更新世中期；上文化层为距今1.3～0.9万年前的晚更新世末期至全新世早期。

1999年4～5月，第一次对莲花池山遗址进行考古发掘，于下文化层出土旧石器时代石制品共27件（其中的4件出自附近相同地质结构的竹林山）。

与此同时，在上文化层发现了密集的石器地点，采集到1457件以燧石、脉石英、石英结晶体、玉石和英岩为原料制作的细小石器。此后，又在漳州市所辖的东山、龙海、漳浦、平和、诏安以及厦门、龙岩地区的适中等地，也发现了类似的石器地点百余处，采集到大量类似的小型石器。考古学者据此建立了"漳州文化"。它不包括下文化层及其所出土的年代较早的石制品。

莲花池山遗址下文化层出土的石制品，比出自上文化层属于"漳州文化"的石制品的年代要早得多。厦门大学陈国强教授认为[5]（1993），出自下文化层的石器数量虽少（仅27件石制品），但应定名为"莲花池山文化"。不应只把上层较丰富旧石器（10000年前）泛称为"漳州文化"。现在，莲花池山遗址于2005~2006年间又经历了第二次考古发掘，其内容及其文化内涵得到充实，似可称之为"莲花池山文化"，以别于上层的"漳州文化"。如此，莲花池山遗址的两个文化层，分别蕴藏着两个不同时代的考古学文化。

现将莲花池山遗址前后两次考古发掘情况简介如下，属于"漳州文化"的上层石制品并不限于该遗址，故留在下一节介绍。

一、第一次考古发掘

1990年4~5月，由福建省博物馆馆长陈存洗带领的发掘队在莲花池山遗址进行首次发掘。当时正逢漳州市北环路刚刚开挖，该道路将莲花池山一分为二，构成南、北两区。北区的南侧，在公路开挖的边部形成一个很大的剖面，地层层序和它们之间的关系十分清晰。尤玉柱、范雪春将该遗址剖面上的地层划分成六个小层[7]，总厚度超过100厘米，层序和岩性从上到下依次为：

全新统

1.黑灰色壤土，富含有机质，植被覆盖厚，层中经常见有石英砂粒和小砾石。石英砂粗粒；小砾石成分较杂，包括脉石英、花岗岩、花岗闪长岩、硬砂岩等，厚20~50厘米。

~ ~ ~剥蚀面~ ~ ~

上更新统

2.红黄色砂质土，局部过度到砂质黏土，具有比较均匀的微细孔隙，含细小石制品和牛、鹿等化石。厚0~150厘米。

~ ~ ~剥蚀面~ ~ ~

3.上砖红色红土，颜色鲜红，物质成分较单一，为花岗闪长岩风化后再经搬运堆积的黏土；靠上部常见砂粒和小砾石，下部黏性大。砂粒成分均为石英；小砾石多花岗岩和花岗闪长岩，易碎，厚150~600厘米。

4.砾石条带，砾石的粒径大小不一，大者可达20厘米，小者不及1厘米，磨圆度中等，主要成分有石英岩、脉石英、水晶、硬砂岩和花岗闪长岩等，出土石制品。厚5~20厘米。

~~~~~剥蚀面~~~~~

5.下砖红色红土，颜色比上砖红色红土稍淡，属风化后的残积物和搬运堆积的混合物，黏性很大，少见或不见砂粒和小砾石。底部具薄砾石层与下伏网纹红土相接触，厚度较稳定，290~350厘米。

~~~~~不整合~~~~~

中更新统

6.网纹红土，色紫红，成分黏土，菌丝状条纹发育。可见最大厚度450厘米。

~~~~~不整合~~~~~

风化壳。

下伏基岩：侏罗纪花岗岩。

出自上、下砖红土层之间砾石层中的石制品共有27件（其中4件出自附近相同地质结构的竹林山的同一层位）。在27件石制品组合中，以脉石英为原料的12件，以水晶质为原料的4件，利用水晶晶体的10件，另有1件为硬砂岩。石制品可分为非工具类和工具类两种。非工具类包括石核和石片计21件，工具类仅有砍砸器和刮削器两种计6件，其中砍砸器1件，刮削器5件。

非工具类21件，其中石核5件，其中出自莲花池山遗址的3件，出自竹林山遗址的2件。石片16件，14件出自莲花池山遗址，2件出自竹林山遗址。

工具类6件，含刮削器5件：单直刃刮削器2件、直凸刃刮削器2件、多边刃刮削器1件、单凹刃砍砸器1件。

对于这批属于"莲花池山文化"石制品性质与来源问题，莲花池山遗址第二次考古发掘者有新的认识。范雪春等认为[6]（2006），根据地层中石制品的零星分布、所在层位以及与相关地点地层对比，莲花池山遗址剖面上的上、下砖红土间砾石条带出土的石制品不能作为一个文化层对待。该组合的石制品并非原地埋藏类型，而是因山坡的片流作用，破坏了早期地层中的石制品后，经过较短距离搬运再集聚起来的，因此，它不能反映自身的文化特征。

二、第二次考古发掘

2005年冬至2006年春，经国家文物局批准，由福建博物院、漳州市文物管理委员会办公室组成的考古发掘队，对莲花池山遗址的南区进行了为期4个月的第二次正规发掘。福建博物院范雪春为领队，主要队员有：杨丽华、陈子文、阮永好、彭菲、林雪铭、李水长等。

据范雪春等的发掘简报[7]（2006），莲花池山遗址第二次发掘面积达600平方米，遗址南区发掘剖面北壁揭露的地层可分为9个小文化层（图64、65）。

全新统

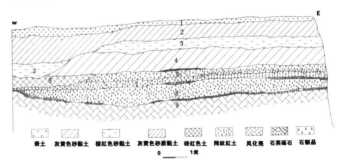

表土　灰黄色砂黏土　棕红色砂黏土　灰黄色原黏土　砖红色土　网纹红土　风化壳　石英砾石　石制品

0　　　　1米

图64　莲花池山遗址南区纬向剖面（采自范雪春等，2006年，下同）

图65　莲花池山遗址经向剖面

1.灰黑色砂质土（耕作土），富含腐殖质，偶夹粗砂或细小砾石，含大量植物根茎。厚20~40厘米。

2.灰黄色含砂黏土，黏性较大，其中夹杂各历史时期的砖瓦碎块。厚度变化大，30~172厘米。

3.淡棕红色含砂黏土，不含或少含细砾石，偶见砖瓦碎片。厚15~105厘米。

~~~~~不整合~~~~~

上更新统

4.灰黄色砂质黏土，色泽均匀，质地较纯，层中具微细孔隙，厚65~90厘米。

~~~~~侵蚀面~~~~~

5.砖红土（即下砖红土层），颜色鲜艳，物质成分单一，黏度很大，底部见有砾石—粗砂透镜体，含石制品（即上文化层），厚40~125厘米。

~~~~~侵蚀面~~~~~

中更新统

6.上网纹红土，棕红色，具大量菌丝状灰绿色斑纹，黏性较大。底部具砾石条带，含较多石制品（即中文化层），厚35~75厘米。

~~~~~侵蚀面~~~~~

7.中网纹红土，棕红色，含大量菌丝状灰绿色斑纹，黏性大，底部夹砾石条带，含大量石制品（即下文化层，原生文化层），厚45~80厘米。

~~~~~侵蚀面~~~~~

8.下网纹红土，紫红色，含大量菌丝状灰绿色斑纹，黏性较大，从上到下细砂含量增多，厚45~95厘米。

~~~~~侵蚀面~~~~~

前更新统

9.风化壳，紫红色，以粘土为主，其中顶部夹杂大量铁锰结核和少量尚未风化的石英、长石颗粒，厚12~25厘米，其下为母岩：花岗岩。

莲花池山遗址的遗迹及其石制品，均出自上文化层、中文化层与下文化层（原生文化层）。

上文化层出土21件石制品中，工具类仅有石锤1件。非工具类有石核1件、断块9件，余者为石片（图66）。

中文化层出土石制品99件，其中非工具类有石核20件、断

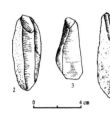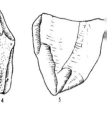

图66 上文化层石制品　　　　　图67 中文化层石制品
（范雪春提供，2006年下同）　　1、5石核　2、4石片
1.石锤　2.石核　3.石片

块36件和石片35件。工具类有砍砸器2件、刮削器6件、尖状器
1件（图67）。

以上两个文化层的石制品，均非原地埋藏类型的石制品组
合，它不具有自身的文化性质，因为它是从另一个原生埋藏类
型的文化层破坏后经流水作用搬运而成的集合体。因此，它难

表30　原生文化层中石制品的分类、测量与统计表

测量项目数量统计		石核		断块与断片	碎块与碎片	石片		刮削器
		锤击石核	砸击石核			锤击石片	砸击石片	单直刃
原料	脉石英岩块	110	36	536	1258	118	51	13
	脉石英砾石	39	3	19	225	10	15	0
	水晶晶体	14	24	248	425	9	59	5
毛坯	石片							16
	断块							1
	石核							0
长宽厚	最长	210	86	76	67	46	98	71
	最宽	137	58	58	43	38	58	51
	最厚	85	56	49	38	26	35	18
分类统计		163	63	803	1908	137	125	18

注：分子代表石器数量；分母代表石制品总数。（采自范雪春等，2006年）

以代表"莲花池山文化",只能作为研究"莲花池山文化"的参考。

莲花池山的下文化层,即原生文化层才是莲花池山遗址最早的文化层,是莲花池山文化的真实代表。该层位于中网纹红土层和下网纹红土层之间的砂砾石条带间(或在下网纹红土的层面上)。原生文化层出土的石制品数量和石制品类型最多,共计3301件。其中非工具类3199件,占石制品总数的96.91%,工具类102件占总数的3.09%。

非工具类包括石核、断块、碎块、碎片、石片等。工具类有石锤、砍砸器、刮削器、凹缺器、尖状器、薄刃斧和手镐等7个大类。其中刮削器包括直刃、凸刃、多刃、凹凸刃、圆头和端刃类,而尖状器有大型与小型之分,砍砸器有重型与中小型之分(表30)。

表30　原生文化层中石制品的分类、测量与统计表

刮削器				石锥	尖状器	手镐与薄刃斧	砍砸器	统计
单凸刃	多刃	凹刃	端刃					
6	2	1	3	0	15	2	13	2164
0	0	0	3	0	2		2	318
1	3	0	11	10	7	2	2	819
5	4	1	1	1	1	1	1	31
2	1	0	0	0	0			4
0	0	0	0	0	0	3	2	5
73	60	71	67		122	118	167	
46	55	46	55	85	98	76	118	
20	26	30	36	71	45	41	73	
7	5	1	16	10	24	4	17	102/3301

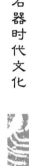

非工具类：

石核，226件，以水晶晶体为原料的有38件，以脉石英砾石为原料的有42件，以脉石英岩块为原料的有146件。

石核大多数属于大型，最大的石核是一件脉石英岩块，长225、宽210、厚138毫米。另一件脉石英岩块长、宽、厚分别为210、137、85毫米。这些大型石核上常有剥片后留下的2~6个大的片疤。除个别外大多数石核上保留有脉石英砾石磨蚀面，或者脉石英岩块的节理面。另有一件较大的大型石核，其尺寸为长179、宽84、厚76毫米。

以脉石英砾石作石核的，多数是采用锤击方法生产石片，通常表面有1—4个石片疤痕。脉石英砾石的尺寸，最大的长不超过100毫米，最小的一件脉石英砾石，长、宽、厚分别为43、33、28毫米。以脉石英岩块为原料产生石片的，既有砸击法又有锤击法，但以砸击法的占多数，有单台面、双台面和多台面加工三种，打片一般不多，通常2—3个，最多的6个，片疤多宽度大于长度。利用水晶晶体为原料生产石片的，基本上采用砸击方法，个别采用锤击法。采用砸击法的，核体上遗留下来的片疤较多，少则3—4个，有的则通身都是片疤和碎小的疤痕，同时，石核上可见大量点状的或条状的砸击点与砸击坑。

断块与断片803件，占石制品总数的24.3%，其中属于脉石英岩块和砾石的有555件，均为不规则的块状体和打片时断裂的小片，水晶质的有248件，占30%。断块的尺寸相对较大，断片的尺寸相对较小，最大的长、宽、厚分别为49、40、38毫米，最小的长、宽、厚分别为31、27、21毫米。

碎块与碎片共1908件，多数是在打片时碎裂的，有的是砸击时出现的崩片。碎块稍大而碎片很细小。

石片262件，分锤击石片和砸击石片两种。其中，锤击石片137件，砸击石片125件。

工具类：

共有102件，包括石锤10件、砍砸器17件（含重型砍砸器10件、中小型砍砸器7件）、刮削器47件（含单直刃刮削器18件、单凸刃刮削器7件、双直刃刮削器2件、单凹刃刮削器1

件、端刃刮削器16件、多刃刮削器3件、圆头刮削器1件、凹缺器2件）、大尖状器9件、中小型尖状器15件、手镐3件、薄刃斧1件（图68、69、70、71、72）。现分述如下。

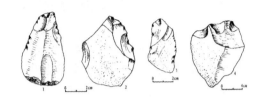

图68下文化层石制品
1.单凸刃刮削器　2.砍砸器

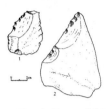

图69下文化层石制品
1.尖状器
2、3.单刃刮削器
4.砍砸器

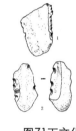

图71下文化层石制品
1.单直刃刮削器
2、3.双刃刮削器

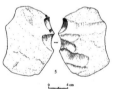

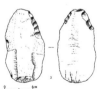

图70下文化层石制品
1.小型石核
2、3.大型石核
4.石锤
5.砍砸器

图72下文化层石制品
1.尖状器　2.手镐

石锤10件，全部采用水晶晶体或水晶晶簇作原料。以水晶晶体作石锤，晶尖和晶座两头都可以作为手握，另一端即可当作锤击或砸击的部位。故用作石锤的水晶晶体的两头，都遗留有大量打击点或砸击时出现的坑疤和崩落碎片的小片疤。有的晶体表面具有较严重的腐蚀现象，晶体两头都布满大量凹坑和崩落小片的疤痕。

砍砸器，17件，分重型砍砸器（10件）和中小型砍砸器（7件）两个大类。

我国广大南方红土分布区砾石石器传统中，不乏有重型器物，例如大型砍砸器、大型手镐和薄刃斧等[8]。在莲花池山遗址中，重型砍砸器的器型也相当大而且厚重，长度均超过100毫米，都以脉石英岩块作原料，特点是在一个侧缘上或前端简单加工出一个刃部，故也可称之为单边刃重型砍砸器或单端刃重型砍砸器。

重型单边刃砍砸器，一般在一侧从背面向腹面剥片，再从腹面向背面打去较凹的片，刃口多呈锯齿状。

重型单端刃砍砸器，器型很大，十分厚重，加工只在前端。以脉石英岩块经砸击后的剩余石核作毛坯，仅在前端从破裂面向背面加工出一个微微凸出的刃部。

重型单凸刃砍砸器，外形似斧，脉石英岩块砸击产生的宽厚石片，背面遗留有岩块的风化面。背面观：左侧边采用交互打击法形成的一个微凸的刃缘，痕迹细小。

重型双凹刃砍砸器，以脉石英岩块砸击出宽厚的石片，呈长方形，后端一般无加工痕迹，前端断缺，两侧缘薄。

端刃砍砸器5件，一般以水晶晶体砸击后的断块作毛坯，后端保留因砸击留下的大量砸坑和砸痕，向前部逐渐变薄成一刃缘，再从破裂面向背面多次加工出微凸的、锋利的刃。

凸刃砍砸器2件，以脉石英岩块砸击石片，近长方形，从破裂面观察，左侧缘有从背面连续加工成的微凸的刃口。

刮削器47件，根据刃缘的形状和刃缘数可分为：单直刃刮削器、双直刃刮削器、直凹刃刮削器、单凹刃刮削器、单凸刃刮削器、圆头刮削器、多刃刮削器和凹缺刮削器等8种。

单直刃刮削器18件，以水晶质砸击断片作毛坯，从背面向断裂面加工，痕迹较细小。在刮削器中，有一些单直刃标本是采用砸击石片的断片作毛坯，仅在一侧边缘从背面向破裂面打出一个直刃。编号TS9E1—23⑦B：1的标本，水晶砸击石片，破裂面不整齐，平面呈梯形，后宽前窄，背面观：右侧缘为腐蚀面而凹凸不平，左侧缘从背面和破裂面相互加工，痕迹细小，互相迭压，是刮削器中加工最好的一件。

单凸刃刮削器7件，以脉石英锤击断片为毛坯，平面呈月牙形，背面遗留原岩块风化面。背面观察，在左侧弧缘上加工，由破裂面向背面敲击出一个凸出的刃缘，右侧是断片断裂的面。有的利用砸击下来的水晶石片，仅在一侧缘上加工出凸刃。

双直刃刮削器2件，器型较小，且薄。加工都在边缘薄刃上，痕迹细小。砸击水晶质断片，三棱形，横断面三角形，三个棱均有加工痕迹，但其中的一个边缘较钝，不作刃口使用，另两个刃缘均为直刃。也有以脉石英砸击的石片，梭形，背面中间部位均为原砾石面，仅在右侧缘从破裂面向背面加工而成。

单凹刃刮削器1件。标本编号TS8E3—1⑦B：6，水晶晶体砸击后的断片，长7厘米、宽43毫米、厚30.5毫米，破裂面不整齐，背面观：在右侧缘有从破裂面向背面连续加工的痕迹，刃口凹形，长41毫米。

端刃刮削器16件，多以砸击脉石英砾石后的半边石片作毛坯，仅在前端从破裂面向背面（原砾石面）进行简单加工。编号G2：1的标本，脉石英锤击断片作毛坯，后端较厚，前端薄，两向加工，刃部锋利。在端刃刮削器中，一些是采用断片加工的，但加工简单。如标本TS93—1⑦B：38的端刃刮削器，是脉石英砾石经砸击后遗留下来的一断片，后端较厚，前端薄，在端部从背面向破裂面加工，刃口长26毫米，刃角70度。标本长51毫米、宽31.5毫米、厚25毫米。有的毛坯是水晶晶体经砸击后的断片，其后端尚遗留砸坑和砸击点，保留部分水晶晶面。

多刃刮削器3件，多以水晶质砸击石片，平面近方形，除后端未经加工外，其余三个边均有从破裂面向背面连续加工的痕迹，刃缘锐利。

圆头刮削器1件，标本编号TS8E2—12⑦B：5，属水晶质小石片，仅在前端近半圆范围内有细小加工痕迹，而后端不见有任何加工痕迹。

凹缺器2件，编号TS7E2—19⑦：2的标本，为水晶晶体砸击后的薄片，长51毫米、宽41.5毫米、厚14.5毫米，背面为水晶晶面，边缘均有断片疤痕。破裂面观：左上部有从晶面向破裂面两次打击后形成一个较大的凹缺，缺距24毫米，再在凹缺上由背面向破裂面加工，剥落的痕迹细小。编号TS9E1—22⑦B：1的标本，水晶质砸击石片，长30、宽29、厚14.5毫米，仅在一个边缘同一位置，由破裂面向背面和从背面向破裂面打出凹缺，再在凹缺中稍微加工，其他边缘无修理痕迹。

大尖状器9件，器型偏大，厚重，加工简单。一般在较宽的晶面上砸开后，采取留有晶尖的部分当毛坯，在破裂面的两个长边缘上从后端到前端，加工修理出一个呈锐角的尖头，特别是在尖头部的两侧有明显的细小加工痕迹，背面依然保留三个原有的晶面，晶尖则作为手握部。有的是砸击出的脉石英块状体，近三角形，破裂面不整齐，可见裂隙纹，前端较薄，后端钝，背面中部遗留原岩块风化面，前端两侧简单加工出一尖头。

中小型尖状器15件，多以脉石英砾石锤击石片作毛坯，背面保留少许原砾石面，其余均为片疤，破裂面不规整，后端厚，向前部逐渐变薄，在两侧边从破裂面向背面加工出夹角80度左右的尖头。另有脉石英砸击石片，外形椭圆，后部保留砸击点，前端部薄，由两侧边向前加工出一尖，多从背面向破裂面敲击而成。有的是利用水晶晶体砸击后的剩余石核，再将晶座和晶尖砸击成尖状而成。

尖状器是旧石器时代石制品中最重要的工具之一，目前所知北方大石器系统中的尖状器以山西丁村最典型，而北方小石器系统中的尖状器器型变化甚大，类型复杂[9]。南方砾石传统中的尖状器有时与手镐等其他工具类型类似。

手镐3件，为水晶晶体经砸开后采用较规整的一半作为毛坯再行加工而成。ZLP下：222号标本，其腹面是被砸后裂开的面，而背面基本上保留了原有的两个晶面，晶棱位于中部，并纵贯器身，腹面可见由两侧从背面向腹面连续修理的痕迹，疤痕宽浅，互相迭压，前端呈弧形，未经进一步加工，尺寸：长109.5毫米，宽53毫米，中间部位厚25.5毫米，近前端厚度为14毫米。编号

G2：23的标本，尺寸：长118毫米、宽75.5毫米、厚41毫米。采用水晶晶体砸击后的剩余石核作毛坯加工而成。破裂面中部隆起，整个面布满砸击时遗留的片疤，边部均经进一步修理，两个侧边交互打击，后端有为了手握而加工的痕迹，前端除原有的砸痕外，也有修理痕迹，前端薄刃，两侧边缘较钝。

薄刃斧1件，标本编号TS7E3—16⑦B：6，由砸击后出现的较大、较厚的石片经修制而成。薄刃斧的外形大致呈平行四边形，长、宽、厚分别为128.5毫米、74.8毫米、30.5毫米。破裂面较平整，背面平，保留原岩块的裂隙面，加工主要在两个侧边和后端。破裂面观：右侧边缘虽然经过加工，但相当厚钝，似不作刃缘使用，左侧边的上、下两个面砸击剥片时出现的既薄且锋利的锐角，可直接作为斧的刃口使用。

关于薄刃斧通常认为形体较大，后部和侧缘多经修理，刃口一般为自然刃或少有加工，两个侧边几乎平行，刃口直或斜，器身断面呈梯形、平行四边形或凸镜型[10]。莲花池山遗址原生文化层的薄刃斧和梁山遗址的手斧比较接近。

综上所述，莲花池山遗址三个文化层石制品的主要特点是：利用的原材料非常单调，仅脉石英和水晶晶体两种，虽然地层中存在石英岩、铁质岩和砂岩等砾石，但未被利用。砂岩风化比较强烈。打片有砸击和锤击两种，水晶晶体多采用砸击，脉石英多用锤击。石核上剥离的疤痕很少，说明其利用率较低。石片多不规则，宽度大于长度的居多，长形石片很少，且由砸击产生的。石器类型少，尤其缺少典型的砍砸器、刮削器和尖状器。石器技术上加工简单，修理痕迹粗糙，细致的修理少见，个别如尖状器加工稍好。总体看来，其文化面貌与南方的砾石石器系统有较大区别。

除了石制品外，莲花池山遗址还在其原生文化层发现人类活动面和冲沟。通过对活动面与冲沟沉积物的分析研究[11]，认为该遗址为原地埋藏性质，是一个连续使用较长的遗址。古人类曾在这里的活动，包括打制石器、狩猎、屠宰猎物、采集植物野果等。

关于莲花池山遗址的文化性质，范雪春认为[12]，出自莲

花池山和竹林山两个地点的石制品原材料有脉石英、水晶晶体和砂岩三种，其中以脉石英作为石核的，既有取自岩脉中的岩块，又有拣自山坡或河流中的砾石，脉石英岩块和砾石的大小差别很大，最大的超过200毫米，最小的仅有80毫米，且打片时都在岩块或砾石的较平一面，采用锤击和砸击两种方法，除个别外，绝大部分石核几乎不作任何台面的修理工作，显示了主人在产生石片时存在较大的随意性。当采用水晶晶体作石核生产石片时，基本上都采用砸击方法，但产片缺乏固定性，也很难砸击出意想的石片，石片的大小差异也较大。但是采用砸击方法往往还能生产出较薄的石片，并可用这种较薄的石片制作小型工具，如小尖状器和刮削器等。莲花池山遗址出土的刮削器，相对于其他类型的石器，有着较好的加工和修理，同时器型也较小，按照一般的标准，莲花池山遗址的刮削器属于中小型，而其他类型的石器相比之下显得器型大、加工较为简单。

总体来看，遗址出土的石制品类型除刮削器、石锥和个别尖状器等工具外，其他类型的工具显得制作比较粗糙，更类似南方的砾石石器文化传统。

莲花池山遗址出土的石制品从选材、打片和加工来看，简单而又粗糙，其原因可能是材料丰富与年代较早。在福建境内已知的遗址和地点如闽中三明地区的万寿岩遗址、永安的黄衣垄遗址，出土的石制品几乎都是采用河滩上较大的、磨圆度良好的砾石为原料，加工较简单，类型也较少，既属于"砾石石器传统"，也属于"权宜性石器"范畴。据大量有关报道，我国南方属于"砾石石器传统"范畴的遗址和地点，石制品的制作和类型尽管不同地区存在一定差别[13][14]，但与北方的相比器型大，类型少，加工简单又粗糙，这显然与气候条件、生态环境有密切关系。

值得注意的是，莲花池山遗址原生文化层所揭露出来的层面，其石制品的排布和自然流水作用下集聚的小石块，呈无规律混杂分布状态。原生文化层的层面略有起伏，并自东北朝西南方向倾斜，角度约15°，小石块形状各异，大小参差，成分除脉石英外还有砂岩、石英砂岩、铁锰结核等，小石块虽然具有清楚的定向性，表明是山坡片流作用的产物。但是，石制品则不然，如巨大的脉石英岩块和结晶完好的水晶晶体，既不是当地和附近所存在的岩石，也绝非片流作用所能形成的，只能是早期人类从别处搬运到这里来的。巨大脉石英岩块和水晶晶体在层面上的无序分布，以及大量具有人工痕迹的断块、碎块和石片，说明是人类曾经在此打片、加工石器，因此这个遗址称得上是一处旧石器加工厂。南京博物院考古研究所房迎三研究员曾报道过发现于安徽宁国毛竹山的旧石器时代早期遗存[15]。该处的早期遗存使用砾石排成石圈，砾石的倾角、倾向无序，其中夹杂13％的石制品，可能与人类居住相关，但与莲花池山遗址原生文化层中砾石的分布状态有明显区别，莲花池山遗址不是人类的居住所。

该遗址主人主要以水晶晶体作原料和制作水晶质的石器，这在我国北方和南方其他遗址或地点中是不多见的，这正是莲花池山文化独有的地方特色。

关于莲花池山遗址的年代问题，尚无测年数据参考，但国家文物局专家组成员、中国科学院古脊椎动物与古人类研究所张森水研究员，中国科学院古脊椎动物与古人类研究所副所长高星研究员，河北省文物局副局长谢飞研究员，浙江省考古研究所副所长徐新民副研究员等，曾亲临发掘现场参观、指导和论证。他们对漳州莲花池山旧石器时代遗址及其周围的地质地貌进行了考察，并在室内对出土的全部标本进行仔细的观察。他们认为：从揭露出的地层和文化层判断，该遗址至少含有三个明确的文化层，其中下文化层出自带菌丝状黄斑的网纹红土中。根据我国华南地区地层序列及有关测试的年代比较，网纹红土中的文化层年代有可能早于距今40万年前。

莲花池山遗址下文化层的绝对年代，尚待对出土物的科学测年。但它无疑是迄今为止福建境内年代最早的文化遗址。

第三节　漳州文化

如上所述，莲花池山遗址的上、下两个文化层，分别代表两个不同时代的文化。下层为红土堆积层中的砾石条带，含有用石英晶体和脉石英制作的石器，其年代较早，而上层覆盖在红土层之上的，是一层红黄色砂质土，其中产有由燧石质原料制成的精美石器，年代稍晚，约为地质时代的晚更新世晚期至全新世早期（约距今13000—9000年前）[16]。

上文化层以燧石为主要原料制作的石制品，不仅在莲花池山遗址第一次发掘时大量发现，而且同时或稍后在漳州市辖的东山、龙海、漳浦、平和、诏安，甚至在龙岩地区的适中、厦门等地，也发现超过100处类似的石器地点及其大量的相同石制品。尤玉柱等据此建立了漳州第一个史前文化"漳州文化"[17]。

本节述及的属于"漳州文化"的石制品，仅限于出自莲花池山遗址上文化层的1457件石制品，不包括莲花池山以外的其它地点所发现的同属"漳州文化"的石制品。

出自莲花池山上文化层的石制品，原料绝大多数为黑色、灰黑色、黑灰色、淡黄色燧石，其次有玄武岩、脉石英、石英结晶体、玉石和英岩等。各类原料的数量及所占比例见表31。

燧石几乎都是属于河床相的砾石，它们是古生代和中生代石灰岩中的夹层，经风化破坏后由河水冲磨搬运而成。石制品中包括石核186件、石片740件、刮削器373件、尖状器120件、锛形器24件、石钻5件、雕刻器7件、小石杵2件。在1457件石制品中，有明显第二步加工并有使用目的的石制品531件，被归入石器类（图73）。

各类石制品的数量以及在全部石制品中所占的比例如下：

石核186件占12.77%

石片740件占50.78%

刮削器373件占25.60%

尖状器120件占8.22%

锛形器24件占1.65%

石钻5件占0.34%

雕刻器7件占0.47%

小石杵2件占0.17%

在"漳州文化"531件石器中，刮削器373件、尖状器120

件、簇形器24件、雕刻器7件、石钻5件和石杵2件。现对石器作如下简述。

1.刮削器

373件刮削器被分为10个基本类型，即单边直刃刮削器、双边直刃刮削器、单边凹刃刮削器、双边凹刃刮削器、凸凹刃刮削器、凸刃刮削器、圆头刮削器、端刮器、凹缺刮器和盘状器。

表31 "漳州文化"石制品各类原料统计

原料	数量	比例%
燧石	1400	96.10
玄武岩	20	1.37
脉石英	13	0.89
石英结晶体	19	1.30
玉石	4	0.27
石英岩	1	0.07

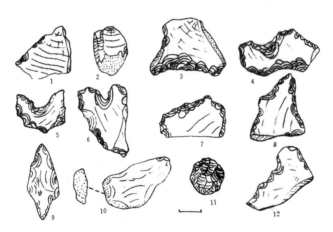

图73 "漳州文化"石制品类型（依蔡保全，1996年）

1～2石片（FDP01—13、99），3单凹刃刮削器（FDP01—48），4双凹刃刮削器（FDP01—52），5～6凹缺刃刮削器（FDP01—30、33），7似石钻（FDP02—45），8尖状器（FDP06—1），9簇形器（FZZ108—014），10石杵（FZZ070—001），11石弹（FDP02—1），12雕刻器（FZZ072—005）。

刮削器作为远古人类日常需要的主要工具，在我国各旧石器时代遗址中是最重要的一类石制品。漳州的刮削器在器形上比其它种工具略小，以单边直刃、单边凹刃、凸刃和凹缺刮器四种占多数。它们加工精细，单向修理的少，大多数的刃不仅从腹面向背面加工，而且也由背面向腹面加工，因而刮削器的刃缘比较规整，明显的锯齿刃缘极少。我国多数遗址中的刮削器，多是单向加工，且主要是由腹面向背面修理的为多，大部分加工不甚仔细，器形很规整的不多。在漳州的刮削器中，凹缺刮器尤为特殊，引人注目。它加工之精美，类型之多，数量之大，在我国的各遗址中尚未见及，是最富有地方色彩和标志性的一类器物。

单边直刃刮削器

多用短石片加工而成，背面常有石皮，厚薄不一，但都有一个侧边具较锋利的刃缘，并沿着该边缘加以修理。器形多呈梯形，加工刃缘在短边上，交互打击，痕迹细小。

双边直刃刮削器

此类刮削器多用长石片并在两个较长的边进行修理而成。这种长石片的侧缘薄而锋利，易于加工，而前端往往钝厚，几乎不予修理。倘若这种石片前端尖锐，则可成为制作尖状器或镞形器的毛坯。

单边凹刃刮削器

由短石片或长石片加工而成，刃口略凹，其它边缘几乎不加修理。凹刃多由交互打击而产生，修理的痕迹有大有小，不甚整齐。

双边凹刃刮削器

数量较少，多由外形不甚规则的石片制成。器身留有较多石皮，多是先打下石片，再顺其凹缘再加工。如FZZ039—089号标本，为一不规则长石片，横断面三角形，前端偏向一侧，与后端间的缘呈一凹形，由交互打击法修理成刃口。与其相对的一侧也修有一凹形短刃，是经背面向腹面加工而成的。

凸刃刮削器

此类型在刮削器中占有重要地位，它由短石片或长石片加工而成。多数的凸刃刮削器，具有长弧形刃缘，常有阶梯状修理痕迹，表明加工刃口时非一次完成，而是先打去稍大的片，使之显示弧形刃缘，然后再进一步细琢，造成锋利的刃口。

FZZ012—009号标本值得注意，它长宽厚分别为18.3、8.0和5.2毫米，形状为半椭圆形，弧形边缘均有由腹面向背面和背面向腹面加工的痕迹，背面上的痕迹具阶梯状，第一次加工的疤痕大而浅，第二次的碎小而陡。因与刃缘相对的另一侧边较厚，而向刃处逐渐变薄，故整个器型呈现楔形或舟形。

凹凸刃刮削器

此类刮削器用稍宽的石片制成，凹凸两刃分别在石片的两侧，从腹面向背面加工成凸刃，由背面向腹面加工的一侧成凹刃。也有从石核上直接打片加工的，台面为原砾石面，未经修理。有的两侧均有仔细加工的微痕，左侧缘是由背面向腹面修成的，凹刃具阶梯状，先剥去的留下浅而宽的痕迹，而刃部边缘的痕迹却碎而陡直。右侧缘有先从腹面向背面打去稍大石片的痕迹，使刃缘更薄，再同方向轻敲细琢成一凸刃。

圆头刮削器

我国旧石器时代晚期遗址中经常发现这种石器，但大部分器身较短，或称为短身圆头刮削器[19]，也有器身较长的，称为长身圆头刮削器。制作最好的山西朔县峙峪遗址的圆头刮削器，大多数是从腹面向背面加工的，而且都在石片的前端。漳州的圆头刮削器除从腹面向背面加工，约有半数是从两个方向修理的。

端刃刮削器

在制作上与圆头刮削器相同，只是在端部不呈圆弧状，或平或斜，而两边不加修制。贵州黔西观音洞旧石器早期文化遗址中有较多此类石器[20]，漳州此类石器数量少，器型亦较小，或者是加工圆头时未能成功的废品。

盘状刮削器

一般用短宽石片作毛坯加工而成，由于通身修理，原来的剥片方向不得而知。漳州的盘状刮削器具有较厚、刃部修理痕迹陡直和通身加工的特点。

凹缺刮器

凹缺刮器加工精细，独具一格，在我国史前遗址中确属少见。按照毛坯和加工的凹缺数，可以分为单凹缺刮器、双凹缺刮器、三凹缺刮器和石核凹缺刮器。

单凹缺刮器

用短宽石片或长石片为毛坯加工，加工的部位几乎都在前端。除对凹缺部分进行仔细加工外，石器的通身都有修理的痕迹。单凹缺刮器在加工技术上堪称上乘，轻敲细琢凹缺部位是从两个方向进行的，即由背面向腹面修理，又由腹面向背面修理。因此，凹缺刃部呈整齐的弧形，而且锋利。

在我国一些旧石器遗址中也曾有单凹缺刮器发现，例如西藏、宁夏、山西和贵州等省，但已知的凹缺刮器和漳州的有很大不同。漳州的凹缺刮器显然是作为专门的一类必需的工具而加工修理的，同时对凹缺部位进行仔细的修制。其他遗址已知的凹缺刮器只是修理时出现的凹缺，不太像一类专用的工具，况且凹缺部位很少再进一步修整。

双凹缺刮器

两件较典型的双凹缺刮器，均由长石片加工而成。当产生的长石片前端钝厚，两侧边很薄时，便可作为制造双凹缺刮器的毛坯。石器的凹缺弧度比单凹缺刮器的弧度小，若用它来抛光木、竹类细杆，其直径约在10～15毫米之间。

三凹缺刮器

形如古代兵器中的戟，多由较短、较宽的翼状石片或歪尾石片修制而成。三凹缺刮器的三个凹缺弧度大小不等，可分别用于不同直径的木、竹杆的刮磨。值得注意的是，由于有三个不同方向的凹缺，因此便具有两个相交的尖头，石片的后端通常不予修理，而两个尖头都有加工的痕迹，可作为尖状器使用。

石核凹缺刮器

当生产石片剩下的石核不能再利用时，只要还具有一薄缘，便可加工成凹缺刮器。有的石核在剥去石片后留下凹缺的刃缘，也予以加工。

刮削器在我国各旧石器时代遗址中是最重要的一类石制品，通常所占的比例约在石器中的70%—90%之间。在"漳州文化"531件石器中，刮削器373件，占石器的70.2%，与我国其它旧石器时代遗址的情况接近，且具有类型繁多的特点。

国家文物局考古专家组成员张森水研究员曾把刮削器作为远古人类日常需要的工具类的主体。这种工具在北京猿人遗址中约占75%。刮削器属于重量比较小的工具之一，通常用于加工食物如切、割、刮动物之肉，或是刮、削植物干、茎等。刮削器在遗址的石制品中占较大比例除了它是最常用的工具外，还在于远古人类使用这种工具都在营地，而其他的一些工具如砍砸器、箭镞、石球等多用于野外作业，故它们遗留在原居住地点自然要少于刮削器。

2.尖状器

尖状器采用的材料基本上为燧石，个别的为玄武岩和脉石英。从石坯看尖状器有普通尖状器(正尖、歪尖)和龟背状尖状器之分。从石片看，大多采用长石片，部分采用短宽石片、翼状石片和歪尾石片，厚石片的很少，只用于加工龟背状尖状器。从器物的长度看，"漳州文化"中的尖状器比其他器型长。与其他地区尖状器类相比(如北方的小石器传统)，漳州的尖状器显得比较单调。

正尖尖状器

由长石片前端加工成尖的和由短宽石片(即横长石片)的一头或两头加工成尖的尖状器归入正尖尖状器。从整个器物形状看，正尖尖状器的尖头和器身基本上在中轴线上。由长薄石片前端加工成尖的正尖尖状器显得比较规整，它也是"漳州文化"石制品中最长的一种器物。

歪尖尖状器

由歪尾石片修制而成。当歪尾石片的尾部较长且薄，便利用其原形修成歪尖尖状器。

龟背状尖状器

这是一种器形比较特殊的尖状器。它们共同的特点是前端有一个稍钝的尖，后身肥大，背部高隆，侧边或加修理，或不

予修理，背部隆起处有的就是原砾石面。

漳州的尖状器虽有一定数量，但总的说来，器型比较单调，加工方法变化较少，倘若以尖头作为前端的话，后端多钝厚。中国科学院古脊椎动物与古人类研究所研究员盖培等人在研究河北省阳原县虎头梁遗址的尖状器时，主要根据后端的形态进行分类，他们认为，底端(即后端)的形态和加工方法对于判断其用途可能有一定意义。这是将形态分类和功能分类相结合的分类法。他们把虎头梁遗址的尖状器分成底端圆钝、底端尖、底端凹入、一侧凹入、底端两侧不对称和底端平等六种。虎头梁遗址的尖状器是我国北方加工最为精美的，而且也是该遗址的代表性器物之一。与之相比，漳州的尖状器要逊色得多，尤其是底端的加工和形态简单得多。但漳州的尖状器绝大部份加工是由两个方向进行的，周边几乎都经修理，这是与其他遗址的尖状器的不同之处。或许，周边也有仔细加工的尖状器，其功能不限于只用尖头，边刃也可作刮削、锯、楔等用。漳州的尖状器，其加工的另一特点是痕迹连续、细小，经多次修理才完成的，这也是和其他地点显然有别的地方。

3.镞形器

这里记述的镞形器，是因为这种器物从类型、大小、加工部位等方面看，与我国北方细石器中的石镞相近，但加工方法不尽相同。漳州的镞形器从形制上看，可分为三角形镞形器、带肩镞形器和带尾(镞铤)镞形器三个类型。

三角形镞形器

外观三角形，大致等腰，前端锋利，底边平，背面常有"人"字峄或纵峄，腹面平坦，通常用长石片加工而成，两侧腰部均有双向修理痕迹，底边或修理或不修理。FZZ099—007号标本，长宽厚分别为22.1、17.4和7.5毫米。从表面遗留的疤痕观察，这件镞形器似有两次加工过程，首先把长石片打成三角形，两侧修成等腰，然后轻敲细琢尖头和两侧边缘。第一次加工的痕迹稍大，疤痕浅而平，第二次加工的痕迹连续而细小。

带肩镞形器

分长身与短身两种，略呈三角形，前端为一锐尖，两侧边靠近底端处各打去一块，使之出现缺口，但底端仍然较大，不是镞铤，两侧对称，背面中部具纵脊，腹面较平。由长薄石片修制而成的镞形器，横断面三角形，尖头小但很尖，有双向加工的痕迹，底端无修理迹象，靠近底端的两侧边各有一个凹缺，和南方常见的有肩石斧相似，整个器型规整，加工细腻。这种器型曾见于山西省朔飞峙峪旧石器时代晚期遗址。据贾兰坡、盖培、尤玉柱记述，峙峪遗址的石镞是由很薄的石片制成的，一端具有很锋利的尖，底端只稍加修理，两侧边近底端处经修理变窄，状如短的镞铤。相同的器型也见于宁夏水洞沟和内蒙古的萨拉乌苏等地。

带尾镞形器

即具有细长镞铤的镞形器，按照前端的形状又可分尖头和扁头两种。大致相同时代的"沙苑文化"中，也曾发现有带铤石镞。从材料看，沙苑的带铤石镞和漳州的带尾镞形器差别较大。前者大多镞身宽扁，镞后部的凹缺不甚明显，铤短(约5毫米)，而漳州的镞形器有铤者均甚长，约10~12毫米，这显然是有意加工而成。沙苑个别长铤的石镞，铤较宽，断面三角形，而漳州者均窄，断面多为凸镜状。关于漳州的带尾镞形器的功能问题，更可能是用于渔猎，窄长的铤部大概是插入竹杆的中间再用皮条固定，用于投射。

4.雕刻器

"漳州文化"的雕刻器，用小石片加工而成，周边常有双向加工的细小疤痕，只是在前端尖部有向一侧打片的痕迹，形成一个侧扁的刃端。如标本FZZ036—004号是一件十分精美的雕刻器，通身加工，外形规整，略呈等腰三角形，底端稍短。两侧和前端有层状疤痕，且有双向修理多次的痕迹。从背面观，有由尖端向右侧边打去长9毫米、宽5毫米的疤痕。这件石器由于精心加工，既有锋利的尖头，也有两侧边的薄刃，可以作为一件多功能的器物，具有刮、削、雕等多种功能。该标本长宽厚分别是28、24.5和7.3毫米。

我国发现的史前时期的雕刻器数量不少，但典型的不多。雕刻器是制作艺术品的工具，"北京猿人"文化中已有雕刻器出现，这是否意味着艺术在旧石器时代早期就已产生。西欧艺术品的出现约距今4万年前，而我国旧石器时代艺术品发现极少。因此，过去认定的一些雕刻器或许并非用于制作艺术品，故其中的一些不能称为雕刻器，尽管它们打法相同。

5.石钻

漳州的石钻共5件，都用短宽石片加工而成，修成钻头的部位常在一个侧边和底端的夹角上。在钻头的两侧有精心修理的痕迹，而其他边部加工甚少。FZZ039—079号标本由短宽石片加工的，原石片长宽厚为24.1毫米、26.2毫米和11.2毫米，修制的钻头不在前端，而在左侧边和前缘的交点上，是由腹面向背面加工，钻头仅4毫米，两侧边呈凹刃。与钻头相对的一端有用直接锤击法打去的一个较大的疤痕，可能是为了方便手握。

6.石杵

石杵是一种特殊的器物，从打制上看，好像是缩小了的石锛的坯。周边有初步加工的打片疤痕，在其一端有砸击其他物体的痕迹，这种痕迹窄、长且深，有的侧缘也有这种疤痕。据推测，石杵可能用来砸开贝壳，故这种痕迹与其他器物上遗留的痕迹不同。两件石杵都用稍长且厚的石片加工而成。

据尤玉柱研究[18]，"漳州文化"的性质可归纳如下数点：

1.文化遗物以石制品为代表。石制品分石核、石片和石器三大类。石制品的原料以黑色、灰黑色和灰色的燧石为主，其次为玄武岩、石英和石英岩等。

2.石制品普遍细小，作为生产石片的石核最大不超过60毫米(长)，一般约30～40毫米，生产石片的方法主要采用砸击法和锤击法，但不排除有用间接法生产石片的可能。从石核遗留的疤痕判断，"漳州文化"时期，由于当地原料的紧缺，石核通常被充分利用，在有的石核不能再打石片的情况下，便加以适当修理，成为石核石器。

3.作为制作石器的毛坯——石片，类型较多，有石条、长石片、短石片、翼状石片和歪尾石片。不同形状的石片和打片方法有关，石片的形状和制作石器也有密切的关系。石片普遍细小，多数长度在9～23毫米之间，宽度在8～24毫米之间。对石片的观察表明，打片时用经修理或不经修理的平面作为台面，利用原砾石面者少见。石片上的打击点清楚，半锥体小而明显，锥疤或有或无；石片通常很薄，带有岩面或原砾石面的石片很少被利用修制石器。

4. 具有第二步、第三步加工的石器，在石制品中占有较大的比重，超过30%，其比例大于一般的史前遗址。石器类型复杂，加工精细，绝大多数的石器具双向加工，即：既从背面向腹面加工，又从腹面向背面加工。加工痕迹通常细小而连续。石器普遍偏小，长度多在10～25毫米之间，重量多在15克以下。从石器的刃部看，有相当多的刃钝厚，似是砸击或是使用的结果。

5. 类型繁多的刮削器是文化遗物的主体，凹缺刮器是富有代表性的、独具风格的器物。凹缺刮器、镞形器、石钻和小石杵构成具地方色彩的石器组合，反映其文化的性质是以猎获海生动物和陆生动物为主的经济生活。

张森水在归纳"漳州文化"的特点时指出[19]，"漳州文化"具有"四个基本一大量"的特点。四个基本是：石制品基本是小型的、石器基本是石片做的、基本类型是刮削器、石器基本上是两面加工的。一大量是：大量存在凹刃刮削器，多凹刃是其文化的标志。

蔡保全对莲花池山上文化层的1475件、东山岛306件以及其他地点总计为1923件石制品进行比较研究[20]，认为漳州地区的上文化层，不管是漳州市北郊还是其他各县材料，从石质到类型，其特征一致，文化内涵单一，全由石制品组成，但石制品的类型丰富多样，有石核、石片、刮削器、尖状器、镞形器、石钻、石杵、雕刻器和石弹等（图71）。他在讨论"漳州文化"的性质时认为，漳州地区上文化层的石制品细小，属小石器，生产石片的方法主要用锤击法和砸击法，具有第二步、第三步加工的石器在石制品中占的比例大，石器类型复杂，加工精细，绝大多数的石器为复向加工。凹缺刮器、镞形器、石钻、石弹和小石杵构成具地方色彩的石器组合。"漳州文化"中大量石片和刮削器应主要用于开膛剖尸、刮剥兽皮上的脂肪、肉和毛。凹缺刮器占刮削器的1／5强，显然具有特殊的用途，最有可能用来抛光竹木杆做箭柄，削制木矛制造投掷器。尖状器量少且不典型，可能主要用于切割兽皮，尤其是进行锥割，具有石钻的功能。镞形器并非典型的箭头，可能既有箭头又有尖状器的功能。雕刻器的功能可以是用于雕刻艺术品或加工较软的石头、骨头、木头和鹿角。石弹的出现，说明"漳州文化"的主人已能用弹弓击鸟兽，而小石杵可能用来砸开小贝壳。因此，"漳州文化"最显著的经济特点是用箭、木矛、弹弓狩猎，用投掷器捕鱼和到水中捞贝。

我国的旧石器工业，可能因地域及其生态环境的不同而形成了细石器、小石器、砾石石器等不同的传统。细石器主要是用细小的石叶加工成很小的石器，可用于镶嵌，也可作为生产工具或武器。我国杰出的考古学家安志敏先生认为[21]，细石器的制作，是为了适应复合工具的特殊需要而产生的一种工艺技术，其典型代表，只能包括细石叶及其所由剥离的母体——细石核。普遍学者认为，细石器是从小石器传统发展而来的，在旧石器时代晚期就已产生了细石器的雏形。

小石器从器形上看近似于细石器，但它不是细石器。小石器利用传统的石片加工，不采用间接打击法。小石器的出现很早，重要的地点有：河北泥河湾小长梁（早更新世）、北京猿人遗址（中更新世）、山西峙峪、河南小南海、四川汉源（晚更新世）等。

尤玉柱等认为[22]，我国华北地区有两个文化传统，周口店第一地点——峙峪系（小石器传统）、匼河——丁村系（大石器传统）。南方的小石器和北方的小石器有着极为密切的关系，但南方的砾石石器则和北方的大石器传统不同，前者基本利用砾石仅简单的加工，而后者主要是用较大石片修制的石器。小石器传统适应的生态环境是近山草原、近山湖海区，其经济以狩猎（包括渔猎）为主，兼营采集，而砾石石器和大石器传统适应山地森林环境，以采集为主，辅以狩猎。"漳州文化"应归入小石器传统之中，由于沿海的环境，其石器组合显示出地方色彩，而别于这一传统的其他文化。

蔡保全在讨论"漳州文化"年代、分布与环境时指出[23]，"漳州文化"被认为是代表福建沿海地区旧石器时代和新石器时代过渡阶段的文化，这无疑是正确的。从层位上看，位于上更新统上部至全新统下部，要比漳州海积平原早，而漳州海积平原的下限为距今8000年前。从上文化层中找到的一些零星化石，虽均属现生哺乳类，但已石化，似放在更新世末期更为合适，因此，尤玉柱等推测"漳州文化"的年代为距今1.3万~0.9万年前。

气候地层学的分析(表29)表明，"漳州文化"的时代为距今1万~0.85年，正是随着冰后期的到来，海平面迅速上升，漳州古人类栖息地不得不往高处迁移，才残留一些今天我们在地表或地下不深之处可以找到的文化遗物。文化遗物所在的地层红黄色砂质土本身，也证明是冰后期温暖且较湿气候条件下的产物，因形成的时间较短，未完全风化为红土。冰后期开始时间一般为距今1.3万年前，而距今2.3万~1.2万年前的晚雨木冰期是更新世最大一次冰期，海平面下降可达130米。如此，当时人类栖息地肯定要往低处移动，这些低洼之地显然会被冰后期海侵时的海积物所覆盖，即距今2.3万~1.2万年前沿海地区的文化遗物现今多为海水所淹。距今8500~8000年前为冰后期海平面相对较低时期，较今低16米左右，这次低海平面造成了莲花池山剖面第5层与第6层间的剥蚀面。距今8000年前以来海平面又继续上升，到距今6500~6000年前达到高峰，随后在现今的海平面振动，因而造成了我们现在所能见到的漳州市区附近的最早海积层为距今8000年前。

有人提出"后旧石器时代文化"，认为其特征是属于旧石器，而时代则小于1万年前。"后旧石器时代文化"除漳州外，岭南地区、三峡地区、云南昆明大板桥、台湾省台东县潮音洞等均有发现。有人认为属于中石器时代，中石器不但包括细石器而且包括相当时期的所有文化，相当于从距今1万年前

第七章　闽台旧石器时代文化

冰期结束至农业开始之间的历史阶段。但由于农业在各地出现的时间不一致，所以中石器时代在各地结束的时间也不一样。虽然器物类型学有助于断代，但是已不宜作为一种绝对或唯一的划分标准，而应当立足于经济形态。中石器时代的特殊经济形态为渔猎经济，它不同于旧石器时代乃向水体取食，其取食范围扩大了。"漳州文化"的年代为距今1万~0.85万年前，此时福建尚未出现农业，工具发生特化，以渔猎经济为主，这些特点恰与中石器时代的特征吻合。因此可以说"漳州文化"属于旧石器时代与新石器时代之间的过渡阶段或者说属于中石器时代。

"漳州文化"的分布可分为几个小区域：位于九龙江西溪至北溪之间的隆起地带，漳州市北郊台地。除《漳州史前文化》中所述的113处外，尚有华安县的上坪和北山边，位于九龙江南岸(西溪以南)的有南靖县的古湖(西溪南岸边)、平和县山格乡(九龙江支流花山溪与洪径溪交汇处)，位于九龙江北岸(北溪以北)的有长泰县铜仔山(九龙江支流龙津溪西岸边)、华安县的仙都和良埔(九龙江支流仙都溪中游)，位于九龙江西溪上游的是龙岩地区适中镇的中溪村，不属于九龙江流域但靠近河边的有漳浦县的枕头山(鹿溪支流)、诏安县的石桥山和龙山岩(东溪上游)，既不属于九龙江流域也不靠近河边但靠近海边的是东山岛上的15个地点和漳浦县佛昙镇山坪村。

除漳州外，紧邻漳州的广东省东部南澳岛也发现属于"漳州文化"的器物，共有石制品150件。在闽东北霞浦县滨海的黄竹岚山，也采集到4件类似"漳州文化"的石制品，材料均为燧石，其中三件石片长15~40毫米，一件刮削器断片8毫米长，刃缘复向加工，但燧石颜色与漳州的不一样，有两件为米黄色，另两件为暗灰色，表明材料来源有别于"漳州文化"，故属地表采集且数量又少，目前较难与"漳州文化"做进一步的对比。

就目前的发现来看，"漳州文化"的分布范围为九龙江流域及以南的漳州地区和广东东部，分布地点不是在河岸边就是在海边，以九龙江的西溪至北溪间的隆起地带最为集中也最为丰富。

依据孢粉资料，九龙江河口平原、漳浦沿海距今9500～8000年前植被面貌为以栲、栗为主的中亚热带落叶阔叶、常绿阔叶混交林，森林比较开敞，林下植被不甚发育，非乔木和蕨类成分较少，反映气候比较温和干燥。广东东部韩江三角洲该时期的孢粉组合表明，该区域主要为常绿栎—枫香属—栲属—红树属组合，木本花粉约占60％，除常绿栎和枫香属外，出现了较多的栲属、红树属、落叶栎以及少量的桤木属、桦属、鹅耳枥属，反映为中亚热带南部常绿阔叶林植被，气候温而较干。泉州市晋江深沪湾距今9000年前的孢粉为海金沙科—金毛狗属—松科—栎屑组合，以乔木植物为主，占48.9％、蕨类植物占38.2％、非乔木占12.9％、孢粉中金毛狗占7.2％、栎属占6.3％、狭叶海金沙占12.7％、流苏树占4.2％、油杉和松属各占1.4％、马尾松占4.2％，反映为常绿阔叶树夹杂针叶树及落叶树的混交林特征。乔木中还含一些喜热常绿的杨桐、猴欢喜属、罗汉松以及壳斗科中的椆属和栎属，蕨类植物含热带植物桫椤和喜热的海金沙、金毛狗等，说明当时这里的气候相当温暖略偏湿润。

几个地点的孢粉分析均表明，当时气候温和、较今略干。"漳州文化"的主人正是生活在亚热带滨海丘陵、平原地区，因气候温暖略干，他们近水而居，因物产丰富，既有野果、淡咸水鱼贝，又有足够的野生动物资源，使得他们无需寻求新的不同的经济活动，无需改进工具，故而抑制了农牧业经济的发展。

"漳州文化"石制品数量多，器型小而繁多，加工精细，颇具地方特色，反映一万年前左右居住在福建沿海的先民已有相当发达的文化。它对研究我国古代文化的发展具有一定的意义。除此，一般都把洞穴作为寻找远古人类与文化的主要目标，而漳州的发现证明露天堆积物包括红土中的冲积、坡积层同样也是寻找古人类化石和古文化的重要场所。在这个意义上说，漳州的新发现为寻找史前遗物开辟了新的途径。

第四节　东山岛旧石器时代文化

东山岛自1987年发现来自东山海域（台湾海峡）海底的人类肱骨化石与哺乳动物化石之后，又陆续发现同属于"漳州文化"的石器地点及其石制品。尽管迄今为止尚未发现旧石器时代遗址，但旧石器地点却已于2004年被发现。因此，东山岛作为"东山陆桥"的发端之地，在"东山陆桥"史前考古中是值得关注的。现对东山岛旧石器时代文化作如下简述。

一、地质地貌及第四纪地层

东山岛是福建省南端最大的岛屿，地理坐标为北纬23°33′33″—23°47′11″，东经117°17′33″—117°34′32″。岛上经长期风化逐渐形成丘陵、低地、小型平原相间的地貌形态。地势大致从西北向东南略呈倾斜状，北、西北多低丘，一般海拔在50～200米，坡度10～35度。东南多海积平原和沙地，一般海拔3～15米。全境共有小山413座，海拔80米以上的有29座，其中以苏峰山最高，海拔274.3米。全岛出露的岩层主要有上三叠统——侏罗系变质岩、二云石英片岩、黑云母闪斜长变粒岩以及侏罗纪花岗岩侵入体。岛上断裂切割、岩石节理发育，造成地形破碎。

主要地貌类型可分为剥蚀—侵蚀构造、剥蚀堆积地貌和堆积地貌三种。海积第二阶地分布范围较小，出露高度在5～10米之间。海积第一阶地主要分布在岛的东南部、东北部、西部等沿海地段，出露高程在5米以下，多数在海拔3米左右，由砂、砂质粘土、铁锰质砂以及泥炭层组成，时代从晚更新世晚期至全新世晚期。风积以沙丘、沙滩和砂垄岗形式覆盖于海积层（包括海积第一阶地和海积第二级阶地）之上，见于沿海地带。

东山岛大多以基岩海岸为主，堆积海岸为次。基岩海岸常见海蚀洞和海蚀崖。其中海蚀洞高度分别为10、25和50米，海蚀崖形成陡峭悬壁。

东山岛内第四纪地层分布较广，几占总面积的四分之三，堆积类型包括强风化的残积物、坡积物、红土、间歇性河流阶地的冲积物、海积阶地的砂、粘土以及风成砂积物等。

更新世中期至晚期的地层以红土出露最多，并构成沿着丘陵边部的红土台地。据观察尚无更新世早期的地层，属于更新世早期的红土也未见及。

中更新统网纹红土多为原岩经风化后残积、坡积和部分堆积形成的混合型砂质粘土和粘土，网纹发育，斑状明显，底部碎屑物多具棱角，层中无层理，厚度3～5米不等。

晚更新统下部红土多覆盖于网纹红土之上，以红色、棕红色粘土为主，少含或不含砂粒，中间常具厚度在3～50厘米之间的砾石条带，总厚度5～15米，最厚可达20余米，见于梧龙、铜陵、西埔、冬古、前楼和康美等地。

福建南部地区主要堆积物分布在河流两岸的阶地上，在东山河流第一级和第二级阶地多分布在间歇河两侧，断续、零星而且狭窄，由底部砾石、中部砂、砂质粘土和上部含砂粘土组成，厚度4～10米。第一级阶地地质年代为全新世，第二级阶地为晚更新世早—晚期。据龙海相同层位揭露的剖面显示，由上部灰色、灰黄色细砂夹黑色粘土、中部砂、下部砾石层组成。

海积阶地见于沿海地段，阶面稍宽，多由砂、粘土和富含有机质的灰黑色和黑色粘土组成，局部形成泥炭层，斜层理明显，交错层发育。第一阶地高出海水面3～5米，第二阶地高出海水面8～12米，是当地最主要的农耕区或盐田区。海积第一阶地的地质年代为全新世—晚更新世末期；第二级阶地为晚更新世晚期。据有关资料记载，海积第二级阶地靠下部常见有孔虫和硅藻类化石，孢粉组合以乔木—蕨类占优势，反映该时期属于常绿阔叶、针叶混交林，温暖湿润气候环境。但是靠上部地层中古生物化石含量明显减少，孢粉组合以蕨类占绝对优势，反映温和、偏干的气候环境。

二、旧石器时代晚期的砾石砍砸器

至今所知，东山岛范围内发现的属于旧石器时代晚期地点仅有1处。它位于苏峰山北坡、后港海岸边，地点编号：FDP015。石制品为1件砾石砍砸器。苏峰山是东山岛上最高的小山峰，山体由上侏罗系兜岭群混合岩和后期侵入的二长岩构

第七章　闽台旧石器时代文化

成的丘陵地，山顶和山坡风化十分强烈，周边地段均有红土堆积而成的红土台地，台地的一部分还向海域延伸，并被海积地层所覆盖；台地高出海水面25米，石制品出自红土层中的砾石条带。地点剖面从上到下可分7层。

苏峰山北坡旧石器地点剖面：

上更新统上部：海积第二级阶地

1.灰白色细砂，纯净，厚30毫米。

2.棕红色粗砂，厚25毫米。

3.砾石层，砾石磨圆度良好，厚20毫米。

~~~~~~~不整合~~~~~~

晚更新统下部：红土台地

4.红土，夹大量角砾，厚度变化大，50～400毫米不等。

5.红黄色角砾石层，砾石磨圆度差，砾径在10～150毫米之间，靠上部偶见石制品，厚20—400毫米。

6.红土，夹少量磨圆度较差的砾石，厚360—600毫米。

7.红黄色角砾石层，砾石磨圆较差，砾径较小，厚0—20毫米。

~~~~~~~不整合~~~~~~

基底：燕山期斜长岩。

石制品仅一件砍砸器，标本编号FDP001，原料为变质斜长岩砾石，质地坚硬，韧度大，磨圆度良好。砍砸器器型甚大，长宽厚分别为137、116、71毫米。在砾石的一端有打去两个大片的疤痕。两个疤痕都是以砾石较平的一面作为自然台面向隆起的一面打击的。在较小的疤痕上还可见再次轻击的较小疤痕，使其成为一个约70毫米的锋利韧缘。在砾石左侧边缘也有砸片的痕迹，两个打击点清楚可见，再以该片疤为台面向同一个面打去一个大片，但片疤不平齐，可能因岩石质地原因造成。其他部位均遗留原砾石面（图74）。根据石器所处的地层层位推测，其年代在距今3万年以上，它和漳州莲花池山下文化层的石制品一样，均属于我国南方常见的砾石石器传统[24]。

三、旧石器时代末期的细小石器

1990年，尤玉柱、蔡保全等曾先后在东山县西埔镇东北

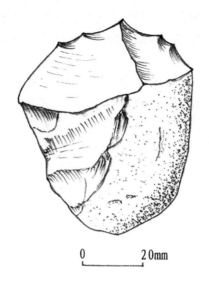

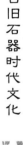

图74砍砸器　变质斜长岩，标本编号FDP001—01

的南山头南坡采集到一定数量的细小石器。该批标本具有明显的人工痕迹。1991年4月，蔡保全、杨丽华等又在下山前山南坡、虎头山南坡和西坑灰场发现3处细小石器地点和几处新石器地点。2002年8月，笔者又在铜陵镇烟墩山、大澳田尾发现两处细小石器地点，并采集了100件细小石器。迄今为止，东山已发现此类石器地点15处。具体地点是：西埔镇的顶西村县自来水厂、西坑壳灰厂、西坑村南、梧龙村埔尾、梧龙村水库；樟塘镇的南山村南山头、岭下村虎头山东南坡、下山前、大林下、新厝村西、铜陵镇的烟墩山台地、造船厂后田尾、黄道周公园、第三小学、前楼镇的东英村岱南水库。地点编号：FDP001～FDP015。在15处石器地点中共采集小石器410件。

410件石制品包括：石核55件、石片258件、刮削器83件、尖状器7件、石弹2件、石钻1件、石戈1件和雕刻器1件。

显然，在工具类中也是以刮削器为主体。在器形上比其他工具稍小。其中，单边直刃、单边凹刃、凸刃和凹缺刃刮器占多数，且加工精细，器形较规整。凹缺刮器的加工之精细、类型之多、数量之大，也是我国各遗址中少见的。它是"漳州文化"中最富地方特色的一类工具。此类工具被认为用来刮光木、竹杆，以便进一步制作成箭、投掷器，或是制作捕鱼与捞取螺贝的复合工具。

在全部细小石器标本中，可分为非工具类（包括石核和石片两个类型）和工具类两大类。工具类又分为用于生活的工具类和用于生产的工具类。用于生活的工具类包括各种类型的刮削器、尖状器、雕刻器、石钻四种；用于生产的工具类有石戈和小石弹两种。其中刮削器有多种类型，如直刃刮削器、凸刃刮削器、凹刃刮削器、多刃刮削器（即多用器）、凹缺刃刮削器、圆头刮削器等。各种类型数量分别统计如下表（表32）。

表32 东山细小石器的分类、统计和百分比

类型			件数	比例%
非工具类	石核		55	13.41
	石片（包括部分废片）		258	62.93
工具类	刮削器类	直刃刮削器	37	20.24
		凸刃刮削器	2	
		凹刃刮削器	20	
		多刃刮削器	3	
		凹缺刃刮削器	19	
		圆头刮削器	2	
	尖器类	单尖器	5	1.71
		双尖器	2	
	雕刻器		1	1.71
	石钻		3	
	石戈		1	
	石弹		2	
统计			410	

在非工具类的细小石器中，石核55件，石片包括废片在内计285件。石核分属锤击石核和砸击石核两种，所采用的原材

料包括燧石、脉石英和石英3种。锤击石核和砸击石核所用的原料都是较小的石块，片疤重复，说明利用率很高。石片原料计有燧石、石英、水晶、砂岩、石英岩、辉绿岩和火山岩等。在砸击石片过程中，有大量并不成形的石片，将其列入废片范畴。东山采集的石片中多数比较成形，但通常宽度大于长度，长度大于宽度的石片也有一定比例。石片普遍细小，边缘较薄，宽短石片和长形片的数量大致相当。从石片的破裂面看，可能存在用软锤打击的石片。

在东山采集的小型石核与漳州市北郊采集的同类标本十分相似。漳州的同类标本共186件，也包括锤击和砸击两种，虽然漳州标本最多的石核长宽分别为40.8、30毫米，但多数的尺寸在长25、宽20毫米之间，这和东山的标本相当。两地的石核都有单台面、双台面和多台面之分，打击方法和石核的利用也很相似。但是值得注意的是，东山岛内从调查所知，并没有燧石石料，冲积阶地和海积阶地的砾石层中不存在燧石砾石，故东山原料可能取自相邻的漳浦县、云霄县或其他地区。

东山采集的石片与漳州市北郊采集的石片大同小异，但东山未见石条、小石叶、翼状石片和歪尾石片。漳州总共740件石片中以宽度大于长度的石片占多数，这一点与东山相同。

在东山的材料中，有一些可能属于采用软锤打击的石片。这种石片的基本特点是：石片显得长而窄，很薄，打击点相当小，破裂面平整。如编号为FDP02—92的标本，是1件淡黄色燧石石片，长、宽、厚分别为35、18、2毫米，是从竹叶状燧石块轻轻敲击下来的，整个石片的前、后缘几乎等厚，平齐，鼓疱极小，放射线不明显。

用软锤打击石核是生产长薄石片的重要方法。我国北方细石器遗址出土的石制品中经常看到，尤其是利用燧石作原料更是如此。漳州和东山的细小石器传统中看来也有此方法打制石片的。

在工具类细小石器中，属于刮削器的总共83件，占石制品总数的20.24%，占工具类总数的92%以上。刮削器中直刃刮削器37件，凸刃刮削器2件，凹刃刮削器20件，凹缺刮削器

第七章　闽台旧石器时代文化

19件，多刃刮削器3件，圆头刮削器2件。各类比例分别为：44.6%、2.4%、24.1%、22.9%，3.6%、2.4%。可见在刮削器类中以直刃刮削器为优势，凹刃刮削器和凹缺刮削器次之，而凸刃刮削器、多刃刮削器和圆头刮削器少见。东山部分细小石器见图75～83。

据有关资料，漳州市北郊采集的细小石器中直刃刮削器共百余件，单直刃刮削器占主要位置，多用短宽石片加工而成，通常集中在一侧以交互打击产生一个锯齿状刃缘，从长、宽、厚尺寸看，东山的材料与其相似。

在工具类细小石器中，凹缺刃刮削器有13件。凹缺刃刮削器在工具类中是一种重要的类型。这种类型的刮削器大多用短宽石片加工而成，在外形看似蝴蝶，它具有两个翼和之间的凹缺，并在凹缺部分加以精心加工。凹缺刃刮削器的重要性不仅见于东山，也见于漳州北郊和漳州后壁山材料中。

工具类细小石器中的3件单尖器，可称得上佳品，不仅加工细腻，而且形制工整。漳州北郊采集的细小石器中尖器类占有较大比重，都以燧石石片经加工而成，尽管类型多样，但制作并不精细。东山的单尖器若放在箭镞类也未尝不可。另有1件雕刻器也堪称佳品。这是一件采用灰褐色燧石短宽石片为毛坯加工而成的雕刻器，长24、宽17、厚8毫米。此件雕刻器主要的修理集中在器身的前端，从两侧向前面先修成一个尖头，再从尖头向一侧打去一小片，使其出现锋利的长薄刃缘。

至今在闽南沿海地区发现的细小石器组合中，雕刻器的数量有限，漳州北郊有7件，后壁山有3件，而漳浦未见此类标本。在漳州北郊所采集的7件中，有1件编号为FZZ036-004的标本，形制相当规整，外观也十分精美；标本的两侧都具有层叠状的疤痕，通身都经仔细加工，端部有一个侧扁的刃缘。东山的这件雕刻器虽不具通身修理，但在端部的加工也是相当细致的。

除此，东山还发现3件石钻，1件石戈。

东山的细小石器同属于"漳州文化"的范畴，只是在器物

海峡陆桥史前考古

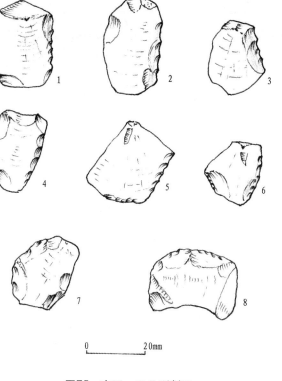

0   2 0mm

图75 直刃、凹凸刮削器

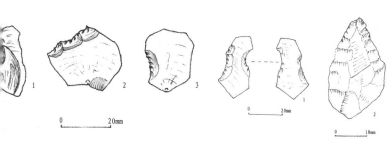

0   2 0mm

0   2 0mm

0   18mm

图76 1～3单凹刃刮削器

图77 1双凹刃刮削器，2尖状器

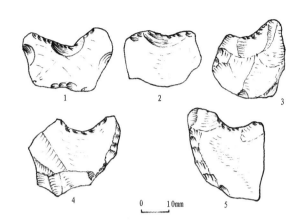

图78　1～5凹缺刃刮削器

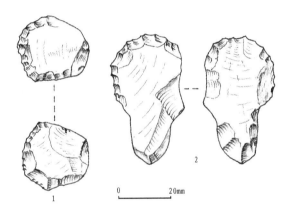

图79　圆头刮削器

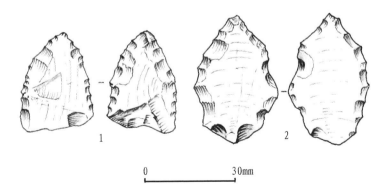

图80　单尖器

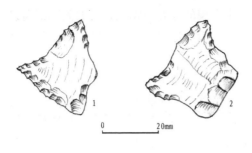

图81 双尖器

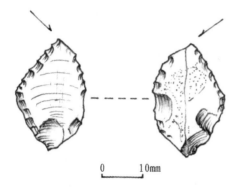

图82 雕刻器

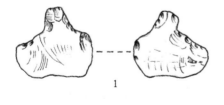

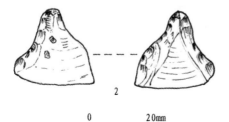

图83 石钻

类型上稍有差别。如东山有生产方面的工具（石戈和石弹），而其他地点尚未见及。漳州北郊石制品的数量巨大，因此在分类上必然很多，存在相当数量的凹缺刃刮削器，特别是存在石箭镞和石杵类型，而其他地点未见。但无论如何，这些地点发现的细小石器都应属于同一个文化传统。

东山此类石制品，基本上出自红土台地之上，一般在海拔25—30米高度上，不与陶器或磨光石器伴生，在海积第二阶地上部未曾发现过。因此，其年代置于旧石器时代末期是合适的。

值得一提的是，东山发现的哺乳动物化石上的人工刻痕以及动物角骨制成的骨角器，无疑是"东山陆桥"旧石器时代文化的要素之一。

哺乳动物化石所保留下来的人工痕迹，主要有切割痕、砍砸痕和刻划痕。切割痕主要都出现在鹿角之上，其使用的主要工具是小石器中的切割器。切割的意图是截断过长的角枝，以便进一步加工成生产工具，而在角节处出现的切割痕，大多是剥离鹿皮时留下的痕迹。砍砸痕主要出现在较大型动物的肢骨上，如象、水牛等。它应为狩猎后肢解动物时留下的痕迹，其使用的主要工具是较大型的石器。

在骨角制品中，生产工具和武器主要有骨槌、角镐、角矛与尖状器。骨槌采用水牛的桡骨制成。人工从桡骨中部截断，取其远端部分，利用其远端半球状隆起的关节做为槌击面。角矛是利用鹿角尖磨光制成，状如弹头，它和尖状器均有广泛的用途。在骨角制品中，有两件刮磨光的梅花鹿角。其中一件与我国20世纪30年代初发现的旧石器时代晚期的周口店山顶洞的原始艺术品"磨光的鹿角"一模一样，甚至磨光的角杆上也隐约有一些神秘莫测的刻划纹，它是一件原始的艺术品。

这一批角骨器，在某种程度上反映了"东山陆桥"史前人类社会的经济形态及其文化特征。关于这一点，将在下面的章节详述。

第五节　三明万寿岩旧石器时代遗址

三明万寿岩旧石器时代遗址位于三明市三元区岩前镇万寿岩，东距三明市17千米，地理坐标为北纬26°16'13″，东经117°29'37″。万寿岩是一座孤立的小山，从山的西坡脚下至西南坡山腰，从低到高分布着船帆洞、龙井洞和灵峰洞等一系列溶洞。旧石器时代堆积主要埋藏于灵峰洞、船帆洞及其洞口附近的岩棚。它是一处迄今为止福建省最古老的洞穴遗址（图84）。

该遗址发现于1985年，三明市文物管理委员会李建军等人多次对万寿岩几个洞穴进行考古调查，为寻找史前遗址提供了

图84　三明万寿岩遗址（引自万寿岩遗址发掘报告，2006年，本节下同）

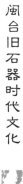

重要线索。直到1999年的首次考古发掘，才使该洞穴类型的旧石器时代遗址得到了证实。

　　万寿岩遗址的发现，是福建乃至整个东南沿海地区重大的考古发现。它于2000年被评为全国十大考古发现之一。

　　万寿岩遗址先后经历两次正式的考古发掘。首次考古发掘从1999年10月8日至2000年1月25日。第二次考古发掘是从2004年2月开始，分三期进行，至2004年底基本结束。

　　现根据该遗址的考古发掘报告[25]，作简述如下。

一、洞穴沉积物及其年代

　　灵峰洞洞内地层可分为5层，自上而下为：

　　第1层黄色杂土，为明清时期及其以后的堆积，中夹杂大量砖、瓦以及角砾等，无层次。厚0.1～0.7米。

　　第2层褐色砂质土，为宋代人工填土，混有角砾和碎瓦，出土大量黑釉、青釉、青白釉瓷碎片，偶含商周时期的磨制石锛、陶纺轮和印纹硬陶片等，此外，尚有百余件打击石制品，无层次。厚0.42米。

　　第3层淡灰黄色钙质砂质黏土(上钙板层)，偶含粗砂，钙质含量高，胶结紧密，坚硬，偶含石灰岩角砾，具细微薄层理，层间局部较软，并呈纹理构造，出土石制品和哺乳动物化石，厚0.25～0.6米。

第4层钟乳石钙板层(下钙板层)，仅局部出现在洞内北侧。据观察该层是洞壁的石钟乳形成过程中向洞底延伸的结果，出露部位则成为第3层的基底。钟乳石钙板层相当纯净，可见方解石晶体。第4层最厚为0.2米。

第5层淡黄色砂质黏土，富含钙质，已胶结成坚硬的钙板层。该层仅分布于洞内的北侧，层理清楚，较薄，层面平坦，表面可见小哺乳类骨骼化石。层厚0.15～0.25米。

南京师范大学年龄研究中心对灵峰洞洞内沉积物所做的铀系法年代测定结果如下：剖面上的第3层——即钙质砂黏土层(上钙板层)顶部测年为距今18.5万年，上钙板层中部测年为距今24.6万年，上钙板层下部测年为距今26.2万年。总体看来，灵峰洞中出土文化遗物的地层年代应不晚于距今18万年前，但不早于25万年前，故其地质时代应为中更新世晚期，年代约在25～18万年前之间。

船帆洞洞内地层较为复杂，依照1999年以及2004年两次发掘探方的综合地层资料，重新划分为26个自然层，地层总厚度为1220厘米，并按地层之间的叠压关系、哺乳动物化石、年代测定以及岩性等，再将26个自然层组合成从上到下的四个地层单元（A、B、C、D），各地层单元之间均为不整合接触，基岩为上石炭统块状石灰岩。

全新统

A(第一地层单元)：

杂色亚黏土、黄红色黏土，厚380厘米

～～不整合～～

上更新统上部

B(第二地层单元)：棕黄色砂质黏土、褐色黏土(中部含上文化层)灰绿色含砂黏土(底部含下文化层)，厚420厘米。

～～～～～～不整合～～～～～～

上更新统下部

C(第三地层单元)：顶部钙板，中部深棕色、淡黄色黏土互层，下部灰绿色砂质黏土含大量化石，厚150厘米。

~~~~~不整合~~~~~

中更新统上部

D(第四地层单元)：黄褐色角砾岩、棕褐色粗砂、含砾砂层夹黏土、褐黄色细砾厚270厘米。

上石炭统

(基岩)：块状石灰岩。

四个地层单元的剖面简介如下：

A单元，即第一地层单元，时代为全新世。A层中存在两个明显不同的堆积物，较早的一次沉积，岩性为淡黄色黏土，质地较纯净，仅出露在洞内的南侧地段。较晚的一次沉积为宋代及其以后的填土与流水冲积的混合物。

B单元，即第二地层单元。岩性为黄褐色、棕黄色、淡褐色砂质黏土及黑褐色含砂黏土，为洞内堆积中最厚的一层，每单层厚度较小，部分地段含有小钙质结核，状如豆，表面不规则。淡褐色黏土中，含少量角砾，局部有炭屑、灰烬、烧土和烧骨，出土石制品和化石，属上文化层。B层的最底部，即在黄绿色含砂黏土和腐殖土间发现石铺地面遗迹，含有石制品和哺乳动物化石，属下文化层。

根据对炭屑的碳十四年代测定，上文化层为距今2.9~2.6万年，下文化层为距今4~3.7万年。

C单元，即第三地层单元。岩性顶部为灰黄色钙板层，中部为深棕色、淡黄色黏土互层，下部为灰绿色砂质黏土。上、下部含文化层，出土石制品和伴生哺乳动物化石，厚度仅150厘米，属于埋藏型沉积物，其上全部被晚期堆积物所覆盖。第三地层单元富含钙质和铁锰质，钙质结核稍小，铁锰质结核较大，顶部钙板层和下部灰绿色砂质黏土层中，含少量石制品和大量哺乳动物化石。出土的哺乳动物化石与邻近的明溪剪刀墘山动物群相近，后者年代测定为距今11.8万年，故将第三地层单元归于晚更新世早期。

D单元，即第四地层单元，岩性为上部褐黄色细砾岩，中部棕褐色粗砂夹有砂砾和黏土，下部黄褐色角砾岩，仅见于洞内的东壁出露部分。该层的岩性与灵峰洞洞内的上下钙板层以下的堆积物在成分和物质结构上相似。

鉴于其上覆盖有第一至第三地层单元堆积物，故其年代被暂时定在中更新世晚期。

船帆洞3号支洞含有石制品和化石的地层，通过与船帆洞地层的比较，可以知道，无论在物质组成上还是结构上都与船帆洞洞内上文化层的地层相似。

二、灵峰洞的石制品

灵峰洞旧石器时代的石制品主要出土于洞内的第3层，共99件。

这批石制品的原料有石英岩、石英砂岩、砂岩、硅质岩、辉绿岩、玢岩和脉石英等7种。石制品包含有石核、断块、断片、石片、石锤、刮削器、砍砸器和雕刻器等，分为非石器产品和石器两部分（图85、86）。

（一）非石器产品83件，包含石核、断块、断片和石片。

（1）石核9件，分单台面石核和双台面石核两种。

（2）断块30件，据外形分为四边形、三角形和梭形断块。

（3）断片9件，多数形状不规则，略呈梯形、三角形和新月形等。

（4）石片35件，分锤击石片和锐棱砸击石片两类。

其中的锐棱砸击石片2件，均为宽型石片，台面后斜，自然台面与背面相连处有一缓折棱，背面全为自然面，破裂面近端有较粗的打击点、不明显的半锥体和较清楚的放射线。编号为99FSLT17③：P01的标本，为砂岩石片，远端及两侧均见打击痕迹，长58、宽86、厚16毫米。另一件标本号为99FSLT4③：P09的石英砂岩半边石片，长39、宽58、厚12毫米（图87、88）。

（二）石器16件，其中石锤2件、刮削器10件、砍砸器3件，雕刻器(类似)1件。显然，刮削器在石器中占有重要地位。

（1）刮削器，用锤击石片加工而成的6件，以断块为毛坯

海峡陆桥史前考古

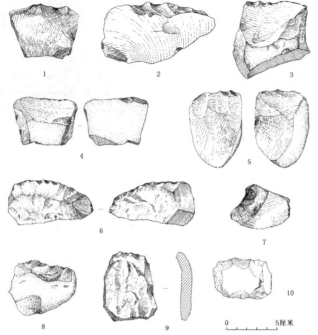

图85　灵峰洞刮削器　1～5.单直刃刮削器　6.单边凸刃刮削器
7～8.单边凹刃刮削器　9.单端凸刃刮削器　10.双直刃刮削器

的4件。刮削器的进一步加工均用锤击法，有单向加工，也有
复向加工。刮削器的加工均粗糙，加工痕迹多只占长边的一部
分。标本最长116、最短41毫米，最宽84、最窄38毫米，最厚
34、最薄12毫米。刃角最大88°、最小41°，平均62.3°。器型按
刃部形状可分为单边直刃、单边凸刃、单边凹刃、单端凸刃和
双直刃刮削器。

（2）砍砸器3件，均用砂岩作毛坯，分单端直刃、单边凸
刃和单端凹刃砍砸器。

（3）雕刻器(类似)1件，标本号为99FSLT6③：16，以石
英砂岩为原料，采用半边石片加工而成。标本的远端可见类似
平面雕刻器的打击痕迹，但纵向的打击不清楚。刃角68°，长
71、宽37、厚22毫米。

三、船帆洞下文化层的遗迹及遗物

船帆洞于1999年首次发掘的重要收获是揭露出两个文化

第七章　闽台旧石器时代文化

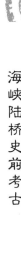

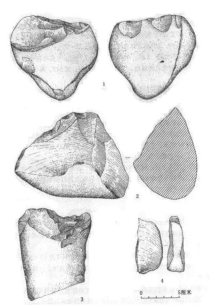

图87　灵峰洞锐棱砸击石片

图86　灵峰洞砍砸器和雕刻器　1.单
端直刃砍砸器　2.单边凸刃砍砸器　3.单
端凹刃砍砸器　4.雕刻器

图88　灵峰洞锐棱砸击石片

层，即下文化层和上文化层。

　　下文化层的遗迹和遗物主要有：人工石铺地面、排水沟槽、踩踏面和凿石坑等。遗物主要为石制品、与文化遗物伴生的哺乳动物化石共12种，另有爬行类化石2种。

　　（一）石铺地面

　　石铺地面是下文化层揭露出的最重要的考古遗迹之一（图89）。

　　1999年发掘时所揭露的石铺地面面积为：南北长22、东西宽4.8～8米，面积约120平方米。根据发掘者判断，石铺地面可能存在的范围为南北长22.4、纵深9米，面积超过210平方米，但因晚期流水的破坏，部分边缘存在残缺现象。

　　石铺地面上的铺石多数为石灰岩，其次为石英岩、石英砂岩和砂岩，脉石英、硅质岩和辉绿岩仅占少数。铺石的表面大致平齐，但略有起伏。铺石全部为单层，局部地段铺石与洞底面的钙板层或基岩取平。从晚期被破坏的断面上可以看到，多数地段的铺石直接铺在原洞底的钙板层之上。铺石经过长期风化呈黑褐色或灰黑色，其表面有强烈溶蚀现象。另一重要现象是：砾石或岩块不与石灰岩壁接触，两者的距离大约在50~80厘米之

图89　船帆洞洞内石铺地面遗迹
（东北—西南）

间，可排除流水作用的因素。洞内石铺地面高于洞外古地表约1.5~2米。

船帆洞西北部向洞口凸出的部位地面稍高，虽也有铺石，但石料相对较小，且排列密集，表面凹凸不平。在北侧和东北侧，各有一个不规则的自然坍塌面，至今依然有一些铺石保留在陷坑中。

2004年2~4月发掘时，在原石铺地面南侧以东4米处的探方中，发现约3平方米的石铺地面，可能原来此处和上述的石铺地面相连，只是因后来的破坏而分开。该探方揭露的石铺地面采用的砾石较大且扁平，并将平的一面朝上，有棱角的一面朝下，其表面显得十分平整。据计算，石铺地面原有的面积超过200平方米。铺石既有石灰岩，也有石英岩和石英砂岩。扁平度较好的铺石，显然采自河滩。

（二）踩踏面遗迹

位于石铺地面的中部地段，用含石英砂粒的黄绿土铺垫，范围约36平方米，无铺石，地面较平，土质坚硬，色呈棕红，略低于石铺地面，与周围的铺石地面无明显界线，推测应是当时洞口内侧的中心活动区。从遗迹与遗物的关系看，下文化层所出的绝大多数石制品与哺乳动物化石，均出自石铺地面。

（三）排水沟槽遗迹

发现于石铺地面与岩壁的交接处，共有4处。其中1处排水

功能明显，整条沟槽沿岩壁根部环绕，总长8米。槽面单层铺石，西高东低，倾斜8°。另有3处类似沟槽的遗迹，位于石铺地面的北部与南部，可能是铺砌地面石块时，遇岩壁或大钟乳石后特意留出一定的间隙而形成的沟槽，使洞壁的滴水不会直接渗透到石铺地面上。

（四）石制品

船帆洞下文化层1999～2000年出土的石制品共303件（不包括留在遗址原地的80余件）。在303件石制品中，原材料主要是砂岩和石英砂岩，另有少量石英岩、硅质岩、变质岩、燧石和页岩。全部原料均为河滩砾石。

石制品包括非石器制品(石核、打击砾石、断块、断片和石片)和石器(石锤、刮削器、砍砸器、尖状器和手镐)两类（图90）。

1.非石器制品231件，包含石核24件、断块146件、断片23件、打击砾石2件、石片36件。

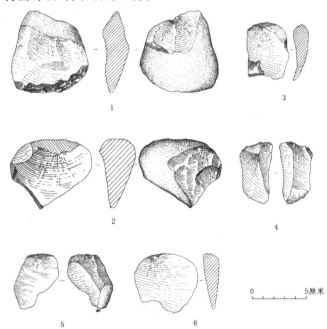

图90　船帆洞下文化层锤击石片与锐棱砸击法石片　1～5.石片
6.锐棱砸击石片

2.石器72件，包含石锤6件、刮削器49件、砍砸器共9件（分单直刃砍砸器、单凸刃砍砸器、单凹刃砍砸器和凹凸刃砍砸器四类）、尖状器6件、手镐2件。

手镐均以砂岩砾石为毛坯，正尖。编号为99FSCHTl5⑦：P01的标本，加工是在砾石一端较平的一面向较凸的一面沿两个侧边打击，使前端形成薄而锐的尖刃，左右两侧刃在前端相交，形成薄且锐的尖刃。侧刃角68～90º、尖刃角66º。残长113、宽108、厚51毫米。编号为99FSCHT24⑦：P48的标本，以砂岩为原料，在砾石一端两侧错向加工，形成横断面呈三棱形的锐尖，侧刃角68～70º，尖刃角65º，长153、宽109、厚73毫米。

四、船帆洞上文化层遗物

船帆洞上文化层出土的遗物包括石制品79件、骨角器3件、若干刻划骨片以及大量烧石、烧土、灰烬等。伴生的哺乳动物化石10种、爬行类动物化石1种。

船帆洞上文化层出土的79件石制品，采用的原料大体与下文化层相似。非石器制品包括石核、断块、断片、打击砾石和石片；石器包括石锤、刮削器、砍砸器和石砧。

1.非石器制品95件，包含石核10件、断片34件、断块34件、断片8件、石片8件、打击砾石1件。

石片中含有锐棱砸击石片1件，标本号为99FSCHT8⑦：P12的石片，属石英砂岩，自然台面向背面倾斜，石片角84º，打击点粗大，无半锥体，放射线清楚，破裂面较平整，具有锐棱砸击石片的典型特征，长53、宽58、厚14毫米（图91）。

在石核中含1件锐棱砸击石核，标本号为99FSCHTl0⑤B：P~04，属砂岩，扁圆形，在石核纵轴的顶端可见粗大的打击点和清晰的放射线，核体上留有

图91　船帆洞上文化层锐棱砸击石片

椭圆形的大石片疤，台面角100°，长122、宽110、厚52毫米（图92）。

在8件石片中含1件锐棱砸击石片，标本号为99FSCHT5⑤B：P33，砂岩。线状台面大，台面后缘有一个宽大打击点和不规则疤痕，石片角87°，长64、宽94毫米。

图92　船帆洞上文化层锐棱砸击石核

2.石器18件，包括石锤8件、刮削器5件、砍砸器4件和石砧1件。

五、船帆洞上文化层出土的骨、角器

船帆洞上文化层的骨、角器均出土于第二地层单元的第8层下部，包括骨锥、角铲以及带切割痕迹的鹿角饰和刻划骨片。

(一)骨锥1件。标本99FSCHT10⑤：P13，由中等体型哺乳动物的管状骨经磨制而成。器物表面呈淡黄色，器身大部分磨光，局部保留刮削痕迹，下部断残。骨锥保留长54毫米，最大直径10毫米。横断面呈圆形。

(二)角铲1件。标本99FSCHT12⑤B：1705，由鹿角制成，上部断残。该角铲成器过程大体如下：先从鹿角主干上剁下一段并打裂成片，再将角片的裂面磨制，使其呈约35°的斜刃，残长69、宽24、厚7毫米。

(三)带切割痕迹的鹿角饰1件，标本99FSCHT5⑤B：P14，系梅花鹿的义角角尖。在标本下端遗有切割形成的较规则的凹槽。凹槽从左向右逐渐变浅，凹槽最深处1.6毫米，槽口宽1.6毫米，槽壁上部稍陡，下部较斜，横断面略呈"V"字形。从标本大小和槽壁较光滑来看，有可能是一件装饰品，残长42、最大横径13毫米。

六、船帆洞3号支洞的石制品

该支洞位于船帆洞东壁，呈窄长条形，东西长12.5、宽

1.2~2.8米，东、西两端出口均朝南，与船帆洞主洞相通（图93）。

该支洞埋于近代杂土之下，覆于石灰岩之上的是一套富含哺乳动物化石的地层，出土的化石保存良好，石化程度较高，

图93　船帆洞3号支洞遗址现场

并有较多带齿列的动物牙床。

该支洞出土石制品20件，另有若干刻划骨骼以及大量哺乳动物化石。据观察得知，船帆洞3号支洞的地层与靠近洞口剖面的第17—21层相当，时代早于船帆洞上、下文化层。

（一）石制品

船帆洞3号支洞出土的石制品20件，全部出自船帆洞3号支洞剖面的第5层。分非石器制品和石器两类。石制品的原料以石英岩最多，次为砂岩和石英砂岩，另有脉石英、硅质岩、玢岩和辉绿岩。

非石器制品12件，包含石核3件、断块3件、断片1件、石片5件。

石器8件，包含刮削器5件、砍砸器2件、石钻1件。

船帆洞3号支洞出土的石制品因数量很少，难以对其文化性质作出较明确的判断，但就目前所知的20件石制品中，除石核是从河滩捡来的扁平砾石外，多数是用石片作毛坯，次为断

块。加工采用锤击法，向破裂面加工和交互打击加工的各三件，疤痕浅宽型，也有深凹型，普遍有进一步加工的痕迹。

船帆洞3号支洞出土的石制品与灵峰洞和船帆洞上、下文化层的石制品对比有如下不同之处：其一，采用的石料种类不多，但质地较好；其二，除一件石核外，其余石制品尺寸普遍较小；其三，石器所占比例较大(40%)；其四，刮削器加工较好。

（二）船帆洞3号支洞文化层与哺乳动物的埋藏

船帆洞3号支洞是一个早期发育的支洞，位于船帆洞的东南角。调查表明，3号支洞向上可通高层洞穴龙井洞，洞内的堆积物也是从洞外经龙井洞直至3号支洞再沉积下来的，故其沉积物呈现自南向北的微倾斜状。在支洞开始发育时，洞内普遍覆盖一层胶结十分坚硬的钙板层，接着在还原条件下逐渐沉积为灰绿色黏土和淡棕色黏土。从出土的哺乳动物化石看，这些沉积物和化石在缓慢水流作用下集聚于3号支洞内。出自下部地层的哺乳动物化石其骨骼表面比较光滑，少有钙质附着，而上部钙板层的部分化石，具有轻微铁锰质浸染和钙质包裹现象，这是在静止状态下富含钙质作用的结果。

至今，船帆洞3号支洞已出土的哺乳动物化石超过800件，种类达41种。从分类鉴定获知，主要的哺乳动物种群(如斑鹿、野猪、巨貘和水牛)，其年龄比例基本合理，可以排除是人类狩猎的原因，而是属于自然死亡。根据骨骼定向排列和化石堆积诸特点，可以断定3号支洞的堆积物和动物化石，是在从南而北水流作用下搬运形成的埋藏类型。

七、船帆洞洞外岩棚地段的石制品

（一）岩棚地段简况

岩棚地段位于船帆洞洞口的北侧，是一段石灰岩突出的岩棚地段，长约80米，宽3~8米，其下面被较厚的沉积物所覆盖（图94）。沉积物系由万寿岩山前洪积扇不断向南推进而形成，至船帆洞洞口处，沉积物可延伸至洞内。

国内外岩棚遗址迭有发现，被认为是古人类重要的活动场所之一。为此，发掘队于2004年11月对岩棚部分地段进行了考古发掘（图95）。从船帆洞洞口向北扩展，共布置9个探方，每个探方5×5米或2×2米。在发掘的9个探方中，以第3层(棕褐色砂质黏层)出土的文化遗物和哺乳动物化石最多，包括石制品31件、哺乳动物化石10种。

船帆洞洞外岩棚地段沉积可分三层。第1层，表土，厚10～60厘米；第2层，清至宋代杂土，含大量砖瓦碎块，厚

图94　岩棚全景

图95　岩棚地段发掘现场

15—120厘米；第3层，棕红色砂质黏土，出土石制品和哺乳动物化石，厚30～90厘米。基岩为厚层状石灰岩。以上第1、2层属全新世，第3层属晚更新世晚期。据对比，洞外含石制品和哺乳动物化石的层位与船帆洞洞内上文化层相当。

（二）岩棚地段的石制品

船帆洞外岩棚地段出土的石制品共40件，分非石器制品和石器两类，石制品所用的原料较杂，计有10种，主要有石英岩、石英砂岩、砂岩和泥灰岩；其次有杂砂岩、石英、变质页岩、辉绿岩和玢岩。

非石器制品33件，包括石核5件、断块7件、断片1件、石片17件、使用石片3件。

石器7件，包含刮削器5件，砍砸器1件和手镐1件。

手镐标本号为：04FSCHWTl2③：P006，原料属砂岩。它用一件较厚的石片进行加工，其左侧边缘，有连续修理痕迹。一侧边仅在前后两段可见打击痕迹，使其上部形成大约90°的夹角。器身长89、宽81、厚28毫米（图96、97）。

三明万寿岩旧石器时代遗址出土的石器的基本特点是：石制品多属大中型，最大石核长度超过200毫米。制作石器的原料主要是石英砂岩、砂岩，另有少量石英岩、脉石英、硅质岩、辉绿岩和玢岩。这些石料可能来自附近高阶地砾石层。

图96　岩棚地段出土的手镐　　　图97　岩棚地段出土的砍砸器

船帆洞上文化层石器原料也以砂岩和石英砂岩为主，但多采自河滩砾石。打片主要采用锤击法，偶尔也用锐棱砸击法，用锤击法生产的石片，无论是石核或是石片，看不到预先处理的痕迹。加工粗糙，石片均为宽短型，形状大多不规整。石器类型单调，灵峰洞只有两个类型，船帆洞稍多。石片石器约占石器总数八成，是以石片石器为主的工业。采用锤击法加工石器，灵峰洞以单向加工为主，而船帆洞则以复向加工为主，其下文化层的石器，加工比较简单。灵峰洞、船帆洞上下文化层均发现锐棱砸击石片或石核。这种特别的攻石技术，常见于贵州猫猫洞和穿洞上部文化层与台湾"长滨文化"，而在福建属首次发现。这是否表明它与台湾"长滨文化"中的相同技术有一定的渊源关系，值得深入研究。

第六节　台湾旧石器文化

台湾地区至少在一百年前即有旧石器文化的考古发现。据称，早在1907年日本人伊能嘉矩即在澎湖更新世地层中发现了打制石器。然而，经正式考古发掘并建立旧石器考古学文化，却在上世纪七十年代。

迄今为止，台湾地区已建立了两个旧石器考古学文化，一个是分布在东部及恒春半岛海岸的"长滨文化"，另一个是后来发现于西海岸中北部丘陵台地地区的"网形文化"。考古学文化是根据最初发现遗址的地名来命名的，"长滨文化"采用了台东地名"长滨"，而"网形文化"因最初发现的遗址位于苗栗县大湖乡的网形伯公垄，故有此名。通常一个考古学文化，往往包括多个相同年代相同文化内涵且互有联系的文化遗址。长滨文化除了长滨乡八仙洞遗址外还有其他几个遗址，网形文化也不只是一个网形伯公垄遗址。

1968年，台湾大学地质系林朝启教授在台东长滨乡境内的八仙洞等洞穴发现了先陶文化。鉴于八仙洞先陶文化明显有别于台湾新石器时代诸类型文化，而且是台湾最早被系统认识的旧石器文化，著名的考古学家李济先生将之命名为"长滨文化"。

此后，于1981年在恒春半岛南端的鹅銮鼻第一史前遗址发现了仅见打制石器的先陶文化层，3年后又在该遗址东部发现了内涵与之相同的龙坑遗址。1985年在台湾西海岸中北部丘陵台地的苗栗县大湖乡发现了旧石器时代的网形伯公垄遗址，建立了"网形文化"。此外，台东成功镇的小马海蚀洞遗址、台北土林芝山岩、圆山、台中大肚山、南投县叶厝、中原等地也发现同类遗存。

在台湾地区，"长滨文化"的文化内涵最为丰富并具有代表性，而鹅銮鼻第一史前遗址先陶文化层次之。

一、长滨文化

"长滨文化"为我国东南地区旧石器时代晚期文化，1968年初发现于台湾省台东县长滨乡罗汉山的八仙洞。八仙洞包括十几个海蚀洞穴，是火山集块岩在海蚀作用下形成的，随着地壳的抬升，不同高度的海蚀洞穴代表了不同时期的产物。

当时台湾大学一个调查队在作海蚀洞调查时，发现了年代可能属于更新世的红色土层，便建议正在台东发掘一个巨石文化遗址的台大考古队前往该地调查。是年三月，台湾大学考古人类学系与地质系联合组成考古队，由宋文薰、林朝启领队，立即进行试掘，并于当年年底首次发掘。他们在新石器时代陶器层下面发现了不与陶器伴存的打制石器，该旧石器文化被李济命名为"长滨文化"。现据相关报告[26]作如下简述。

1.洞穴遗址分布与地层沉积

长滨乡八仙洞遗址（图98）是由10余个大小洞穴组成的遗址群，位于海岸山脉东侧的崖壁上。据林朝启研究，洞穴所在山体是中新世海底火山爆发岩浆外泄所成，之后因史新世地壳上升、海平面变化、海浪冲打岩壁等才形成现在高出海平面的成排洞穴。洞穴所处高程不一，海拔越高，形成年代越早。据调查：最高的乾元洞，海拔100米；其次海雷洞海拔70米，永安洞约50米，菩提洞、朝阳洞40米，无名洞、龙舌洞、潮音洞30米，灵岩洞、观音洞、三藏洞、水帘洞仅15至20米。经不同程度发掘的洞穴有乾元洞、海雷洞、永安洞和潮音洞。

图98 台湾长滨八仙洞遗址（引自臧振华1999年）

乾元洞堆积被分为四层：（1）表土层，厚约50厘米，黑色土，含有机物，出土若干红陶片和打制石锄，系新石器时代及其以后的遗物；（2）间歇层，厚250厘米，红色土，含有洞穴顶部岩石风化剥落的角砾岩小块，不含任何文化遗物，该层与下层不整合；（3）浅灰色土、厚约50厘米，粗糙的打制石器全部出土在这一浅灰色的土层上部；（4）纯净的海滩粗砂层，不含文化遗物。

海雷洞发掘前有人取土，表层不复存在，其下堆积被分为4层：（1）红色细土层，上部被铲掉，含有洞顶剥落的角砾岩小块和少量打制石器，但这些石器多经滚磨，被认为是下层遗物经自然力搬运至上层所成的二次堆积；（2）灰白色细土层，含风化的安山岩粒，厚约20厘米，是出土打制石器的主要层位；（3）红色砂土层，含角砾岩，厚35厘米，也出土打制石器；（4）海滩粗砂层，不含文化遗物。

潮音洞与海雷洞一样表层残缺，唯在洞内北壁局部保留完整文化堆积，被分为11层：（1）厚约7～18厘米，砂质角砾层，含若干近代和新石器时代遗物；（2）棕色土层；（3）黄棕色土层，（2）、（3）层厚约50厘米，含新石器时代红陶片、磨制和打制石器；（4）棕色土，厚15～25厘米，不见任何文化遗物，唯洞顶剥落自然石块；（5）红土层，厚16厘米，含少量打制石器和骨角器；（6）上部海砂层，厚60～80厘米，含打制石器和骨角器，且为数量最多的一层，此层以下文化遗物逐渐减少，直至最底层；（7）棕色土层，厚约6厘米；（8）棕色砂土层，厚约85厘米，含安山岩角砾石块；（9）棕色土层，厚约35厘米；（10）下部海砂层，厚约24厘米，仍含有少量打制石器、骨角器；（11）海滨砾石层，不含文化遗物。

永安洞经发掘揭露出6米以上的堆积，但没有文化遗物和任何动物遗骸存在，说明该洞未被史前居民占据[27]。

依上述洞穴所揭示的文化层，八仙洞遗址群文化层序可分为：仅有打制石器和骨角器的旧石器时代文化，红陶和磨制、打制石器共存的新石器时代文化与现代汉文化三层。旧石器时代文化包括了乾元洞第三层、海雷洞第二、三层与潮音洞第五至第十层。

2.“长滨文化”的遗物及其特点

八仙洞的出土物主要来自三洞，即乾元洞底部文化层、海雷洞和潮音洞。乾元洞底部文化层出土20多件大型石制品，据碳十四年代测定，文化层早于1.5万年前，推测可能达3万年前[28]。海雷洞出石制品100余件，多为大型石器，仅有少量小型石器，偶见骨角器。潮音洞出土近3000件石制品和100余件骨角器，碳十四年代测定距今约5000年前。除此，比乾元洞高出20左右米的昆仑洞，也发现“长滨文化”的遗存，据宋文薰推测，其年代比乾元洞早，约在距今5万年前[29]。

八仙洞三个洞穴的石制品被分为大型石器和小型石器两大类，同时尚有少量角骨器。

（1）大型石器

大型石器多选用海滨常见的粗大砾石打制而成。材质含矽质砂岩、橄榄岩、安山岩、辉长岩等。加工简单，只有单面打击技术，主要为一次性加工。包括石片石器和石核石器两类。石核石器数量很少，而石片石器才是八仙洞石器工业的主流。

石片均以天然砾石为原料，不先预制台面就直接从砾石面打片。石片一面保留砾石的外皮，另一面为剥落面。刃缘长且锋利，不具有第二步加工痕迹。这种砾石石片工具多呈很整齐的长条椭圆形形状，适合于砍、切、刮、削，其刃部多留有砍砸和刮磨的痕迹。在石片石器中有少量经过二次修整，如砾石石片器边刃太长，则将其两窄端打掉，握手部位太尖者，则在一面连续剥片，使其适用，少量刃部经过打片修理后更显锋利。

（2）小型石器

八仙洞另一代表性的石器便是小型石器。它多采用海边的石英、玉髓、燧石、铁石英等质地致密的小砾石打制而成。遗址中小型石器共有数百件，最大的1件长不超过8厘米。打制石器时，大多直接敲击砾石面连续打片，少量石片具有由小片疤痕所构成的打击台面。用这种技术制造的石器主要有边刃刮削器、尖状器、刀形器以及细小石片。

(3)角骨器

骨角器均出于潮音洞的先陶文化层，据观察多使用石英类细小石器加工。角骨器主要器类有长条尖器、一端带关节的尖器、骨针、长条凿形器等。长条尖器系将长条形骨竖行劈出长条骨片，一端或两端削尖，有人推测用木柄将数根长条尖器装在一起，做成鱼叉，此类器多达90余件。另外一端带关节的尖器共有16件，有的尖端经人工劈成四叉或二叉状，也常数件集中发现，可能是一种刺插用具。一头尖、顶端平的骨针标本有3件，顶端由两面刮出小针眼。另有2件两头尖骨针。长条形凿形器2件，系利用劈开的细长条骨片进一步加工，即在一端刮磨出锋利的刃端。

"长滨文化"部分石制品及骨角器见图99～图104。

对于长滨文化，宋文薰曾强调长滨文化与莫维斯（H.L.Movius.Jr.）所主张的东亚地区砍砸器传统的旧石器文化特色相同。但他又于1969年根据长滨文化中潮音洞标本的测定结果，以"先陶文化"这一概念来表示长滨文化的特点。因为，潮音洞标本的测年数据在距今5000年前的范围，而这

个年代不属于更新世的范围。然而，宋文薰于1980年后，已将长滨文化归入更新旧石器时代文化范围内讨论了。他曾于1991年明确指出：1968年长滨文化发现后，考古学家才真正地证实台湾旧石器的存在。1968年长滨八仙洞洞穴群的发掘，在潮音、海雷、千元、昆仑的底层发现了非常丰富的石器。这些石器完全符合莫维斯提出的砍砸器传统（Chopper——

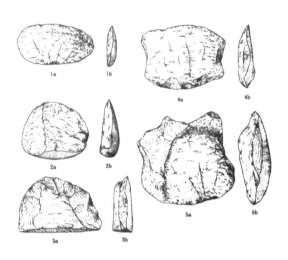

图99　长滨文化石器（引自宋文薰，1969年）
1.海雷洞出土　2、4、5.潮音洞出土　3.乾元洞出土
3、4.经修理　5.未经修理　　a片解面 b侧面

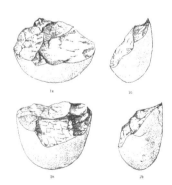

图100　潮音洞出土长滨文化的砍砸器
a加工面b侧面（引自宋文薰，1969年）

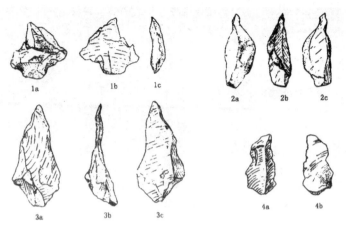

图101 1～3.潮音洞遗址出土的小石片器
a正面 b片解面 c侧面或纵剖面（引自宋文薰，1969年）

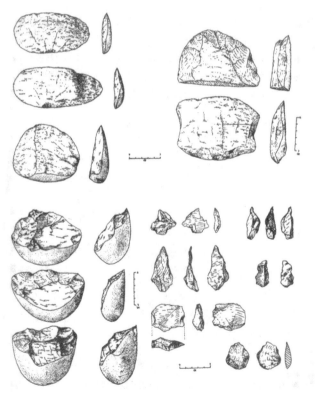

图102 八仙洞遗址出土长滨文化的石器（引自宋文薰，1969年）

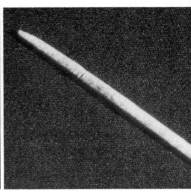

图103　长滨文化石器（引自臧振华1999年）　　图104　长滨文化骨器（引自臧振华1999年）

ChoppingTooltradition），不是手斧类型，是典型的亚洲型旧石器类型。他总结长滨文化石器认为[30]（1969）："属于砾石工业，为石片器的传统；而以砾石原面作为打击台面者为多，其中以砾石石片器最具特色；间有砾石砍器，都是偏锋砍器而不见有中锋者，缺乏两面打的技术，而完全循守一面打技术；到了晚期，逐渐出现石英等较细石料制的小型石器。"

　　长滨文化在经济和技术发展史上，仍停留在以打制石器为特征的旧石器文化阶段，以渔捞和采集为主要经济行为，尚未有制陶、农耕等新石器文化特征性要素，聚落规模不大且分散，选择面对大洋的天然海岸洞穴为聚落，这可能与渔猎经济活动密切相关。石器工具以单面打击的砾石石片砍刮工具为特征，同东亚大陆砾石砍器传统完全一致。石器多利用海滨砾石打制而成。在石器技术上，通常采用锤击法、砸击法等，相当部分的石片生产采用锐棱砸击法。石器分大型石器与小型石器两类。小型石器主要以石英石片制作的刮削器和尖状器等。此外，还发现少量骨角器，包括长条尖器、一端带关节的尖器、穿眼的骨尖和两头尖的骨尖，还出土了不少的兽骨和木炭。骨尖器、骨针、骨锥与长形骨铲等产品，是我国南方旧石器时代中数量最多、类型最丰富的，反映当时人类已经懂得磨刮骨针了。

二、其它旧石器文化遗址

如上所述，台湾地区继长滨文化之后，又先后发现了垦丁公园鹅銮鼻史前遗址、龙坑遗址、台东成功镇的小马海蚀洞遗址等。除此，还在苗栗县大湖乡网形伯公垄、台北县林口的粉寮水层等遗址发现了属于旧石器时代晚期的"网形文化"。在台北土林芝山岩、圆山、台中大肚山、南投县叶厝、中原等地也有所发现。

1.垦丁鹅銮鼻旧石器遗址

垦丁鹅銮鼻旧石器遗址，位于台湾南部垦丁公园内，发现于1981年。1982年，由台湾考古学家李光周博士主持对其进行田野调查与考古试掘。

台湾李光周试掘研究表明[31]，在垦丁公园范围内，目前发现的最早史前文化是鹅銮鼻第一史前遗址所代表的文化，属于所谓的"先陶文化"。而位于垦丁公园范围内的鹅銮鼻第二史前遗址和龙坑史前遗址，是台湾本岛继八仙洞史前遗址之后证实先陶文化存在的两处考古遗址。这两处遗址都位于鹅銮鼻半岛，相距仅约2千米。由于鹅銮鼻第二史前遗址文化层堆积清楚，保存完整，故可作为代表性遗址。

鹅銮鼻第一史前遗址出土的遗物有打制的砾石砍器、石片砍器、石片器、废石片、凹石、骨凿、骨尖器、贝刮器、贝壳、龟甲、兽骨、鱼骨等（图105）。砾石砍器利用扁平砂岩砾石，经一面打剥、修整而成，其刃为斜向一面的偏锋，故属偏锋砍器。石片砍器多利用砂岩砾石剥下来的石片，在其两侧及刃端经二次加工形成端刃砍砸器。骨尖器是利用鹿科动物的长骨刮削制成，而贝刮器

图105 鹅銮鼻出土的打制石器（引自李光周等，1985年）

均以夜光螺的椭圆形螺盖，从螺盖的凸面向平的一面打击修理出弧形刃，可用于刮削或切割之用。该遗址的两个C_{14}测年数据为4820±100年和4790±120年。若经树轮校正，其绝对年代可早至距今5300年前左右。

李光周认为[32]，鹅銮鼻第一史前文化相不具有新石器时代文化的任何要素，可以确定为先陶文化，并且是从外地移入。居住范围显示当时人类仍为小群体居住聚落，其社会组织也为小群体组织。居住形式或已有某种程度的定居，聚落位置选择低地、近海、隐蔽、背风之处。石器制作仍属亚洲大陆古老的打制砾石、石片器传统，这一传统已经持续了数十万年之久。此外，利用新的资料制作器物，例如兽骨、贝壳等，更是旧石器时代晚期文化的普遍现象。石器制作虽不见有磨制技术，但是在质地较软的骨器制作上已见刮削与磨制技术。由于测得的绝对年代已进入全新世，故称之为"旧石器时代晚期持续型文化"。器物的型制，特别是在石器与贝器表现上，无明显分划，都为多功能的工具。对于冰后期自然环境变迁的再适应，在器物上并无特殊的反映，不见欧洲中石器时代的文化再调整现象。器物之组合显示多为食物处理工具而非生产工具，当时人类尚不能自主生产粮食，不见作物耕种与动物饲养，甚至捕鱼的能力也非常有限。生业形态仍以狩猎与采集为主。器物之中，可见特殊地缘现象。例如出土量最多的贝刮器，仅在台湾恒春半岛南端一带的史前遗址中发现，并且出现在四个文化层中，持续的时间可长达3500余年之久。但是，此类贝器却普见于绿岛、琉球群岛等地的考古遗址，其持续的时间从史前时期一直到历史时期。鹅銮鼻文化面貌与八仙洞所见的长滨文化比较，已呈现明显的文化分化现象。这种文化分化不仅反映在器物制作的取材与器物的种类方面，而且也反映在食物选择习性与生业活动方面上，甚至在聚落环境的选择方面也不尽相同。鹅銮鼻第一史前文化所代表的文化是台湾地区所见的另一类型的先陶文化。

2.龙坑遗址

龙坑遗址（图106），位于鹅銮鼻先陶遗址东部2千米，处于面向海洋的珊瑚礁台地因外崩而形成的崩岩处。该遗址于1984年被发现，并由李光周主持试掘。因长期雨水冲刷侵蚀，其原生层位已不复存在。采集到的标本有石片砍器、石片刮器、具有使用痕迹的石片、骨凿、贝刮器，以及贝壳、螺壳、鱼甲、兽骨等，骨器见图107。据C_{14}测年数据[33]，该遗址年代超过6300多年。李光周认为[34]，经过初步的观察，在龙坑史前遗址发现的先陶文化，与鹅銮鼻第二史前遗址所见的先陶文化相比较，两者不见相异之处。

3. "网形文化"遗址

台湾所谓"网形文化"的遗址，为考古学家刘益昌教授发

图106　鹅銮鼻龙坑遗址（引自李光周等，1985年）

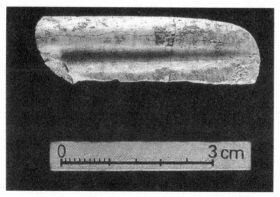

图107　龙坑遗址出土的骨器（引自李光周等，1985年）

现与研究。他于1985年在西海岸中北部的苗粟县大湖乡的网形伯公垄，发现了与长滨文化稍有不同而均属旧石器时代晚期文化类型的遗存，称之为"网形文化"。同时，台北县林口台地上也发现了相同文化类型的粉寮水尾遗址。出土的遗物为打制石器，主要有尖状器、刮削器和砍砸器。刘益昌认为[35]，这些打制石器和广西新州地区的石器群相似，几乎是同类型的石器（图108）。

　　4.芝山岩遗址

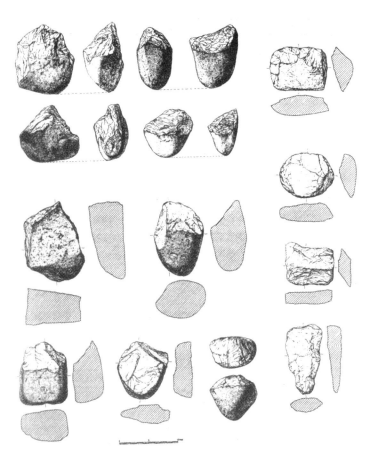

　　图108　网形文化伯公垅遗址出土的典型石器（引自刘益昌，1995、1996）

台北士林芝山岩遗址发现于清光绪22年（1896），是台湾考古学史上最早被发现的史前文化遗址。近百年来，中外考古学者对遗址做过多次调查。1979年，雨农小学建教室时，在地表下约2米处挖到一层含有史前文化遗物的贝壳层。同年，台北市工务局在芝山岩附近马路安装涵箱时，又挖出不少史前遗物以及大量的贝丘。1981年2月，台北市文献会委托考古学者黄士强先生对遗址进行发掘，发现两个属于新石器时代的文化层。两个文化层的上层属"圆山文化"，下层为年代更早的"芝山岩文化"。1979年，黄士强等人又在芝山岩背后的水田中挖出旧石器时代的遗物。这是一件很典型的砾石砍砸器，它以扁平椭圆形的自然砾石为原料，在其一端单面打击，修成偏锋。宋文薰认为[36]，这是长滨文化在台湾西部的发现。石器表面尚附有海生动物壳体，说明其遗弃后和被发现前所在的地层曾一度浸在海水中。除此，黄士强还在该遗址中发现几件未经海水浸泡过的砍砸器。

1995年刘益昌再次试掘了芝山岩遗址，发现遗址确实存在多个文化层，自下而上分为旧石器时代文化层、新石器时代的大坌坑文化层、芝山岩文化层、圆山文化层、植物园文化层。一个遗址具有多个不同时代的文化层，而不同遗址却有相同或相近的文化层，这是一种极为常见的现象。

刘益昌认为[37]，芝山岩遗址的下文化层，是目前台湾北部地区年代最早的一层文化，它与圆山遗址绳纹陶层之下的文化层（黄士强1992年发现）相近，均出土先陶时期的小型打制石器，包括石片器、刮削器和尖状器。因此，芝山岩遗址的下文化层和圆山遗址的下文化层的年代，可能均属于旧石器时代。

除此之外，1972年，张光直教授主持实施"台湾省浊水大肚两溪流域自然与文化史科技研究计划"（简称"浊大计划"），在田野调查中，于台中县大肚山台地的北庄村、社口村采集到旧石器时代的打制砾石石片砍器、刮器和刀形器[38]；在南投县叶厝、中原村采集到打制的砍器[39]，但因缺乏地层关系，其性质尚难明确，不过却为台西平原地区旧石器考古提供

了重要线索。

三、台湾旧石器文化性质及年代

迄今为止，台湾学术界对八仙洞、鹅銮鼻遗存所代表的旧石器文化的性质与年代问题，尚存不同意见。

关于年代问题，宋文薰、臧振华、刘益昌均主张长滨文化出现的年代至少在距今1.5万年前，甚至可能早到距今5万年前左右，一直延续到距今5000年前才结束。

李光周将长滨文化分为前、后两期[40]。八仙洞史前遗址，早期以昆仑洞、乾元洞、海音洞出土的打制砾石器、石片器为代表，年代早于距今1.5万年前，属于更新世的晚期。后期以八仙洞遗址的潮音洞以出土的骨角器与小型石片器的组合为代表，与前期的砾石、石片器不同。六组C_{14}年代测年都集中在距今5000年前左右，已属于冰后期的全新世时期，两者相去甚远，故后期文化可称为"旧石器时代晚期持续型文化"。

鉴于"长滨文化"的大型石器数量较少，原材料为海滨砾石，石器以石片石器为主，石核石器少，基本上单面加工，石器上多留有砾石面。宋文薰主张[41]，来自八仙洞不同海拔高度的文化均属于砾石石器工业范畴，为东南亚盛行的砍伐器传统，"长滨文化"的时代距今约30000—5000年前。

韩起[42]、张光直[43]认为，八仙洞的旧石器工业可能起于更新世晚期，一直持续到全新世。他们还以1964年日月潭湖底泥心孢粉鉴定所显示的12000年前当地植被变化，即木本植物递减、禾本科与莎草植物急速增加、次生林增加等现象为依据，提出当时人类的伐林活动可能表明台湾土著先民在更新世末期就从事农业活动的观点，反映了新石器时代的大盆坑文化先民的早期历史，进而指出全新世时期八仙洞的旧石器工业只代表人类生活的一方面，此时，内陆地区的人类文化早已具备了农耕成分。

但宋文薰[44]、李光周[45]等从八仙洞、鹅銮鼻等遗址的地层资料出发，提出距今5000年前左右是台湾旧石器阶段文化的绝对年代下限和新石器时代文化的开端，并将这一全新世时期尚停留在旧石器时代文化阶段的遗存称之为"旧石器时代晚期的持续型文化"。这一认识得到了现有台湾新石器时代考古资料的支持，台南县归仁乡八甲村遗址大岔坑文化C_{14}年代数据为5480±55年、5645±60年[46]，目前尚未有新的证据表明该文化绝对年代早过6000年前。

因此，厦门大学陈国强、吴春明教授认为[47]，台湾石器时代文化的发展有其自身的规律，特别是进入冰后期以来，台湾与东亚大陆在地理上因台湾海峡的形成而相对隔离，其文化发展并不能与大陆地区同步，而是往往表现出历史文化的持续发展和滞后现象。因此绝不能以大陆文化的标准去衡量史前台湾，更不能以绝对年代早晚去代替史前文化阶段的划分。

第七章　闽台旧石器时代文化

注释：

[1]高星、侯亚梅主编，2004：《20世纪中国旧石器考古论文汇编》。文物出版社，北京。

[2]范雪春、彭菲、陈子文、杨丽华、阮永好：《漳州莲花池山遗址发掘简报》。见于《第十届中国古脊椎动物学学术年会论文集》。海洋出版社，北京，217—231。

[3]福建省文物局、福建博物院、三明市文物管理委员会：《福建三明万寿岩石器时代遗址1999～2000、2004年考古发掘报告》，北京，文物出版社，2006年10月。

[4]臧振华：《台湾考古》，台湾，艺术家出版社，1999年6月。

[5]陈国强、吴春明：《闽台旧石器时代考古》，见于《海峡考古》（第一章），厦门大学出版社，1993年8月。

[6][7]范雪春、彭菲、陈子文、杨丽华、阮永好：《福建漳州莲

花池山旧石器遗址发掘简报》，见于《第十届中国古脊椎动物学学术年会论文集》，海洋出版社，2006年，北京。

[8]黄慰文，《东亚和东南亚旧石器初期重型工具的类型学》。见于《人类学学报》，1993（4），297—304。

[9]林圣龙，《关于尖状器的定义——中西方的比较》。见于《人类学学报》，1993，12{1}，8—12。

[10]林圣龙，《中国的薄刃斧》。见于《人类学学报》，1992，11（3），193—201。

[11][12]范雪春、杨丽华、陈子文、阮永好：《莲花池山——福建漳州旧石器遗址发掘报告》（1990~2007）待刊稿。

[13]黄慰文、张镇洪，《中国南方砖红壤中的石器工业》。见于《纪念黄岩洞遗址发现三十周年论文集》，广东旅游出版社，125—129。

[14]吴汝康、吴新智、张森水主编：《中国远古人类》。科学出版社，北京，1989。

[15]房迎三，《安徽宁国毛竹山发现的旧石器早期遗存》。见于《人类学学报》，2001，20（2），115—124。

[16][17][18][22]尤玉柱主编：《漳州史前文化》。福建人民出版社，1991年6月。

[19]张森水：《福建旧石器考古之探》。见于《福建文博》2001年第2期。

[20][23]蔡保全：《闽南旧石器的发现与研究》，见于《东南考古研究》第一辑，厦门大学出版社，1996年12月。

[21]安志敏：《海拉尔的中石器遗存——兼论细石器的起源和传统》。见于《考古学报》1978年第3期。

[24]陈立群、杨丽华、范雪春：《福建东山旧石器时代文化研究》，海潮摄影艺术出版社，2006年10月。

[25]福建省文物局、福建博物院、三明市文物管理委员会：《福建三明万寿岩旧石器时代遗址（1999～2000、2004年考古发掘报告）》，文物出版社，2006年10月。

海峡陆桥史前考古

[26]台湾史迹研究会：《台湾论丛，长滨文化》，台北幼狮文化事业公司，1977年。

[27]连照美：《长滨文化遗址中海霄永安洞二洞诸地层研究》，见于《国家科学委员会年报》1963年度。

[28][29]宋文薰：《由考古学看台湾》。见于《中国的台湾》，（台北）文物供应社，1980年。

[30]宋文薰：《长滨文化》（简报），台湾"中国民族学会"，1969年。

[31][34]李光周：《垦丁公园所见的先陶文化及其相关问题》，《考古人类学刊》，第44期，1984年10月。

[32]李光周：《垦丁公园的史前文化》，见于文化资产丛书系列（古迹类），台北，艺术家出版社，1999年6月。

[33]陈仲玉：龙坑、宋文薰等：《台湾地区重要考古遗址初步评估第一阶段研究报告》，台湾"中国民族学会"1992年。

[35]刘益昌：《台湾的考古遗址》，台北县文化中心，1992年。《史前时代台湾与华南关系初探》，张炎宪主编：见于《中国海洋史发展论文集》（三），台湾中央研究院，中山人文社科所，1988年。

[36]宋文薰：《史前时期的台湾》，见于《历史月刊》，1989年10月号。

[37]刘益昌：《芝山岩文化史迹公园史前文化、人文历史、视觉景观等资源调查及居民资源之培育》，台北，1995年。

[38]何传坤：《台中县大肚山台地及彰化南投县境八卦山台地史前文化调查报告》，《台湾省浊水溪大肚溪流域考古调查报告》，1977年。

[39]臧振华：《南投县乌溪河谷考古调查》，台湾，见于中央研究院历史语言研究所专刊，第70号。

[40]李光周：《台湾：一个罕见的考古学实验室》，尹建中编：《垦丁史前住民与文化》。

[41]宋文薰：《长滨文化——台湾首次发现的先陶文化》（简报）。见于《中国民族学通讯》第9期，1969年；《台湾旧石器文化

探索的回顾与展望》。见于《田野考古》第2卷第2期，1991年。

[42]韩起：《台湾省原始社会考古概述》，见于《考古》1979年3期。

[43]K.C.Chang，Fenpitou，TapenkengandthePrehisforyofTaiwan，Yale1969。

[44]宋文薰：《史前时期的台湾》，见于《历史月刊》1989年10月号。

[45]李光周：《垦丁公园所见的先陶文化及其相关问题》，见于《考古人类学刊》第44期。

[46]黄士强：台南县归仁乡八甲村遗址调查，见于《考古人类学刊》第35—36合刊。

[47]陈国强、吴春明：《闽台旧石器时代考古》，见于陈国强、叶文程、吴绵吉主编《闽台考古》，厦门大学出版社，1993年8月。

第八章 闽台旧石器文化关系

长期以来，学者对闽台旧石器文化关系的讨论，主要集中在代表台湾旧石器阶段的"长滨文化"的来源问题，且有多种不同说法。迄今为止，这些不同说法可归纳为两大说法，即大陆华南传入说与大陆华北传入说。

为此，本章拟简略介绍长滨文化来源的两大不同说法，再通过已知的闽台古人类关系以及福建最新的考古资料，提出粗浅的见解，以求教于大家。

第一节 长滨文化源于华南

宋文薰教授曾将长滨文化与日本、东南亚的旧石器时代同期文化进行比较后认为[1]，日本九州东北部旱水台遗址的所谓"前期旧石器"或印尼爪哇的巴斯坦文化，从形式学的观点说，与周口店第一地点群体的关系，没有长滨与周口店近。菲律宾巴拉望西部的石片工业，似乎比东南亚其他任何地区的旧石器工业，更接近长滨工业。其延续时间为距今2.2万年至距今0.7万年前。两者的关系或曾有过接触，或必来自同源。由各种条件及已知考古资料来看，两者最有可能的祖籍是中国大陆。但长滨文化不是直接承袭华北的旧石器文化。长滨与巴拉望的文化，一定是经由华南传进，并且相信将来总有一天在华南可发现与长滨更相像的文化出来。

张光直认为[2]，长滨文化，从形式学上看，也是属于华南与东南亚的远古石片文化系统。他在《台湾省原始社会考古概述》一文中指出[3]，根据世界许多地点对海岸以外浅海大陆架上动植物化石的研究，发现在1.5万年以前海水水平面低于现在约130米，在3万年以前，也低于今日约六七十米。如果这种情形在我国东海、南海也可适用，那么在更新世末期的台湾岛根本便是大陆的一部分。台湾第四纪的地层里历年来发现许多掩齿象、象、犀牛、古鹿、野牛等化石，与华南更新世的哺乳动物群的种属相似。这些动物必定是在海水下降海底露出成为陆桥的时期移入台湾的。华南大陆更新世的地层与洞穴堆积里已有不少人类化石与旧石器时代的遗物发现，证明人类活动范围广布全国，台湾亦不例外。

刘益昌认为[4]，从遗物的形态而言，网形伯公垄遗址出土的尖(状)器、刮(削)器、砍砸器等和广西新州地区的石器群相似，几乎是同类型的石器，而长滨文化是以石片器为主的砾石工业传统，无疑也和广西百色上宋村遗址及贵州南部兴义县的猫猫洞文化有密切关系。

陈国强、吴春明持与张氏相同观点，他们认为[5]，在晚更新世后期，进入最后一次冰期，全球气候又转冷，在我国相当于大理冰期，这是规模最大的一次冰期，海面再次下降，台湾海峡全部露出，台湾与福建最后一次相连，福建沿海岛屿和台湾岛都成为大小山丘。台湾岛形成西部平原和数以百计的沙丘，台湾海峡又一次成为陆桥，大陆上的哺乳动物又一次向台湾岛迁移，至今还保存在台湾岛上的黄鼬、梅花鹿、小麂和豹猫等，都是当时从大陆移去的动物的后裔。台湾"左镇人"和"长滨文化"都是这时从大陆迁移到台湾岛上的。

据曾吾岳称[6]，我国考古大师贾兰坡曾在论及福建史前人类遗址时指出："在福建的四周，广东、江西、浙江和台湾都发现了旧石器遗址或人类化石，福建又是台湾的跳板，台湾的古人类是福建过去的，不可能不在福建留下遗迹。"

蔡保全等曾推测[7]，"长滨文化"中砍伐器传统是4.8万年前的低海面时期从大陆传入的，而砸击技术可能要晚，在1.5万年前左右才从华南引进的。"左镇人"在5万年前就从大陆移居台湾。

尤玉柱指出[8]，根据许多学者的研究，认为台湾的史前文化源于福建。他在研究漳州莲花池山遗址的石器时发现，标本号为FZZ012—009的一件石器，外形恰似半椭圆，弧形边缘均有由腹面向背面和背面向腹面加工的痕迹，背面上的痕迹具阶梯状，第一次加工的疤痕大而浅，第二次的碎小而陡。因与刃缘相对的另一侧边厚，而向刃处逐渐变薄，故整个器型呈楔形石器。据此，他认为台湾省"长滨文化"中的楔形石器和漳州的凸刃刮削器十分相像，尤其是用较薄的小石片为素材加工的这种石器，均与舟形石器很相似。

在华南传入说中，有一种源于华南传入福建，再传入台湾的传统石器技术，是证明华南传入说的重要证据，这就是石片生产中的"锐棱砸击法"。所谓锐棱砸击法，即以较薄、扁平的砾石进行打片时，以手牢握砾石一端，将另一端斜置石砧，斜角为45°左右，再以石锤朝砾石棱边斜向砸击出石片来。用此法剥下的石片通常只有原砾石的一半大小，打击点在其棱角顶端，石片背面保留自然面。少数保留一或两块小的片疤，未发现背面无自然面的石片[9]。

锐棱砸击法首先发现于贵州水城县的硝灰洞[10]，铀系法测定的年代为5.7万年左右[11]。使用锐棱砸击法剥取石片的技术还见于广西隆林德峨老磨槽洞穴遗址[12]和台湾长滨的八仙洞遗址。据此，学者们或将长滨文化列入华南旧石器晚期文化一并论述，一些学者则明确提出长滨文化来源于贵州，有些学者则认为与广西百色盆地旧石器文化有密切联系。

张森水对长滨文化八仙洞遗址的打片技术、石器工具类型、骨器与贵州猫猫洞和穿洞上部文化层的遗物进行比较研究后认为[13]，台湾八仙洞的石片和石核，与猫猫洞和穿洞一样，都是用锐棱砸击法生产的；骨锥和叉骨锥等均可在猫猫洞文化类型中找到对比的标本；从时代看，猫猫洞文化的年代(依铀系法)为14600±1200年，比八仙洞之一的潮音洞最早的C_{14}年代测年5340±160年早。由于年代序列关系，虽然还不能说猫猫洞文化类型是长滨文化的直系祖先，但至少可以说，猫猫洞文化类型为寻找台湾省远古文化之源提供了有意义的资料。

何传坤在讨论长滨文化在东南亚地位时指出[14]：长滨文化与西区印度的梭安文化(Soanian)绝缘；南区爪哇的巴其坦文化(Patjitanian)与长滨文化的关系更远；中区缅甸北部的安雅塔文化(Anyathian)与长滨相差较远；马来半岛的谭扁文化

(Tampanian)石器群的各类型比率与海雷洞近似；北区以周口店文化为代表，与长滨文化不甚密切；东区日本的"前期旧石器"与长滨文化无关；将长滨文化列为越南北部的早期货平文化，在理论架构上似嫌证据不足。虽然，他对张氏关于长滨文化和贵州猫猫洞文化有密切关系及宋氏关于长滨文化与菲律宾巴拉望文化"一定是经由华南传进"的观点均持谨慎态度，但他认为在距今1万年前左右的海南岛"三亚人"遗址中发现的石器，和华南洞穴遗址所发现的石器工业类似，同时出现了与长滨文化相似的骨角器，并赞同张氏关于长滨文化中的石片大多采取锐棱砸击法制成的观点。尽管何传坤没有直接指明长滨文化中的锐棱砸击源于华南地区，但作为八仙洞考古发掘的亲历者，证实了长滨文化的石器中确实存在着锐棱砸击法这一石器技术，实际上他与张氏的观点"不谋而合"。

1999～2004年，福建博物院与三明市文物部门联合组成考古队，先后三次对福建三明万寿岩旧石器时代遗址的灵峰洞、船帆洞进行考古发掘。灵峰洞第3文化层、船帆洞下文化层与上文化层，均出土一批旧石器时代的文化遗物，并伴出一批哺乳动物化石。其中最引人瞩目的是，在灵峰洞第3文化层和船帆洞的上、下文化层，均发现锐棱砸击石片、石核。这一发现有着十分重要意义。"以往在贵州和台湾两地的许多史前遗址里，都曾发现过大量锐棱砸击石片和石核，因此，在探讨台湾史前文化之渊源时，海峡两岸考古学家都有'源自贵州'的共识，但这种文化影响如何东迁入岛，其路线是不明的，现在三明万寿岩也发现这类锐棱砸击石片和石核，这无疑为台湾史前文化之源的研究拉近了空间的距离。"[15]为此，台湾史前文化源自贵州的观点得到学者们的普遍认同。

然而，有一问题却没有引起足够的注意，即三明万寿岩旧石器时代遗址与贵州出土锐棱砸击石片和石核的诸多史前遗址的年代差异的问题。

三明万寿岩旧石器时代遗址灵峰洞第3层钙板铀系测年结果为：185 ka.BP、246 ka.BP、262 ka.BP。根据年代测定结果，并结合哺乳动物化石和地层情况，可以认定灵峰洞洞内富含钙质的沉积物应属中更新世晚期，年龄约在25～18万年前之间[16]。船帆洞没有测年，但据福建博物院研究员陈子文等报道[17]，从船帆洞下文化层出土的哺乳动物中包含三个绝灭种和与上层文化之间的相互叠压关系分析，其年代约当旧石器时代晚期，初步估计在距今3～2万年前，而船帆洞上文化层中，磨制骨、角器与打制石器共存，依此文化特征，推测其年代距今约1万年前左右，属于旧石器时代末期。如果这些推测相对准确，那么，三个不同阶段的文化层均出土锐棱砸击石片和石核，这就意味着锐棱砸击法这种传统的攻石技术，至少从18万年前就已存在，并可能延续到距今1万年前左右。这种锐棱砸击法最早发现于贵州水城县的硝灰洞[18]，其铀系法测定的年代为5.7万年左右[19]。除此，这种剥片技术还见于广西隆林德峨老磨槽洞穴遗址[20]、张森水提及的贵州猫猫洞、穿洞遗址，还有黔西观音洞、桐梓灰岩洞、湖南怀化的抚水沿岸[21]等一些旧石器时代晚期遗址。甚至据张森水报道[22]，除贵州、福建、广西、湖南外，广东、云南、四川之外，乃至西藏均发现有锐棱砸击石片。但是这些发现锐棱砸击法生产石片的遗址年代，均没有早过三明万寿岩遗址的年代。可见，三明万寿岩遗址锐棱砸击法的存在年代要远远早于贵州等地诸多遗址锐棱棱砸击法的存在年代。为此，有学者提出一个问题[23]：这种锐棱砸击法的攻石技术，到底是福建向西传到贵州、向东传台湾，还是贵州经福建再东传台湾岛？这就为考古界提出一个新的课题，它需要深入考古获得新的充分证据来解决。但至少目前可以说，锐棱砸击法这一广布于华南地区传统的石器剥片技术很早就传入福建，并于后来传入台湾。

2004年，为配合漳州地区的"漳诏"和"漳龙"高速公路工程建设，福建省博物馆范雪春研究员、彭菲与漳州市文物管理委员会办公室的阮永好等人进行了大范围的田野调查工作，发现了大岐山、洋尾山等15处旧石器地点（编号ZP001～ZP015），共采集石制品78件。

据范雪春报道[24]，在本次调查找到的15个地点中，多数出自漳龙高速公路切过的残丘边侧，石制品或是混杂在砂砾条带中或是在粘土层里。编号为ZP001~ZP009和ZP015的十个地点共采集67件石制品，均出自原生层位，其余地点的11件石制品缺乏地层依据，故不予讨论。ZP003地点的石制品来自上下两个不同年代的层位，下文化层可能属于旧石器中期，上文化层和其他九个地点的年代相同，均属于旧石器晚期，故所出的石制品具有相同性质。这批石制品，除了手镐之外，它们的性质与莲花池山的石器性质相似，同源于我国南方常见的砾石石器传统。出自原生层位的67件制品，根据用途可分成两大类：非工具类和工具类。前者包括石核、石片及断块；后者包括石锤、砍砸器、刮削器、尖状器和手镐等，而手镐是漳州地区首次发现的石器类型，是继三明万寿岩船帆洞下文化层发现后本省的第二件，但其工艺明显优于三明。

值得注意的是，在67件石制品中发现锐棱砸击法石片器。在调查研究期间，张森水、尤玉柱对这批石制品进行鉴定，发现至少有3件出自上文化层石制品的剥片方法属于锐棱砸击法。

尤玉柱等在对"漳州文化"的石制品进行观察时发现[25]，许多小石核的棱部具有小而密集的碎痕现象，通过考古实验证明：素材偏小的砾石，采用锤击法确实很难产生石片，只能采用砸击法剥片，但以较大石块做垫，用另一石块对准石核上的棱砸击要比在台面上砸击更容易产生石片，因石锤砸击棱缘时互相碰击的不一定只在一个点上，故棱缘上同时也出现其它细小的砸痕，这就是许多石核棱上细小痕迹的产生原因。实际上，这种剥片技术或可归入锐棱砸击法的技术范畴。这种小石器打制技术也见于台湾长滨文化的八仙洞遗址，可能也包含在张森水、何传坤所说的锐棱砸击法的范围内。

漳州旧石器文化中锐棱砸击法的发现，使这一石器技术东传的线路清晰起来，它应与古人类徒涉的路线基本一致，即从华南传入福建三明地区，再由三明传入漳州，最后在台湾海峡成陆时期，经"东山陆桥"进入台湾。

上述之观点，已被众多学者所认同。但也有一些学者持不同见解。例如香港中文大学中国考古艺术研究中心的邓聪教授。他在其《日本冲绳及中国闽台旧石器研究新进展》一文中指出[26]（1999）：冲绳及台湾等岛屿的旧石器文化的起源问题，无论如何不可能是独自起源的。有必要将视线转移到东亚大陆南部沿海地区。福建在地缘上与台湾仅隔海相望。自1989年来，有较多关于福建旧石器发现的报道。他认为代表四至八万年前一组莲花池山下层出土的石器，据报道是出自第三层的砾石条带。砾石径粒由0.5米至豆粒状大小均具。原报告中记述是"原生层中采集"到27件石器。石制品出自砾石带中，与其他砾石呈无规律的混杂状态，没有明显的集中现象。看来，从砾石层中要分辨出石器与假石器是旧石器研究中颇为棘手的问题。砾石层中固然可以发现旧石器制品。例如西伯利亚南部的Tchumechin I遗址的发掘，就是从河砾石中发现了典型的Levallois尖状器。这个问题的解决必须有待严格地层控制发掘下，在无扰乱的堆积中，旧石器时代生活面发掘出土石器的发现，才能作科学资料的根据。而漳州文化的石器群中也存在着人工石器与自然砾石混杂之可能。漳州文化原报告中指出这些石器大多已脱离原砂质土暴露于地表，在一些小丘和台地尚未破坏的地层中，可以采集到原生层位的石制品。然而，更重要的是应在原生层位中平面发掘时详细检讨出土石器之空间及遗址关系。根据目前所报道漳州文化的情况，也同样是难以令人接受，但作为"闽南旧石器"的代表迄今还是有很重要参考价值的。此外，在现今福建旧石器研究的基础上，所论证东山陆桥闽台间旧石器文化的关系，或者证实漳州地区人类迁往台湾过程中起着桥头堡作用的假说，看来尚言之过早。他还在余论中指出：福建地区旧石器文化的年代和面貌都有待更多科学田野考古基础的发现，目前有些学者指出长滨文化中的楔形石器和漳州的凸刃刮削器十分相像。这些仅按石制品的外形相似比较的论断，说服力是不足的。闽台间的旧石器尚未达到真正可对比研究之阶段。

　　日本学者加藤晋平同样存疑，他在《闽粤台地域史前文化交流的问题》一文中指出[27]：如果说漳州石器群与东山石器群都是凹缺刮削器为代表的石器群是一点没有夸张的。广东南澳县象山遗址被认为与漳州石器相同的石器群，从这里9000平方米范围内采集的150件石器。象山石器群中过半数即78件为刮削器，其中凹缺石器共45件，显示与上述漳州及东山石器群有同样的倾向。据此，赞成以上几处石器群是同类型的意见。象山遗址的报告者推测此遗址的年代是距今8000年前的。然而，长滨石器群中，迄今一件凹缺石器也没有发现过。从这方面考察，可判断漳州石器群、东山石器群、象山石器群与长滨石器群是完全不同系统的石器组合。他还指出，从漳州所采集的大量石器比较，楔形石器、刮片的数量极少，这也可能是漳州石器群的特征，就此亦与长滨石器群之性格有所不同。甚至认为，长滨石器群与漳州石器群在石器构成上，可考虑为基本完全不同系统的石器群。但他又指出，石器构成的差异是人类对自然环境适应差别的一种反映。

笔者认为，石器群构成的差异是否表明人类徙移后为适应新环境必然发生变化，是不同地域特点的同一传统文化。有如"漳州文化"属于小石器传统，但因沿海环境，其石器组合显示地方色彩而别于这一系统的其他文化。

另外，上述之存疑是在莲花池山第二次考古发掘和三明万寿岩遗址考古发掘之前提出来的。现在，莲花池山遗址已经进行第二次发掘，三明万寿岩遗址也已发掘，并发表发掘报告，福建、漳州旧石器文化已更为丰富。福建与台湾旧石器文化的密切关系，正在逐步被考古研究证实。

第二节　长滨文化源于华北

贾兰坡、盖培、尤玉柱[28]（1972）指出，我国华北地区有两个旧石器时代文化系统，周口店第一地点（北京人遗址）——峙峪系（小石器传统）；匼河——丁村系（大石器传统）。

华北地区旧石器的两大文化传统之一，盛行以大石片制作重型工具，如砍砸器、三棱大尖状器等，轻型工具少且类型单调。属于该传统的遗存有蓝田、匼河、丁村和三门峡等遗址，主要分布在黄河中游的汾渭地堑区。如丁村遗址，位于山西省襄汾县丁村附近。1954年发掘出旧石器中期的遗存，地质时代为晚更新世早期，其石制品多以角页岩为原料，生产石片用碰砧法和投击法，出现打片前修理台面的进步技术。石器以用于采集挖掘的三棱大尖状器最富特色。这些遗物构成"丁村文化"，是华北旧石器两大传统之一匼河——丁村系的重要代表。南方的砾石石器与北方的大石器传统不同，前者基本上利用砾石仅进行简单的加工，后者则主要以较大石片修制石器，而南方的小石器与北方的小石器却有着极为密切的关系。

华北地区旧石器文化两大系统之一的周口店第1地点——峙峪系，盛行以石片制作轻型小工具，如刮削器、尖状器等，并很早就出现端刮器、雕刻器、钻具等进步石器类型。重型工具少，且类型单调，属于该传统的重要遗址或地点有河北泥河湾小长梁[29]（早更新世）、北京猿人遗址（中更新世）、山西峙峪、河南小南海、四川汉源[30]（晚更新世）等，主要分布在黄土高原、内蒙古高原以及附近的华北平原。

此外，尚有一种细石器文化，它出现于旧石器时代晚期至末期，一直延续到新石器时期。

这种细石器文化，广泛分布于我国北方草原地带。细石器是以间接打击法为基础的一种特殊石器工艺传统，与渔猎、畜牧经济有密切联系。考古证明，这种传统出现于旧石器时代晚期，新石器时代结束后仍有残余，跨越时间较长，其分布不限于北方草原地区，各地都包含细石器的遗存，但文化面貌并不相同。所谓"细石器文化"不是一种统一的考古学文化。

学者普遍认为这种细石器是从小石器传统中发展而来的。这就是说，华北小石器传统到了旧石器时代晚期孕育着另一种富有特色的细石器文化，至旧石器时代的末期便逐渐形成有别于小石器传统的细石器传统。

考古资料显示，细石器以间接打击或压制技术产生特别细小的石器，通常是用来镶嵌于骨质或木质的柄杆上，作为刀、投枪、渔叉、箭、矛等复合工具的尖或刃部使用。西亚、地中海周围地区的细石器常由三角形、半月形、梯形等几何形工具组成，东亚和北美的细石器则以两边平直的截短细石叶以及相应的柱状、锥状、楔状等类细石核为特色。

我国河北阳原县桑干河左岸虎头梁村一带的虎头梁遗址的典型楔状石核、山西朔县峙峪村附近的桑干河上游河旁阶地的峙峪遗址的扇形石核（亦属楔状石核），为华北细石器文化的标志性器物。这种石核广布于东亚、东北亚乃至北美等地，故有"洲际石核"之称，它的起源就在华北。贾兰坡论证[31]：亚太地区的细石器传统可能源于我国华北。

海峡两岸关系研究中心张崇根研究员综合华北与台湾长滨小石器传统的考古材料，通过对两者年代、石器性质的比较分析，结合华北小石器文化的传播情况，论证了华北小石器文化与台湾长滨石器文化的渊源关系，进而提出了一个假说[32]：长滨文化的来源是从华北、华南两个方向传入的。华北传入的是以楔形石核为代表的小石器工业技术，华南传入的是锐棱砸击石片技术。两者的交相融合，诞生了长滨文化的楔形石器与锐棱砸击工艺。他推测华北小石器传统传入台湾的路线有如下三种可能：

一是据张光直绘制的长滨八仙洞遗址位置图，距今7万至2.5万年前，海岸线在今台湾中央山脉以西，距今4.4万年与1.5万年前，海岸线在今台湾岛东北海域交汇。他援引南京地质陈列馆研究员张祖方的意见，认为我国第四纪更新世晚期，因大理冰期导致了全球性海退，当时海平面比现在低100多米，黄海成了陆地，人类和动物由此从中国迁向日本和朝鲜南部。又援引祈国琴、尤玉柱、何传坤等人的远古动物是从北京周口店出发，途经今东南海域的滨海平原，假道舟山抵达台湾的意见，认为华北旧石器时代晚期的古人类，完全可能因为追逐野兽而沿陆路到达台湾，而把华北小石器传统文化也带到那里。

二是在今华东沿海，存在一条由众多文化遗址连成的华北小石器传统文化的传播路线。在这条传播路线上，华北的黄骅、山东中部山地及江苏交界的马陵山地区，郯城县望海楼、黑龙潭、小麦城，东海县的大贤庄(属江苏)，再越长江而南，江苏丹徒的磨盘墩以及苏州的三山等遗址，都发现旧石器时代晚期小石器传统的攻石技术和石器组合。磨盘墩遗址发掘报告称，用砸击法产生的石核，早在周口店"北京人"遗址中出现，考古学家称之为"两极石核"，而石器大多数由石片制作，加工方法以锤击法为主，极少数用砸击法，器形都比较小，具有细石器的风貌，与我国华北小石器传统有一定的渊源关系。另外，江苏吴县太湖的"三山文化"也属小石器文化系统。这是一个采集狩猎文化时代的遗存，距今约2万~1.2万年前，因发现于太湖三山乡的天山、行山和小姑山而得名，被认为是河姆渡、马家浜文化的源头。"三山文化"遗址中还发现一批哺乳动物化石，其中北方型动物占有一定数量，动物成员组合具有南北混合的特征。因此，"三山文化"可能在接受华北小石器传统后，又从这里再传至宁绍平原，经舟山传入台湾，或是逐步南传至福建漳州，再传至台湾。

三是可能由河北、河南诸小石器遗址(如安阳小南海、舞阳大岗、许昌灵井、新蔡诸神庙等)，再传到广东的西樵山，进而转向东传入福建闽南地区，再传入台湾岛。

笔者认为，以上推测的路线不管哪一条可能性最大，三条路线均指向台湾海峡，这是值得注意的。无论是由华南还是华北传入，最终都汇集于台湾海峡西岸地区，再途经"东山陆桥"进入台湾。据此，笔者尝试绘制一幅华南与华北文化传播至闽南，再经"东山陆桥"传入台湾的大致路线示意图（图109），不可能准确，仅明其意即是。

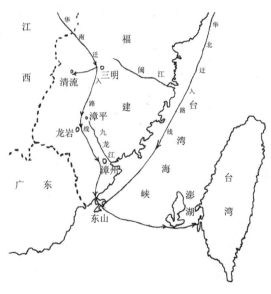

图109　华南、华北文化传播路线示意图

第三节 讨论

在闽台文化关系的考察与研讨中，总觉得存在一些问题。笔者不揣浅陋，提出一些粗浅的见解，参与讨论。

1.文化传播中的"文化漂变"

我们在考察台湾长滨文化的来源时，必须拿长滨文化遗址来与年代可能相当且可能存在某些联系的文化遗址作比较，再找出与之最可能具有文化传承关系的遗址。在这种比较过程中，我们似乎过于注重个别石器器形的比较。当然，这并不等于不需要这种比较，因为对器物形态进行类比的形态学是考古学最主要的方法之一。遗址之间，相似的器形越多，就越能说明它们之间有联系的可能性越大。但是，如果它们之间缺乏这种器形上的相似性时，就不一定说明它们之间没有文化联系。我们之所以在器形类比方面遇到困惑，就因为忽视了"文化漂变"这个重要概念。

"文化漂变"（cultural drift）是西方考古学的一个概念。它指的是文化形式上带有随机性的微小的非本质变化。在文化传播过程中，这种文化漂变现象尤为突出。通俗地讲，文化传承者在传承某一文化时，都不可能像当今的复印机一样丝毫不差，被传承的文化会因传承者的主观因素而产生漂变，还会因文化传播的过程与生态环境的变化而发生文化漂变。

美国的温迪·安西莫·罗伯特·夏尔指出[33]："文化漂变是一种描述文化选择的补充机制。和文化选择机制一样，这个过程也是要通过日积月累才能形成变化，但不同的是，文化漂变是一个随机的过程。文化特征通过学习代代相传。文化的传承通常是不完全的，没有一个人能接收别人拥有的所有信息，因此就出现了文化漂变的现象。随着时间的流逝而发生的文化变迁就有一定的随机性。萨拉·宾福德和其他一些考古学家提出：文化漂变可能是引起旧石器时代早期工业工具集群变异的原因。也就是说，微小差异的累积到一起就会带来人为风格革新的印象，但是只有在工具的传统风格经过一百万年左右的发展之后，我们才能辩认出一贯的风格。"

长滨文化的创始人可能是"左镇人"，当"左镇人"承接某一文化或者说他本来就是某一文化传统里面的成员，当他迁移至一个新的地方面临一个新的环境时便不可能不发生一些适应性的变化。尤其在生产工具技术层面上，他不可能不受到材料条件和谋生方式等因素的影响而发生文化漂变。这种漂变反映在工具器形上便可能出现与原来所属的传统的器形相比存在明显差异的现象，甚至有可能完全不同。但是，万变不离其宗，不管如何漂变，它绝不可能改变它原来所属的文化系统。因为，只有在这种文化漂变经漫长的时间、并逐渐累积成足够形成另一种传统时，才会发生根本的质的变化。这有如某一哲学原理，即量变到质变的原理，量变只有积累到具有否定力量时，才会发生质变。

实际上张光直早就指出（1979）[34]：从八仙洞的石器工业史看来，石器的形制显然不是断代最好的根据。用砾石做的砍砸器，在东南亚和华南都有很长的历史，从旧石器时代早期一直到中石器时代（甚至新石器时代）。就单个石器来看，都很少发生根本上的变化。这也许是南方古代人类多用竹木做细工工具，而使用粗糙的砍砸器做一般粗工之用的缘故。所以如果没有绝对年代断代的方法来断代或可靠的地质证据与古生物的证据，而专靠打制石器的形制来定遗址的年代，或称之为旧石器时代的"初"、"中"、"晚"期，则是不尽可靠的。

邓聪也曾指出[35]：仅按石制品的外形相似比较的论断，说服力是不足的。

复旦大学陈淳教授在论及目前的石器研究时指出[36]：我们还不足于系统观察伴随早期智人向晚期智人过渡所发生的可能变化，人类文化具有一定的延续性和继承性，两种不同人类群体的取代应当会从他们文化传统上反映出来。但是我们也应认识到，人类的文化适应也可能使他们的技术和工具发生巨大的变化，特别当他们迁移到一个完全不同的环境里。像打制石器这样原始的工具，其形态特征可能在更大程度上取决于可用的原料、适应的方式和环境里所能开拓的资源，而不是文化传统。

由此可见，在考察闽台间旧石器文化关系时，不必拘泥于个别石器器形的相似与否，应从宏观上进行全面的比较。尽管长滨文化与福建三明万寿岩旧石器文化、漳州莲花池山文化与漳州文化存在年代差异，但它们都具有文化的延续性。基于这一点，似可对它们的石器的原料、打片技术、石器类型作如下比较。

（1）相似的石器原料

长滨文化：石器多采用海边砾石；

三明万寿岩旧石器文化：石器材料多采自河边砾石；

莲花池山文化：部分石器原料来自江边砾石；

漳州文化：石器原料利用海河水边砾石。

（2）相似的打片技术

长滨文化：以砾石原面作为打击台面者为多，采用锐棱砸击法；

莲花池山文化：打片均在岩块或砾石原面，不作台面修理，采用锐棱砸击法；

漳州文化：打片时以修理或不经修理的平面作为台面；

三明万寿岩旧石器文化：打片不预先处理台面，采用锐棱砸击法。

（3）相似的石器类型

长滨文化：以石片为主的石器工业，晚期出现细小石器；

莲花池山旧石器文化：有部分石片器，晚期出现"漳州文化"的细小石器。

三明万寿岩旧石器文化：以石片石器为主的工业；

漳州文化：以石片器为主的石器工业。

通过比较，长滨文化与福建旧石器文化的极大相似性显而易见。它们无疑应属于同一个文化传统且有着密切的传承关系。

其实，我们已经从上面的阐述中得知，长滨文化的创造者"左镇人"来自台湾海峡对岸的大陆，那么，无论在文化上还是在血缘上他属于我国南方更新世晚期智人，他继承大陆文化传统并在台湾长滨发展就勿庸置疑了。我们可以理解长滨文化与其周边的诸如菲律宾、日本的一些岛屿有过交流接触，但不见有另一种完全不同传统文化入侵的迹象。"左镇人"所创造的长滨文化完全延续着"左镇人"迁出地的文化，它一直是典型的亚洲型旧石器类型，属于砾石工业，为石片器的传统[37]。

2.人的第一要素

何为文化？从广义上讲，文化就是人类社会历史实践过程中所创造的物质财富和精神财富的总和。人类创造了文化，是任何文化的第一要素，没有人类便不可能有文化。

因此，在讨论闽台旧石器时代文化关系时，首先考虑的应是人的这一要素。具体说旧石器时代福建与台湾是否已有人类、从何而来、之间有何关系等，是必先解决的问题。当然，要解决这些问题，考古学家们只能凭借所能发现的古人类留下的零星遗迹或文化遗存，去努力还原某一阶段的人类活动。关于闽台古人类，以上的章节（第六章闽台人类化石的发现与研究，第四节闽台古人类的源流）已有阐述。现在，在讨论闽台旧石器时代文化关系之前，有必要再强调一下。

迄今为止，闽台地区发现的化石人类，依发现的时间顺序有台湾的"左镇人"、福建的"东山人"、"清流人"、"甘棠人"、澎湖的人类肢骨化石、晋江的"海峡人"、漳平奇和洞人类头骨化石与武平猪仔笼洞人类牙齿化石，经两岸学者研究判断他们均属于晚期智人的范畴。

三明万寿岩旧石器时代遗址的发现与发掘，证明了远古人类至少在18万年前就已经进入福建境内。漳州莲花池山遗址根据网纹红土层的分析，推测其年代大约在距今40万年前，如果将来通过测年法加以证实，那么，古人类进入福建的时间又要远远早于18万年前。

原来推测进入福建境内的第一批早期智人可能有三条路线。其一，由浙江沿着海滨地带进入福建东北部。其二，由江西沿较大的河谷或山谷进入福建北部、北西部和西部。其三，可能由广东东部沿海丘陵区进入福建龙岩和漳州地区。第三条路线的可能性较大，因为，由岭南向东几无地理障碍，尤其沿海丘陵区提供了这种东向迁徙的良好条件。然而，随着福建"清流人"、三明万寿岩遗址、龙岩漳平奇和洞与武平猪仔笼洞人类化石先后发现，古人类由江西沿大河谷或山谷进入福建北部、北西部与西部的可能性是存在的。

如上所述，我国华南地区，从云南至台湾一线，分布着一条自西向东、时代由老到新的旧石器时代地点及遗址的密集带。显示出华南地区远古人类向东迁徙和文化传播的路线。在这条路线上的闽台地区，可以看出由清流人、三明万寿岩遗址、漳平奇和洞与武平猪仔笼洞人类化石、甘棠人、东山人、海峡人、澎湖化石人类和左镇人构成一条古人类迁徙和文化传播的路线。其中的东山人、海峡人和澎湖化石人类均发现于"东山陆桥"之上，可见这条东迁入台的路线，必经"东山陆桥"。

史前人类活动与动物群的活动密切相关。史前人类的迁徙活动在很大程度上是追随动物群的移动而迁移的。关于"左镇人"的来源问题，迭有学者研究，且观点较为一致，即认为"左镇人"来源于大陆。

左镇菜寮溪河床上曾采集有史前时代的陶器和石器等文化遗物，属于台湾西海岸新石器时代中后期的考古文化，与同一地点的左镇人无关。若干学者认为菜寮溪河床所出土的第四纪哺乳动物化石中，有许多兽骨似有经人类敲击加工的痕迹，而且有可能是当地古老人类的工具，因而引起"左镇人是否使用骨器问题"的思考。一般认为，左镇人是台湾旧石器时代长滨文化的创造者，并且认为骨器是大陆人类文化东传台湾时先达台西地区而留下的遗存。

早在日据时代即有学者推测，台湾是属于中国的典型大陆岛，在距今300万年至1万年前之间的更新世冰河期间，曾数度与中国大陆相连。所以在冰期期间，大陆上以狩猎和采集为生的古人类，很可能追随南迁的动物群来到台湾。这种推测到了20世纪70年代被考古发现与研究所证实。台湾的考古学者发现并发掘了从距今5万年前一直延续到距今5000年前的旧石器时代的八仙洞遗址，建立了"长滨文化"。后来又在垦丁公园内的鹅銮鼻、台东成功镇的小马等地发现了类似"长滨文化"的遗物。学者认为在八仙洞遗址所发现的"长滨文化"，属于"左镇人"时期的文化。由于"长滨文化"的石器与华南地区的若干旧石器时代遗址所出土的石器，有相当程度的相似性，考古学家便推测"左镇人"可能来自华南地区。也有学者进一步说，这是以狩猎与采集为生的"左镇人"跟随动物群移居台湾。

值得注意的是，人类迁徙的动因在很大程度上是环境的变迁。虽然，迁徙动因也含有人类本身的创造因素，但这种创造性行为的根源仍然是环境的变化。另一方面，人类的迁徙应具备条件，就闽台之间而言，"东山陆桥"为当时人类的迁徙提供了良好的条件。

旧石器时代晚期正是第四纪冰期晚期，由于气候变得寒冷，海平面下降，"东山陆桥"最先成为陆地，并使闽台陆连。为躲避寒冷的华南、华北地区的动物群纷纷向这一地区迁移，而以狩猎为生的古人类，便追逐猎物由大陆进入台湾海峡及台湾其它地区，进而在台湾定居。

负责垦丁公园区域内旧石器时代文化遗址考古发掘的李光周认为，目前所见最早的史前文化即是鹅銮鼻第一史前文化相所代表的文化，属于所谓的"先陶文化"。在更新世几次冰河期间，冰雪存积陆地，引起海水面下降，台湾曾经数次与祖国大陆（陆桥）相连接。更新世以来，全球曾有四次至五次冰期发生，每次冰期，海水面下降一百米左右；而台湾海峡，一般深度为五十米至六十米，很少超过八十米的，因此，每次冰期来临的时候，台湾与我国大陆即可相连接。不仅成为动物移动的通道，甚至也成为早期人类迁移的通道。事实上，现在的海水面，若降低三十五米，若干地方即可相连接。

尤玉柱等人论述了华南古人类的迁徙模式及闽、台古代地理气候变迁情况之后，对台湾古人类迁入的时间和路线，进行了具体分析。他们认为台湾的"左镇人"，可能是约在距今3.6万至3.2万年前之间，即末次冰期的一次亚冰期，从福建迁至台湾的。他自福建的东山岛启程，沿着东山陆桥，经澎湖列岛，再沿浅滩抵达台湾，其登陆地点是在台南一带的海滨，之后可能从南端绕过大坂鹅銮鼻，再经台东抵达花莲一带。

"左镇人"进入台湾，意味着一次重要的文化传播。台湾学术界认为，台湾旧石器时代的"左镇人"，就是台湾旧石器时代"长滨文化"的创始人。那么，这就决定了"长滨文化"一开始便与大陆文化有着必然的传承关系。关于这一点，张光直早就指出：我们已经初步知道台湾自数万年以前的旧石器时代以来，历有人居，而且它的原始社会史的每一个阶段，在文化的包涵内容上，都与华南大陆的原始文化息息相关。

其实，在考察与研讨闽台旧石器时代文化关系时，我们做了考古发掘、比较研究等大量工作，其目的便是要证明人的要素。这人的要素一经被证实，一切问题便可迎刃而解。

当然，要证实人的要素，主要还是要依靠地理与生物的相关证据，就是说"左镇人"迁徙进入台湾最重要的证据便是"东山陆桥"以及与之相伴的哺乳动物群。前面的章节已经充分阐述了台湾海峡间的"东山陆桥"与闽台第四纪哺乳动物群的密切关系，从而证实了闽台间古人类的源流。其中，"东山陆桥"这一地理证据的重要性不言而喻。

为此，以上两节所述的长滨文化由华南传入和由华北传入的两种意见，各有依据，或许都有可能。但是，值得注意的是，两者都将从大陆迁入台湾的文化传播路线，不约而同地指向同一个地点——"东山陆桥"。

综上所述，似可提炼出关键词：人的要素被确定、同一文化传统、文化形式的相似、哺乳动物群与重要的地理证据——"东山陆桥"。这一系列证据已经形成一条证据链，它们共同指向一个科学的结论。这就是台湾"左镇人"及其所创造的长滨文化源自大陆，其迁移从福建出发，经"东山陆桥"抵达台湾。

注释

[1]宋文薰：《长滨文化——台湾首次发现的先陶文化》（简报）。见于《民族学通讯》第9期，1969年。

[2]张光直：《中国南部的史前文化》，台湾《"中央研究院"历史语言研究所集刊》1960年10月。

[3][33][34]张光直：《台湾省原始社会考古概述》，见于《考古》1979年第3期。

[4]陈国强、吴春明：《闽台旧石器时代考古》，见于《闽台考古》厦门大学出版社，1993年8月。

[5]刘益昌：《台湾的考古遗址》，台北县文化中心，1992年。

[6]曾吾岳：《漳州史前考古概述》，尤玉柱主编《漳州史前文化》（第一章）福建人民出版社，1991年。

[7]蔡保全等：《东山在闽台旧石器时代文化交流中的地位》，见于《文物季刊》1995年第二期。

[8]尤玉柱：《漳州史前文化》，福建人民出版社1991年。

[9]张森水：《穿洞史前遗址（1981年发掘）初步研究》，见于贵州省历史文献研究会编《贵州古人类与史前文化》，贵州民族出版社，1998年10月。

[10]曹泽田：《贵州省新发现的穿洞旧石器时代文化遗址》，见于《贵州社会科学》1982年第4期。

[11]王幼平：《更新世环境与中国南方旧石器文化发展》，北京大学出版杜，1997年。

[12][20]蒋廷瑜、彭书林：《广西打制石器的传统风格》，见于《考古与文化》1990年第3期。

[13][22]张森水：《贵州的新发现及其对我国旧石器考古学的意义》，见于《贵阳师范学院学报》第3期，1983年。

[14]何传坤：《台湾旧石器时代晚期的长滨文化》，见于《台湾史前文化三论》台湾，稻香出版社，1996年。

[15][17]陈子文、李建军：《三明万寿岩发现旧石器时代遗址》，见于《福建文博》2000年第2期。

[16]福建省文物局、福建博物院、三明市文物管理委员会：《福建三明万寿岩旧石器时代遗址（1999～2000、2004年考古发掘报告）》，北京，文物出版社，2006年10月。

[18]曹泽田：《贵州省新发现的穿洞旧石器时代文化遗址》，见于《贵州社会科学》1982年第4期。

[19] [21]王幼平：《更新世环境与中国南方旧石器文化发展》，北京大学出版社，1997年。

[23][32]张崇根：《台湾四百年前史》，北京，九洲出版社，2005年8月。

[24]范雪春：《福建漳州旧石器调查报告》，见于《人类学学报》，2005年2期，北京。

[25]尤玉柱主编《漳州史前文化》，福建人民出版社1991年。

[26][35]邓聪：《日本冲绳及中国闽台旧石器研究新进展》，见于《福建文博》1999年第1期。

[27]加藤晋平（邓聪译）：《长滨文化的若干问题》，见于《人类学学报》第9卷第1期，1990年。

[28]贾兰坡、盖培、尤玉柱：《山西峙峪旧石器时代遗址发掘报告》，见于《考古学报》1972年第1期。

[29]尤玉柱、汤英俊、李毅：《泥河湾组旧石器的发现》，见于《中国第四纪研究》，第5卷第1期。

[30]张森水：《富林文化》，见于《古脊椎动物与古人类》1977年第1期。

[31]贾兰坡：《中国细石器的特征和它的传统、起源与分布》，见于《古脊椎动物与古人类》1978年第2期。

[33]美国·温迪·安西莫·罗伯特·夏尔：《发现我们的过去——简明考古学导论》，沈梦蝶译，上海社会科学院出版社，2007年4月。

[36]陈淳：《"夏娃理论"与中国旧石器时代考古》，见于《中国文物报》，2001年11月2日。

[37]宋文薰：《长滨文化——台湾首次发现的先陶文化》（简报）。见于《中国民族学通讯》第9期，1969年；《台湾旧石器文化探索的回顾与展望》。见于《田野考古》第2卷第2期，1991年。

第九章 东山陆桥史前文明

当地球最后一次冰期结束，全新世来临，气候渐暖，冰川融化，海平面渐高，台湾海峡再度形成。大约在距今7000～6000年前，"东山陆桥"才被渐渐上升的海水淹没。

尽管"东山陆桥"已被淹没，史前人类与哺乳动物的活动踪迹却仍然留在陆桥之上。大量出自陆桥的"海兄弟"，包括人类化石在内的哺乳动物化石，给我们带来丰富的史前文化信息。人类与哺乳动物化石向我们证实了"东山陆桥"的存在，而遗留在动物骨角之上神秘的人工刻痕，则向我们暗示着他们的行为与思想，展示着属于他们的史前文明。

第一节 神秘刻痕的发现

东山岛自从1987年发现来自"东山陆桥"的人类化石"东山人"以及一批哺乳动物化石之后，又不断发现许多哺乳动物化石，引起海峡两岸学者的关注。

2000年以来，中国科学院古脊椎动物与古人类研究所尤玉柱、祁国琴研究员，中国科学院考古研究所韩康信，台湾台中自然科学博物馆何传坤博士，厦门大学蔡保全教授等，先后多次对东山海域的哺乳动物化石进行了更为仔细的鉴定和详细的报道。东山海域的化石材料，对闽台史前关系、史前时期台湾海峡海陆变迁和古地理古气候演化等问题的探讨，提供了十分珍贵的资料。

2001年11月初，祁国琴、韩康信夫妇、蔡保全、何传坤、张均翔等两岸学者，还有日本琵琶湖博物馆的高桥启一等学者再次来东山，对新发现的一批动物化石材料进行鉴定和比较研究。经鉴定分析，一致认为东山的哺乳动物化石与澎湖的哺乳动物化石非常相似，它们同属于晚更新世时期华北地区、淮河

流域常见的动物群。东山和澎湖都发现同属于一个动物群的动物化石，充分证明冰河时期台湾海峡确实出现过陆化现象，"东山陆桥"曾经把台湾和祖国大陆连接在一起，成为两岸文化交流的纽带。

在化石标本的观察研究中，台湾的何传坤博士首先发现了一件鹿角上留有原始的人工刻划痕迹，接着其他学者也有所发现。何传坤指出，台湾也曾发现3件带有原始人工刻痕的标本，从刻划痕迹上看，与东山的标本十分相似。此后，笔者陆续发现更多同样带有原始人工刻痕的标本，并根据这些标本先后发表了研究成果[1]。

观察留在动物骨角上的人工痕迹，大致有砍砸、切割和刮磨等几种痕迹。这些人工痕迹可利用"微痕分析法"来加以观察分析。这种方法是采用显微镜观察，并结合实验仿制各种痕迹来与观察对象进行比对的方法。20世纪50年代，苏联考古学家西蒙诺夫在出版的《史前之技术》一书中介绍了这种方法以观察分析石器工具上留下的使用痕迹。此后，美国考古学家基利进一步改进了显微镜的放大倍数，创造了分析结果更为准确的"微痕分析法"，成为现代先进的一种考古学技术。这些需要观察的痕迹，最后没能享受这种费用高昂的现代化考古技术。这主要是因为这些刻痕尚不能算是微痕，完全可以用肉眼或借助倍数较高的放大镜进行观察，再结合一些实验结果进行分析，基本上是能够破解那些神秘刻痕的。

其实，这种带有人工刻痕的动物化石标本，不仅在东山与台湾有之，而且晋江石狮祥芝镇渔民从台湾海峡捞回的哺乳动物化石标本中也有类似的人工刻痕，出自澎湖海沟的动物化石也有所发现。据石狮市博物馆李国宏等人报道[2]，石狮在出自台湾海峡海底的哺乳动物化石中也发现几件标本的骨表上具有人类刻划的痕迹，甚至发现利用兽骨制作的骨刀。这些痕迹明显地属于排列有序的砍砸痕迹，其数目不等，似乎是有意为之。可以设想，倘若古人类在骨骼上砍砸是无意识的，那么，遗留下来的痕迹一定是没有规律的。有一件牛的胫骨下端化石，存在一个深陷的凹槽，用显微镜观察，发现上面留有密集的条痕，推测痕迹是先砍后磨造成的。在许多标本中，骨骼的一端总是具备相当锋利的尖头，可能用于挖掘植物。

又据浙江省舟山市博物馆胡连荣馆长报道[3]，2001年浙江舟山也在来自海域的哺乳动物化石中，发现7件带有人工刻痕的标本和1件带明显使用痕迹的木棒化石。它们均与东山的一样，动物骨角已经被原始人类加工成诸如骨槌、角锥之类的生产工具，其上还留有加工和使用的痕迹。

第二节　痕迹的观察分析

在东山动物化石材料中，带有明显加工或使用痕迹的标本16件，其中1件为最近发现。

为便于描述，给标本新编号码从DSV0001号～DSV0016号。16件标本中，除2件牛桡骨外，其余都是鹿角。鹿角又分为四不像鹿角7件，斑鹿角5件，另2件为鹿角尖，因仅存角尖一小段，又被磨光，难辨是哪一种鹿。根据标本的形状特点及其痕迹，16件标本有12件角、骨器，又可分为生产工具、武器和艺术品三类。它们经人为加工或使用后，不再是自然物，已被赋予了某种涵义，自然具有重要的研究价值。其余4件标本为鹿角，仅带可能因狩猎或宰杀动物时留下的痕迹。此类标本痕迹简单而难辨，但它也是一种原始刻录，暗示着"东山陆桥"古猎人的活动，同样具有观察与研究的价值。

在挑选研究标本时，笔者特别注意具有明确目的意义的人工刻痕，与那些因动物间角斗或因海潮作用留下的痕迹区别开来。因此，经过了严格甄别与挑选的16件标本是可靠的。

在16件标本上所观察到的人工加工痕迹有：切割痕、砍砸痕、刻划痕、刮磨痕等四种人工痕迹。这些加工痕迹具有不同的加工目的，它们有的被加工成生产工具，有的被加工成武器，甚至是原始艺术品。现作如下综述。

一、痕迹

1.切割痕

编号为DSV0001的四不像鹿角，断裂于角柄，角杆15厘

米，主枝残长10厘米，第二枝残长4.5厘米。在第二枝不平整的断裂边沿上，有一圈切割痕迹。痕迹断面呈"V"形，深0.1厘米，宽约0.2厘米，明显为小石器（切割器）所为，截枝的加工意图十分明确。切割线条不流畅，由数段切割线连成，切割过程中因用力不均或过猛而偏离，局部出现多线条现象，且深浅不一。可以断定，古人因某种需要而截断角枝时，利用小石片锋利的刃部，先在鹿角上切割一周，然后强力拗断。如果切割够深，拗力得当，角枝会正好从切割线上断开，切割线会被一分为二，变得细小，而且断面很平整。否则，便出现这种切割痕留于断裂边沿上的情况。截断角枝的目的，明显是为了利用角枝来作为生产工具或其它用途。其实，在其它一些动物化石标本上，也能见到这种切割痕。例如在鹿角的角节处，常见有不完整的切割痕，那是剥离鹿皮时所留下的。可以想象，古人制造工具、肢解野兽、分割兽肉时，广泛采用这种以小石片为工具的切割术。切割痕的标本见图110～113。

图110　骨骼上的切割痕

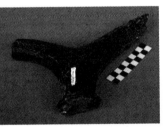

图111　鹿角上的切割痕

图112　鹿角上的环切痕迹

图113　鹿角上环切痕特写

2.砍砸痕

斑鹿角主枝，编号DSV0014，残存主枝，长13.5厘米。在距角节4厘米处，有一道横剪角枝的砍斫痕。痕迹长3厘米，深0.1厘米，十分明显。痕迹两侧微微隆起，这是钝器砍击鲜鹿角所产生的效果，估计是较钝的石器所为。DSV0015斑鹿角枝残断，长9厘米，带有两道明显砍砸痕。痕迹断面呈"V"形，宽分别为0.3厘米和0.1厘米，长度均为2厘米，同样是较钝的石器所为。

DSV0006和DSV0007两件牛桡骨远端，均在骨内侧有明显砍砸痕。DSV0006有两道长度分别为6厘米和3厘米的砍砸痕，痕宽均为1厘米，深只有0.2厘米。痕沟光滑，两侧微微隆起，可能是以石块连皮带肉砍砸的结果。DSV0007也有一道相类似的砍砸痕。这些砍砸痕都靠近关节处，可能是捕杀时留下的，也可能将这两件桡骨加工成砍砸器时留下的。DSV0007标本上还有一道令人费解的痕迹。该桡骨断于中部，残长20厘米，断沿处有一深深的纵向痕迹，长6厘米，宽2厘米，深达0.5厘米，痕底弧形，而且十分光滑，从桡骨断面观察，可看见弧形痕底使骨壁变得很薄。它不像砍砸痕，更像是用一种类似蚌壳弧形刃的利器刮削而成。但其刮削的用意不明。

砍砸痕相当普遍（图114～116），这反映原始猎人宰杀鹿类动物时，习惯将鹿角砍下来，这可能是为了利用鹿角来加工各种工具。

图114 骨端的砍砸痕

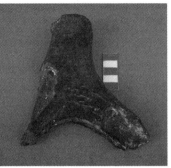

图115　角环处的砍砸痕　　　图116　鹿角上的砍砸痕

3.刻划痕

DSV0013斑鹿角，角节尚存，仅存14厘米长的主枝，上有4道明显刻划痕。痕长在0.5厘米至2厘米之间。痕迹在角枝表面呈同一刻划方向，且几乎互为平行。每道痕迹都从一个圆形小凹点开始，向水平方向锋利而迅速地划去，由深至浅，直至消失，呈现为流星状。这种特别的流星状刻划痕，模拟实验表明：应属于狩猎射击时箭镞刻划的痕迹。圆形小凹点为箭镞的击中点，但是，鹿在飞奔，箭立刻就从圆柱形的鹿角上划过，便留下这种流星状痕迹。

复旦大学的陈淳教授指出[4]，到三四万年前，人类的工具和武器有了很大的进步，犀利的长矛和弓箭被发明出来了，人类的狩猎能力有了很大的提高。可见，距今3～1万年前生活在"东山陆桥"之上的人类使用弓箭就不会奇怪了。至今尚未从海底捞到古人类使用过的弓箭，这主要是因为以竹木为材料制作的弓箭难以保存下来，而石箭镞又太小，无法被渔网捞获。尽管如此，从

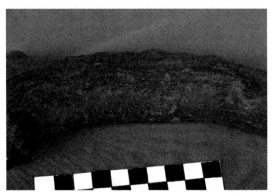

图117　鹿角上流星状刻划痕

以上弓箭所留下的痕迹，可以认为，至少在旧石器时代晚期，"东山陆桥"上的猎人，已经使用了弓箭。

流星状刻划痕见图117，遗憾的是照片拍得不够清晰，从实物上才能看清这种痕迹。

从流星状刻划痕，到肢解动物的切割痕和砍砸痕，正反映一种狩猎的过程。可以认为："东山陆桥"上古人类的主要生存模式，便是狩猎。他们广泛使用以石器为主的生产工具，使用弓箭，还利用动物的骨骼，制造各种生产工具。

二、生产工具、武器及其使用痕迹

人类的历史文化，都是从制造工具开始。马克思说过[5]："要认识已经灭亡的动物种的身体组织，研究遗骨的结构是重要的，要判别已经灭亡的经济社会形态，研究劳动手段的遗物，有相同的重要性"。

据我国考古发现，四川巫山的"巫山人"在距今250万年前就使用骨器[6]。因此，"东山陆桥"古猎人使用骨器就不奇怪了。他们在以狩猎为主的劳动生产中，不但广泛使用以石器为主的生产工具，而且充分利用兽的角骨，根据它们的形状特点，巧妙地制造成各种工具。

在16件标本中，生产工具有7件，分别是角砸器4件、骨槌2件、骨锥1件。

1.角砸器

DSV0009～DSV0012为4件四不像鹿角（图118）。它们的主枝和第二枝都断裂于角干分叉处，似为了方便使用而截去角枝。它们的长度在10～14厘米之间，角节最大直径在4.5～5.6厘米之间，不见角柄，角盘已在使用中被破坏殆尽，而角盘

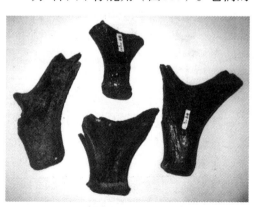

图118　角砸器

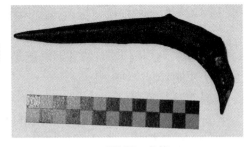

图119 角锤　　　　　　　　　图120 角锥

底布满主动砸击点，甚至有严重凹陷。明显是利用角节突出的断面来砸击。DSV0011标本，砸击面上的砸痕呈一个个圆形凹坑，直径0.3厘米左右，很可能用来砸硬壳植物果实，捣植物的根茎等。DSV0009标本表面特别光滑，似长期把握而被磨光，并因砸击用力过大而角干部分崩裂。

2.骨槌

DSV0006、DSV0007是两件牛桡骨，上面已观察讨论过它们的砍砸痕（图119）。作为生产工具，它们确实是典型的骨槌。DSV0006标本，长18厘米，大约在桡骨中部截断。断面很平整，明显为人工截断。断面最大直径5.3厘米，远端近似半圆形，最大直径9厘米，整体看起来酷似一只握拳的手。它巧妙地利用半球状隆起的关节作为槌击面。槌击面上布满了纵横交错、坑坑洼洼的使用痕迹，使原有的骨骼轮廓线完全破坏，甚至因使用时间长，槌击面被砸出拇指面大小的破洞。DSV0007标本，基本上与DSV0006标本一样，只是稍长了2厘米，槌击面的使用痕迹不太多，可能是使用时间较短。这种骨槌可用来砸硬壳植物果实、螺、蛤，捣植物根茎等，还可能有更广泛的用途。

3.角锥

角锥是最近发现的1件鹿角，编号为DSV0016（图120）。这是1件鹿角后枝的某一分叉，角杆圆形略扁，器形瘦长、尖锐，总长17厘米，中部直径15毫米和17毫米。尖端有使用痕迹，自上而下三分之二处开始逐渐弯曲，弧线顺畅，是角锥之柄。根部留有从角技上剥离的疤，并经打磨。原有锋利的疤缘经打磨后变得十分光滑，便于手握。由于选材精妙，该角锥在加工时除了端部和尾部剥离疤经过打磨外，其它部位无需太多的打磨。该骨锥身上至今尚保留着海生物的附着痕迹，说明它来自海底。从其器形及其实用性看，这是一件精美的角锥，是对兽皮、兽骨和木材等进行钻孔的绝好工具。

我国旧石器遗址中发现的骨角器很少，研究工作也做得不多。有学者统计我国北方含有骨角器材料的遗址约20处，其中华北包括周口店第一地点和山顶洞等12处60多件，东北地区约9处60多件，而且这些均为1978～1994年的发掘成果，而华南地区的发现就更少了。因此，"东山陆桥"上发现的旧石器时代的骨角器，确实为重要的考古发现，尤其它发现于海底更有其特殊的重要意义。

舟山与东山一样，在出自海底的哺乳动物化石标本中，也发现一批骨角器。前面已介绍，舟山海域发现的哺乳动物化石与台湾海峡的哺乳动物化石一样，同属于晚更新世华北、淮河地区的动物群，由此推测舟山是华北、淮河流域动物群迁往台湾海峡"东山陆桥"的关口之一。因此，在讨论"东山陆桥"史前人类与动物活动时，舟山所发现的化石材料是重要的参考资料。

2001年舟山发现的骨角器，主要有骨砍砸器、骨尖状器、角刮削器三种骨角工具。骨尖器主要利用鹿角为原料加工而成。例如编号ZSMV059号的标本，是一件四不像鹿的左前枝内叉远端，把内叉枝干劈开，去除一半并横向折断第二、第三个钩状小叉，保留第一个钩状小叉，使得器形呈掌状，便于手握使用。骨砍砸器则利用象骨制作而成。编号ZSMV060标本是一件象的左肩胛骨，其加工方法可能是先砸断较薄冈上窝和冈下窝，留下较厚的外侧角，然后沿肩胛骨颈去除背面肩胛冈部分，留下关节面和腹面，使标本顶视为梯形，侧视为"L"形，利用板状腹面的外斜边作为砍砸的刃缘。角刮削器则利用牛肢骨加工而成。如编号为ZSMV061的标本，为水牛右角的远端，原来断面为扇形，腹面凸出，背面较平。该角器加工时有意敲掉角的近内侧，使之成为孤形的凹边，然后在较平背面的

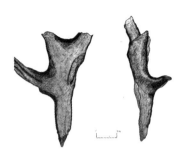
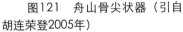

图121　舟山骨尖状器（引自胡连荣登2005年）

图122　舟山角刮削器（引自胡连荣登2005年）

孤形凹边由里向外进行简单修理，使之成为刮削器的凹刃（图121、122）。

　　舟山除了骨角器外，还发现了一件与哺乳动物伴出的木棒化石。这是一截树杆的化石，木纹清晰，长48.5厘米，通体黑褐色，木棒化石的上半部有一处疑似人为折断留下的树疤节痕迹。下端周围略成锯齿状，似用石器砍砸后留下的痕迹，上端处有疑似强力打击时折断及折断时撕裂掉一大块木纤维后留下的痕迹；中部留有古人去除树枝的痕迹和一道横向裂缝，认为可能是打击时用力过猛所造成的折裂痕迹。为了证明这些痕迹是人为造成的，舟山博物馆原馆长胡连荣亲自进行了模拟实验。实验的结果与观察到的痕迹相吻合，符合棍棒打击时因用力过猛在折断过程引起周边振裂的力学原理。该木棒材质经鉴定为较为坚硬的栎木，年代为距今约4万年前。研究者据综合分析与模拟实验的结果推断[7]：该木棒可能为古人加工、使用过的原始木棒类工具，极有可能是原始人类作为狩猎时打击猎物的工具（图123）。

图123　舟山木棒化石上多处砍痕　（引自胡连荣登2005年）

据考古资料显示，旧石器时代早期的原始人类狩猎时就已经使用木棒。相关的记载最早见于英国埃赛克斯区旧石器时代的"克拉克当文化"，继尔在欧洲与西亚也有多处发现，而我国旧石器考古文献中不见记载，舟山属首次发现。这一发现暗示：在发现哺乳动物化石的舟山海域曾经部分成为陆地，不但生存着陆生动物群，而且有原始人类活动。

三、武器

1.角矛

原始的武器中，还有利用自然物的，其种类也很多，如兽类的锐牙、利爪与长角，鱼类、介壳类的刺等。如中非土人用山羊角做长矛头[8]。我国旧石器晚期典型遗址之一的山顶洞，也发现了鹿角矛[9]。东山发现的角矛编号DSV0008，长12cm，圆锥体，最大直径2.5厘米，状如弹头。它作为鹿角应有的沟痕或斑纹已荡然无存，这可能有意识磨光以增强杀伤力。角端原来十分尖锐，可能在使用中造成部分崩缺，并有纵向裂纹。这是一件绝好的尖状器，广泛应用于日常生活。当它被装在竹杆上，便成为一把很好的长矛或标枪（图124）。

2.角戈

所谓角戈，应该说是"东山陆桥"猎人的一大创造发明（图125）。

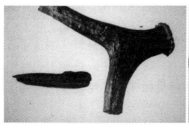

图124　角矛与角戈　　　　　　图125　角戈

在东山哺乳动物化石中，四不像鹿角数量不少。这一点证明晚更新世时期，四不像鹿是"东山陆桥"动物群中的主要成员之一，同时也成为古猎人捕杀的主要对象。观察已有的四不像鹿角标本，便可发现一个值得注意现象，这就是大部分的角主枝有长有短，而第二枝却都在8～12厘米之间。为什么，DSV0004标本回答了这个问题。这件标本的角节被保存下来，角干长9厘米，主枝残长14厘米。主枝应在石化后断裂，断口参差不齐。第二枝保留9.5厘米，其断口十分整齐，断面也很平整，显然为人工截枝的结果。截留下来的第二枝很适合把握，起着柄的作用。现在，手握第二枝，主枝在上，像一杆手枪或一把短柄的戈。在作为柄的第二枝上，能观察到被手摩擦过的细微痕迹。DSV0005标本基本相同，只是第二枝在石化后断裂，人工断面不复存在。残长仅6厘米，但它却留下较为明显的手的摩擦痕迹。可以想象，角戈主要是利用略弯的主枝及其远端的角尖，第二枝截断后作为手柄。它可刨地下的植物根茎、勾取树上果实、捕杀飞禽走兽，甚至可勾杀水中游鱼等等。

四不像鹿角无眉枝，主枝在前，第二枝在后，两枝夹角较大，又都较长，如果不截掉其中一枝，便很难使用。至于主枝上的叉枝，可根据需要保留或截掉。这样，它便可直刺，也可勾刺，挥洒自如。角戈的造型，很像现代西方的一种警棍。警棍长在40厘米左右，在棍身一端横出长约10厘米的柄，与棍身成90°夹角。这种警棍可挥舞棍身直接攻击，也可换个拿法，让棍身向上并贴于手臂外侧，利用臂力实施短距离横向攻击，抬起胳膊时，又能横挡对方的攻击。这种角戈同样可以多种拿法，但不管怎么拿都很好用。古今确有异曲同工之处。

"东山陆桥"的古人类，利用大量的骨角材料，创造了各种生产工具。尽管石器做为主要的工具，但在以狩猎为主的经济生产中，角戈的创造发明与广泛使用，在一定程度上提高了生产力，促进了经济生产的发展。

四、带砍砸痕的鹿角

在台湾海峡发现的哺乳动物化石当中，鹿角占有很大的比例，这一点前面已有介绍。然而，我们往往忽略了对鹿角靠近头部的角环和紧接头骨的角柄的观察。所有鹿角均存在两种不同的现象，即角环和角柄上带有猛力砍砸的痕迹和角环或角柄完好无损的现象。这两种现象十分重要，因为它们让我们能够

海峡陆桥史前考古

了解原始人类狩猎的情况以及行为习惯。

同样是鹿角为何会有两种不同现象？这正是我们要观察分析和解答的问题。众所周知，鹿类具有换角的自然习性，换角脱落的角自然不存在任何砍砸痕迹。另一方面，当鹿死于其它食肉动物的攻击时，它的角也会完好保存下来，除非人类发现后加以利用。相反，当鹿角靠近头部的角环或角柄上存在砍痕、角环或角柄严重损坏时，无疑表明是人为的结果。

据观察，存在于鹿角角环上下的砍砸痕迹十分醒目，砍疤既大又深，疤面粗糙。模拟实验证明，这种砍痕是以砾石石器使用猛力砍砸所造成。可以想象，原始人类为了利用动物骨角来加工各种骨角器，便在宰杀猎物时砍下它们的骨角。

据东山县博物馆的统计，在所有馆藏鹿角标本中，有将近一半的标本带有这种砍砸痕迹，而鹿类化石在整个动物群化石中又占有很大的比例（四不像鹿是当时台湾海峡动物群的优势种）。据此不难判断，"东山陆桥"之上原始人类狩猎的主要对象便是鹿类。换句话说，鹿是陆桥上原始人类肉类食物的主要来源。

值得一提的是，除了带砍砸痕迹的鹿角外，还有大量无法鉴定的角骨碎片带有种种刻痕或使用痕迹。在研究出自台湾海峡的哺乳动物化石的过程中，通常会首先在大量标本中挑选相对完整的标本来鉴定研究，而那些支离破碎的标本会被暂时冷落一边。但是当我们回过头来仔细观察它们时，才发现它们大有文章可做。它们的破碎有的是在海潮作用下磕碰造成的破碎，有的是在上岸后人力搬运过程中磕碰或摔断。但并非全然如此，有许多碎片上带有明显的人工砍砸痕迹，有的碎片历经火烤的痕迹还依稀可辨。这是否意味着古人肢解猎物、烧烤兽肉或敲骨吸髓所留下的现象。仔细观察时，还可发现这些本来就已经破碎的骨片或角片，酷似古人故意砸碎后利用锋利的刃缘来使用的骨角器。在一些碎片的刃缘上，甚至可以观察到使用的痕迹。这些碎片可能默默传递着许多有关古代人类狩猎、畜牲和屠宰的生存活动信息。也许，它们就是一大堆史前文明的碎片，通过组合可以还原"东山陆桥"曾经的史前文明。因此，这些碎片应是以后深入研究的重要材料。

五、原始艺术品

在中国文化宝库里，原始艺术是一块最古老最珍贵的瑰宝。她让我们找到许多传统艺术形式的源头与脉络，从而了解到传统文化产生和发展的轨迹。

在中国20世纪30年代初发现的旧石器时代晚期的周口店山顶洞的遗物中，有一件珍贵的原始艺术品"磨光的鹿角"[10]。鹿角上还留下了清楚的刻划图案。历史往往有许多惊人的相似之处，在"东山陆桥"的哺乳动物化石中，也发现了被磨光的鹿角，其上也有刻划痕迹。

这是一件梅花鹿左角，标本号为DSV0002，眉支已被截断，目的是为了磨光和刻画方便，保存的主支长33厘米，角柄长7厘米，角柄底部连带少部分头骨。角盘上方有一道长1厘米的切割痕，第一枝断于分叉处，主枝保存较长，含角柄总长为33厘米，主枝自然微弯，造型酷似山顶洞磨光的鹿角。主枝表面刮得很光亮，仔细观察可看到顺着角枝有许多细密的横向波浪形的起伏，这是使用锐利工具进行竖刮的跳刀痕。另一件斑鹿角DSV0003，为主枝残断，微微弯曲，长22厘米，表面磨光，不见DSV0002上的跳刀痕。

这两件鹿角一刮光一磨光，其加工意图应该是共同的，只是工序先后的问题，先刮后磨或先磨后刮都有可能。但其加工目的是什么，有何用途，不得其详。山顶洞的磨光鹿角上有刻划图案，由此一些专家推测它可能是一根魔棒，因原始时期的猎人认为拿着魔棒指挥狩猎会获得事半功倍的奇效[11]。可是东山这两件鹿角上会不会也是指挥狩猎的魔棒，或者仅仅是某种生产工具或武器的柄。但是，不管它们是"魔棒"，还是某种生产工具，把粗糙不堪的鹿角表面修饰得如此光滑漂亮，已证实"东山陆桥"古人已有了审美观念。原始民族的艺术作品，很多不是为了审美，而是为了实用[12]。再说，器物的平滑整齐既有审美上的价值，也有劳动生活的实用价值。因此，严加修整的原始器物实可视为一种艺术品[13]。由此推论：东山两件刮磨光的鹿角，是最早发现于"东山陆桥"上的早期原始艺术品（图126）。

2004年尤玉柱教授对这磨光的鹿角重新观察鉴定，发现标本号为DSV0002的磨光鹿角上的刻划痕迹并非所谓的跳刀痕。果然，在放大镜下观察发现，该鹿角在保存的主支上端内侧、外侧和后部，存在3组有规律的刻画痕迹如下。

内侧：在靠近上端中间位置45毫米长，有15道刻画痕迹，道与道间均为等距，痕迹深浅、长短都甚为一致。

外侧：在靠近上端中间位置60毫米长，有18道刻画痕迹，道与道间均为等距，痕迹的深浅和长短同样一致。

后部：在距离主支截断面下30毫米处，自上而下刻画9道痕迹，道与道间的距离大致相等（图127）。

图126　磨光的鹿角　　　　图127　磨光刻划痕的鹿角

笔者重新研究了标本，并报道了研究结果[14]。

在我国的许多旧石器时代遗址中，出土带有刻划痕迹的骨骼和鹿角，已屡见不鲜。但在20世纪80年代以前，这种刻划痕迹并不引起人们的注意。直至目前，像东山海域发现的既有磨光又有刻划痕迹的标本不多。

中国科学院古脊椎动物与古人类研究所研究员高星等人在研究发现于重庆奉节县兴隆洞具有人工刻划痕迹的象牙时指出[15]，兴隆洞出土的文化遗物中，剑齿象门齿上出现的人工刻划是一项寓意深远的发现。从该象牙的出土位置、产状和其中两组刻划纹的起止位置、走向、深度、曲度和排列情况看，它们有别于各种自然营力的痕迹，是人类行为的产物，是古人类为模仿自然现象或为表达某种意念而有意识地刻划、创作出来的，是目前所知最早的具有原始艺术萌芽色

第九章　东山陆桥史前文明

彩的远古人类作品。

重庆奉节兴隆洞出土的除了具有人工刻划痕迹的象牙，还有早期智人牙齿、石器等，年代测定为距今15～12万年前。可见，早在十几万年前的旧石器时代，原始艺术已经开始萌芽。

刻划痕迹，是旧石器时代人类的一种有意识和有目的的行为。英国著名考古学家K·P·奥克莱[16]曾经指出："早期人类在骨骼上、鹿角上或在象牙上进行的刻划，实际上是一种装饰。"他还说："装饰是艺术的根源。"诚然，在人类最早艺术出现之前，他们先会刻划和装饰。但是，刻划并不完全为了装饰，正如近代没有文字的民族，在竹、木或岩石表面上刻划，其目的是表示数或某种记号。东山的磨光和刻划标本，初看起来似乎是一种装饰，但在我们看来还有它更深层次的含义。我们把FDM0002号标本看作是一件数字化的装饰品，首先，刻划痕迹主要代表数字，其次是装饰。三组刻划痕迹分别代表不同的数字，或者表示涉猎时所获的数量，或者记录某类动物的数。这种理解，主要基于旧石器时代晚期即晚期智人已经有了非常明确的关于数字的概念。

人类最早表达自我意识，就是从刻划开始并显示出来的，而且，最早的刻划仅仅是线条。这种线条尽管简单，但非常明了。早期人类虽然不能把物质的和精神的东西严格区分开来，但是，他们为了表示某种意愿，或者主观意识，只能用最简单的方法去做。在欧洲，已经发现的早期艺术标本不下千件，其中的大量标本就是具有刻划痕迹的。对欧洲早期艺术研究表明，人类最早的艺术活动起源于线条刻划，并从线条刻划→形象创造→彩画→雕刻。对于这样的发展轨迹，美国著名考古学家W.迪瓦斯在他的《形象创造的起源》[17]一书中明确提出：早期人类在创造形象的时候已经认识到形象与客体事物在视觉中的同一性。也就是说，早期人类在刻划时，始终认为：他的刻划不论是否逼真，都是和他所期望的或要表示的事物完全一致。正是由于线条刻划的出现，才逐渐发展到真正的艺术。从欧洲所知的情况分析，刻划，尤其是线条刻痕出现很早，可能追溯到距今10万年前，而能够实实在在地辨认出的，或者能够赋予某种解释的刻划和彩画含义的，则出现在距今4万年前。直至距今2万年前以后，才有了三维空间的雕刻。许多研究者认为，早期人类在骨骼上、鹿角和骨骼上，或在岩壁上所作的记号是一种最早表达思想意识的方式。有人甚至认为，刻划的产生和发展，是后来迷信和宗教出现的基础。

无论早期人类是有意识的，或者是无意识的刻划，都最终导致艺术的产生。当艺术成为早期人类不可放弃的活动时，它就逐渐与工具的制作开始分离，成为反映人类自身思想和客观事物的"中介"。艺术活动，对人类的思想意识和思维的发展起着极其重要的作用。但是至今还有许多远古人类的线条刻划或刻划痕迹，其所表示的含义，我们依然未能完全理解和诠释。中国科学院哲学研究所研究员朱迪在论述人类原始文化发展时指出[18]："原始文化正如一个古代遗留下来的矿井一样，它不可能被开垦完毕。"

在中国的历史文化宝库中，原始艺术是其中一块最古老、最珍贵的瑰宝，是我国民族传统艺术形式的源头和脉络。对它的研究，可以让我们找到传统文化产生、发展的轨迹。国际上发现早期和最多艺术品标本当首推西班牙和法国。而在我国，发现早期艺术只是20世纪30年代的事。世界文化遗产——北京周口店猿人遗址，曾发现过"北京人"在动物骨骼上加工的骨器和简单的刻划痕迹。山顶洞人遗址中发现磨光鹿角、骨骼刻划痕迹，以及用于装饰的穿孔骨骼和贝壳等。在山西峙峪旧石器时代晚期遗址中，用马类骨骼刻划的骨片多达万件以上，其中的一件，被认为是动物形象的刻划，还有许多骨骼上不等数目的刻痕被认为是数字的一种表达方式[19]。1995年，尤玉柱曾经记述了发现于河北兴隆县一个洞穴里的鹿角刻划艺术标本。该标本系用赤鹿的眉枝进行刻划，共有三组图案，分别是曲线、直横线和波浪线，碳十四年代测定为距今1.3万年前[20]。早期人类在岩石上完成的艺术品分布更广，既存在绘画，又存在刻画。我国的天山、阴山、祁连山、太行山、大兴安岭等都有岩刻和岩画，其时代可至旧石器时代晚期[21]。

厦门大学吴诗池教授将我国原始艺术分为早中晚三期[22]，

第九章　东山陆桥史前文明

即距今约6～1万年前的早期、距今1～0.8万年前的中期和距今8000～4000年前的晚期[22]。从年代上看，"东山陆桥"的艺术属于早期原始艺术。

第三节　东山陆桥史前社会

现在，我们已经拥有了人类化石、哺乳动物化石、带神秘刻痕的动物骨角、用动物骨角制成的各种工具、武器与早期原始艺术品等实物资料。尽管这些实物资料是破碎的，但无不闪耀着"东山陆桥"史前文明之光。它们足以让我们来还原或构建"东山陆桥"的史前社会。

在第四纪末次冰河时期，气候寒冷，海平面下降，"东山陆桥"最先出露，成为连接大陆与台湾的通道。这条通道渐渐地向北扩展，直至整个台湾海峡都成为陆地。这是一片山川发育、水草茂盛、气候适宜的肥沃之地。"东山陆桥"地处台湾海峡最南端，台湾海峡成陆时期，它属于沿海地区。它面临一望无际的南海，拥有丰富的海产资源。

为了躲避严寒的华南动物群，慢慢地迁移到陆桥之上。与此同时，原来居住在华北、淮河流域的另一个动物群也是为了躲避寒冷，从舟山一带沿着成为陆地的东海岸往南迁徙到台湾海峡地区。也许，华南与华北的两个动物群就这样汇合于台湾海峡地区。然而，生性喜居森林山地的华南动物群最终离开陆桥进入台湾，消失在莽莽的森林之中。

以狩猎兼采集为生的"左镇人"、"海峡人"、"澎湖人"（尚未命名，权称之）和"东山人"的祖先等原始人，便追逐着动物不知不觉也来到陆桥之上。"左镇人"跟随继续东迁的动物群进入台湾，而其他人却留在了陆桥。他们互为比邻，在各自的领地上建立了自己的家园，创造属于他们的史前文明。

他们可能和"左镇人"差不多，以小聚落的形式聚居，拥有小的社会组织，共同形成他们的原始社会。以狩猎、渔猎为主，兼营采集是他们的生活方式与经济形态。在经济生产实践中，他们除了使用惯用的大小石器外，还大量利用动物的骨角制作诸如长矛、标枪、骨角砍砸器、骨角刮削器、角尖状器、骨锥等各种生产工具。他们可能和舟山古人一样制作和使用木棒来进行打猎。他们已经懂得制作和使用弓箭来提高狩猎效率，甚至还发明创造了既是工具又是武器的角戈。角戈极有近距离攻击性与杀伤力，又不容易脱手，用它近距离攻击的优势，配合弓箭和标枪远距离攻击优势，大大提高了他们的生产能力和格斗能力，从而促进了经济生产的发展。他们狩猎的主要对象是鹿类动物，尤其是四不像鹿，肉食类的食物相当富足，而居住在"东山陆桥"沿海地区的人们，还可能在潮间带采集贝类、捕捞鱼虾。

在长期劳动实践中，他们不断发现大自然、人体、动物的美，从而锻炼与发展起自己的审美艺术。他们为了表达强烈的思想感情，或是因为某种强烈的欲望，甚至仅仅因为一次美感的冲动，便动手开始了他们原始的艺术创作。

严格说来，我们现在用以构建"东山陆桥"史前文明的材料毕竟太少了，海水把我们和隐藏着史前文化遗址的"东山陆桥"隔离开来，我们无法和陆地考古那样直接去触摸它们。因此，我们构建的"东山陆桥"史前社会只是一个初步的印象，但它已经让我们看到了一缕史前文明的曙光。随着考古技术的不断进步，特别是我国水下遗址考古的深入开展，"东山陆桥"有望得到正式的考古发掘，万年的神秘面纱将被逐步揭开。

然而，这一切有待考古人锲而不舍的追求与探索。

注释：

[1]陈立群：《东山陆桥动物化石刻痕研究》，见于北京《化石》2002年第3期；《东山陆桥动物化石人工刻痕的观察与研究》，见于《福建文博》2002年第2期。

[2]李国宏、范雪春、彭菲：《远古的家园——两万年前台湾海峡揭秘》，海潮摄影艺术出版社，2005年7月。

[3] [7]胡连荣：《舟山海底哺乳动物化石与古人生存环境》，中国文史出版社，2005年9月。

[4]陈淳：《远古人类》，南京，江苏教育出版社，2000年10月。

[5] 马克思：《资本论》，第一卷，204页。

[6] 宋荣章：《人类黎明的曙光——"巫山人"发现记》。见于《中国文物报》，1991年9月1日，9月8日。

[8][12][13] 林惠祥：《文化人类学》，129页、346页、312页，商务印书馆2000年。

[9] [22]吴诗池：《中国原始艺术》，北京，紫禁城出版社，1996年。

[10]裴文中：《旧石器时代之艺术》，85页，商务印书馆，2000年。

[11] 尤玉柱：《旧石器时代的艺术》。见于《文物天地》，1989年5期。

[14]陈立群：《福建东山海域哺乳动物化石新观察》，见于《福建文博》2005年，第1期。

[15] 高星、黄万波、徐自强、马志帮、J.W.Olsen：《三峡兴隆洞出土12—15万年前的古人类化石和象牙刻划》，见于《科学通报》，2003年第48卷。

[16]K·P·奥克莱：《高级思想的出现》，纽约出版社，1981年。

[17]W·迪瓦斯：《形象创造的起源》，见于《现代人类学》，1986年第3期。

[18]朱迪：《原始文化研究》，三联书店，1988年。

[19]尤玉柱：《山西峙峪遗址刻划痕迹初探》，见于《科学通报》，1982年第15期。

[20]尤玉柱：《河北兴隆发现的鹿角雕刻艺术》，载于《纪念裴文中诞辰90周年论文集》1995年。

[21]盖山林：《阴山岩画》，北京，文物出版社，1992年。

海峡陆桥史前考古

图书在版编目（CIP）数据

海峡陆桥史前考古 / 陈立群著. -- 福州：海风出
版社，2012.11
ISBN 978-7-5512-0071-4

Ⅰ.①海… Ⅱ.①陈… Ⅲ.①台湾海峡－海底－石器
时代考古－研究　Ⅳ.①K872.58

中国版本图书馆CIP数据核字(2012)第284978号

海峡陆桥史前考古

陈立群　著

责任编辑： 狄大伟

出版发行： 海风出版社

（福州市鼓东路187号　邮编：350001）

出 版 人： 焦红辉

印　　刷： 福州青盟印刷有限公司

开　　本： 787×1092　1/32

印　　张： 9.5印张

字　　数： 230千字　　**图：** 165幅

印　　数： 1-3000册

版　　次： 2012年12月第1版

印　　次： 2012年12月第1次印刷

书　　号： ISBN 978-7-5512-0071-4/K •53

定　　价： 36.00元